中国当代青年建筑师VI

上册

CHINESE CONTEMPORARY YOUNG ARCHITECTS VI

何建国 主编

天津大学出版社
TIANJIN UNIVERSITY PRESS

图书在版编目（CIP）数据

中国当代青年建筑师. VI. 上册 / 何建国主编. —
天津 : 天津大学出版社, 2018.1
ISBN 978-7-5618-6029-8

Ⅰ. ①中… Ⅱ. ①何… Ⅲ. ①建筑师—生平事迹—中
国—现代②建筑设计—作品集—中国—现代 Ⅳ.
①K826.16②TU206

中国版本图书馆CIP数据核字(2018)第008743号

封底：同济大学建筑设计研究院（集团）有限公司/作品——兰州大学学生活动中心［详见下册内文P071］

封面：浙江东南建筑设计有限公司/作品——东阳总部中心［详见下册内文P027］

中国当代青年建筑师VI（上册）

ZHONGGUO DANGDAI QINGNIAN JIANZHUSHI Ⅵ

顾　　问　程泰宁　何镜堂　黄星元　刘加平　罗德启　马国馨　张锦秋　钟训正
主　　任　彭一刚
委　　员　戴志中　蒋涤非　李保峰　李翔宁　刘克成　刘宇波　梅洪元
　　　　　覃　力　仝　晖　魏春雨　吴　越　徐卫国　翟　辉　郑　炘
编　　辑　中联建文（北京）文化传媒有限公司
支持单位　广东博意建筑设计院有限公司
统　　筹　何显军
编辑部主任　王红杰
编　　辑　丁海峰　何磊　李红芸　李天华　李伟林　宋扬　唐然　汪杰
美术设计　何世领
策划编辑　油俊伟　田　晴
责任编辑　油俊伟
投稿热线　13920487878

出版发行　天津大学出版社
地　　址　天津市卫津路92号天津大学内（邮编：300072）
电　　话　发行部：022—27403647　邮购部：022—27402742
网　　址　publish.tju.edu.cn
印　　刷　北京华联印刷有限公司
经　　销　全国各地新华书店
开　　本　285mm×280mm
印　　张　25.5
字　　数　463千
版　　次　2018年1月第1版
印　　次　2018年1月第1次
定　　价　349.00元

战略合作伙伴

中国建筑设计院有限公司
CHINA ARCHITECTURE DESIGN GROUP
www.cadri.cn

ECADI
华东建筑设计研究总院
www.ecadi.com

ISA architecture
现代设计集团 上海建筑设计研究院有限公司
www.isaarchitecture.com

上海现代建筑设计（集团）有限公司
现代都市建筑设计院
www.xd-ad.com.cn

BIAD 北京市建筑设计研究院有限公司
BEIJING INSTITUTE OF ARCHITECTURAL DESIGN
www.biad.com.cn

广东省建筑设计研究院
Architectural Design and Research Institute of Guangdong Province
www.gdadri.com

浙江省建筑设计研究院
www.ziad.cn

SADI
深圳市建筑设计研究总院有限公司
www.sadi.com.cn

同济设计TJAD
同济大学建筑设计研究院（集团）有限公司
www.tjadri.com

清华大学建筑设计研究院有限公司
ARCHITECTURAL DESIGN & RESEARCH INSTITUTE OF TSINGHUA UNIVERSITY CO., LTD.
www.thad.com.cn

东南大学建筑设计研究院有限公司
ARCHITECTS & ENGINEERS CO., LTD OF SOUTHEAST UNIVERSITY
adri.seu.edu.cn

华南理工大学建筑设计研究院
ARCHITECTURAL DESIGN & RESEARCH INSTITUTE OF SCUT
www.scutad.com.cn

天津大学建筑规划设计研究总院
www.aatu.com.cn

西安建筑科技大学
XI'AN UNIVERSITY OF ARCHITECTURE AND TECHNOLOGY
建筑设计研究院
www.xjdsjy.com

UAD 浙江大学建筑设计研究院有限公司
The Architectural Design & Research Institute of Zhejiang University Co., Ltd
www.zuadr.com

中国联合工程公司
CHINA UNITED ENGINEERING CORPORATION
www.chinacuc.com

中国中建设计集团有限公司（直营总部）
www.cscecbdi.com

中国建筑西南设计研究院有限公司
www.xnjz.com

中国建筑西北设计研究院有限公司
www.cscecnwi.com

Aedas
凯达环球
www.aedas.com

ARUP
Arup Associates奥雅纳
www.arup.com

华蓝设计
HUALAN DESIGN
华蓝设计（集团）有限公司
www.gxhl.com

重庆大学建筑设计研究院有限公司
sjy.cqu.edu.cn

CCDI悉地国际
www.ccdi.com.cn

安徽省建筑设计研究院有限责任公司
Anhui Provincial Architectural Design and Research Institute Co., Ltd
www.aadri.com

TADI 天津市建筑设计院
TIANJIN ARCHITECTURE DESIGN INSTITUTE
www.tadi.net.cn

中国建筑标准设计研究院
CHINA INSTITUTE OF BUILDING STANDARD DESIGN & RESEARCH
www.cbs.com.cn

日清设计
La Cime INTERNATIONALE PTE LTD
上海日清建筑设计有限公司
www.lacime-sh.com

GEEDESIGN
上海致逸建筑设计有限公司
www.geedesign.cn

杭州市建筑设计研究院有限公司
www.hz-jy.cn

维拓设计
北京维拓时代建筑设计股份有限公司
www.vtjz.com

湖南省建筑设计院有限公司
HUNAN ARCHITECTURAL DESIGN INSTITUTE LIMITED COMPANY
湖南省城市规划研究设计院
HUNAN PROVINCIAL URBAN PLANNING AND DESIGN INSTITUTE
www.hnadi.com.cn

上海成执建筑设计有限公司
www.challenge-design.com

GLA 绿城六和设计
www.gla-design.com

碧桂园
广东博意建筑设计院有限公司
www.bgy.com.cn

陆道设计 DAO DESIGN
上海陆道工程设计管理股份有限公司
www.daochina.com.cn

南方設計
浙江南方建筑设计有限公司
www.zsad.com.cn

三益中国
上海三益建筑设计有限公司
www.sunyat.com

中国建筑东北设计研究院有限公司
www.cscecnei.com

天华 Tianhua
上海天华建筑设计有限公司
www.thape.com.cn

中国当代**青年**建筑师 VI

CHINESE CONTEMPORARY **YOUNG ARCHITECTS** VI

目录（上册）

中国当代青年建筑师 VI
CHINESE CONTEMPORARY YOUNG ARCHITECTS VI

目录（上册）

陈纲

职　　务：重庆大学建筑城规学院硕士生导师
　　　　　重庆大学建筑设计研究院有限公司副总建筑师
职　　称：副教授、国家一级注册建筑师
　　　　　文物保护（勘察设计）从业资质

教育背景
1993年　青岛建筑工程学院建筑工程系工学学士
1996年　重庆建筑大学建筑城规学院建筑学硕士

工作经历
1996年至今　重庆大学建筑城规学院助教、讲师、副教授、硕士生导师
2013年至今　重庆大学建筑设计研究院有限公司副总建筑师

个人荣誉
中华人民共和国住房和城乡建设部“2010年度规划师区县行先进个人”
首届重庆市优秀青年建筑师
国家自然科学基金项目优秀奖
教育部优秀自然科学奖
重庆大学“先进工作者”
重庆大学记功表彰

主要设计作品
世界文化遗产大足石刻宝顶山景区提档升级项目（建筑设计部分）
中国科学院成都山地灾害与环境研究所三峡库区水土保持与环境研究站
第八届国际（重庆）园林博览会园博园主展馆
深圳红树林国家级自然保护区科普公园规划及鸟类展览馆建筑设计
中国人民解放军西藏山南军分区高原高寒地带食堂设计
重庆三峡广场商圈拓展城市设计及策划研究
长江上游商贸中心核心区暨观音桥商圈核心区总体规划及策划研究
重庆江北区鹞子丘绿色中央商务区城市设计及策划研究
重庆九龙半岛片区城市设计及策划研究
湖广会馆及东水门历史文化街区等5个历史文化街区测绘及价值评估、保护与利用规划设计
《重庆市建筑色彩与材质控制导则》《重庆市屋顶形态控制导则》《重庆市轨道建筑景观风貌导则》等5部导则的编制研究工作。

李梅

职　　务：重庆大学建筑设计研究院有限公司设计师
职　　称：工程师

教育背景
1992年　重庆建筑大学成人教育学院

工作经历
1992年—1993年　重庆建筑大学建筑设计研究院福州分院助理设计师
1993年至今　重庆大学建筑设计研究院有限公司设计师

主要设计作品
世界文化保护遗产大足石刻宝顶山景区提档升级项目（建筑设计部分）
中国科学院成都山地灾害与环境研究所三峡库区水土保持与环境研究站
第八届国际（重庆）园林博览会园博园主展馆
重庆保税体验旅游景区建设项目
世界文化保护遗产大足石刻北山景区环境综合整治项目
中国传媒大学重庆校区概念设计
贵州省遵义市月子中心及综合医院方案
重庆黄桷花园环境综合整治项目
重庆市万州区三湾公园核心区仿古建筑专项设计
贵州省遵义市汇川区董公寺重建项目
《重庆市城市公寓管控技术管理研究》《重庆市公共停车库综合利用及管理相关规范研究》等4部管控研究工作。

黄海静

职　　务：重庆大学建筑城规学院院长助理、
　　　　　博士生导师
　　　　　建筑城规实验教学示范中心副主任
职　　称：副教授

教育背景
1997年　重庆建筑大学建筑城规学院建筑学学士
2000年　重庆建筑大学建筑城规学院建筑学硕士
2010年　重庆大学建筑城规学院工学博士

工作经历
2012年—2013年　澳大利亚昆士兰大学访问学者
2000年至今　重庆大学建筑城规学院助教、讲师、副教授、硕士生导师、博士生导师

个人荣誉
国家教育部优秀自然科学奖
重庆大学“先进工作者”
重庆市教学成果奖

主要设计作品
中国科学院成都山地灾害与环境研究所三峡库区水土保持与环境研究站
深圳红树林国家级自然保护区科普公园规划及鸟类展览馆建筑设计
重庆黄桷坪美院片区涂鸦街城市设计及策划
重庆杨家坪步行街商业整合设计
重庆解放碑商业步行街广告设置规划
重庆建筑科学研究院办公楼项目（绿色建筑设计）
重庆九龙半岛片区城市设计及策划研究
重庆市璧山区城北小学校规划及建筑单体设计
重庆金凤工业园区城市设计及策划
《重庆两江新区集装箱建筑可行性研究及设计》
《基于光生物效应的办公室天然采光与视觉功效研究》
《城镇群高密度空间效能优化关键技术研究》等8项科研工作。

地址：重庆市沙坪坝区沙北街83号
（重庆大学B区校园内）
电话：023-86398552
传真：023-65120920
网址：http://sjy.cqu.edu.cn
电子邮箱：cqdxsjy@cqu.edu.cn

重庆大学建筑设计研究院有限公司前身为重庆建筑大学建筑设计研究院，成立于1958年。是教育部直属高校最早成立的设计单位之一，为重庆大学建筑学部的产学研重要平台，2012年被中国建筑学会评为“中国建筑设计百家名院”。

60年来，设计院依托重庆大学人才资源优势，创新求发展，形成了以医疗卫生、观演博览、文教体育、商业居住、古建保护和市政环保等设计和咨询项目为主的品牌特色。

设计院位于重庆大学B区校园内，全院现有设计人员300余人，其中中国工程院院士1人；重庆市勘察设计大师2人；高级职称和国家一级注册建筑师、注册结构师、注册设备师、注册咨询师100余人。设计院持有建筑工程（甲级）和市政工程（给排水、环境卫生、道路、桥梁）设计（专业甲级）资质证书、市政（风景园林、燃气）设计甲级资质证书及工程咨询甲级资质证书。

设计院成立以来，高质量完成了全国各地大量工程设计和咨询项目，建立了良好的社会信誉和声誉，获得国家和省部级优秀设计奖百余项。设计院致力于加强人才队伍建设、提高整体综合实力和市场竞争力、铸造实力品牌、传承建筑文化及创造更多精彩。

WORLD CULTURAL HERITAGE DAZU STONE CARVING BAODING MOUNTAIN SCENIC AREA UPGRADING PROJECT

世界文化遗产大足石刻宝顶山景区提档升级项目

项目业主：大足石刻博物馆
建设地点：重庆
建筑功能：文化建筑
用地面积：30 000平方米
建筑面积：16 800平方米
设计时间：2011年1月—2012年3月
设计内容：选址研究、方案设计、初步设计、施工图设计
项目状态：建成
设计单位：重庆大学建筑设计研究院
项目负责：赵万民、李和平
建筑设计：陈纲、李梅、温燕、刘傅加、何青松、陈志宏、林涧

设计思路

传统工艺的传承和现代施工手段的结合。
既有建筑再利用方法的实践。

设计说明

在设计理念上，设计师注重对“四位一体”山地人居环境研究学术成果的运用。
在设计手段上，设计师拟再现“自然的山地环境”与“人工的摩崖石刻”交织与融合的大足石刻艺术特点。

四大特点

大足石刻博物馆：展示大足石刻气质之“层叠美”。
前山门及游客服务中心：展示山地人居环境之 “节奏美”。
后山门及礼佛大道：展示山地人居环境之“跌宕美”。
环境景观打造：展示山地人居环境之“融契美”。

清夜白雪微(大足石刻艺术博物馆)
项目摄影：张宙、陈纲

落霞伴鸟鸣（展馆总观）

水波射檐动（展馆采光窗）

山色入廊空（台院空间）

云影转流年（展馆侧翼）

春阴涤晓风（前导空间）

空灵清绝（前山门及游客中心）

宁静致远（后山门）

有楼如翼（戏楼）

木构沉香

淡雅恬美（北宋街）

瑞祥晨光（入口引导区）

层楼叠榭山林间(园博园主展馆)
项目摄影：陈纲、黄礼刚、王子

THE 8TH INTERNATIONAL (CHONGQING) GARDEN EXPO PARK GARDEN MAIN PAVILION

第八届国际（重庆）园林博览会园博园主展馆

项目业主：重庆市园林局
建筑功能：会展中心
建筑面积：15 900平方米
设计内容：方案设计、初步设计、施工图设计
项目状态：建成
设计单位：重庆大学建筑设计研究院
项目负责：赵万民、杜春兰
建筑设计：陈纲、陈维予、李梅、王晨、董斌
获奖情况：教育部勘察设计二等奖

建设地点：重庆
用地面积：20 000平方米
设计时间：2010年3月—2011年6月

设计思路

传统小尺度和大空间现代会展功能的结合。
适应本土气候，积极运用被动节能技术。
策划引入设计前期，注重后续利用的研究。

设计说明

探索“历史文化”与“现代功能”的结合，地域化气质再现于现代博览建筑。

主体建筑依山展开，“两轴”为控制线，“台院”为活跃元素。通过错落有致的体量、尺度亲切的空间、立体多层的交通、有节奏的序列、清雅灰彩的色彩、筑台吊脚的形态、飞檐木雕细部来体现富有传统性和地方性的园林化展馆；在建筑性格上强化园林主题，注重游人观展行为互动；在功能结构上分区清晰，流线高效，打造具有人文性和实用性的人性化展馆。同时注重后续使用，利用自然采光通风，注重全寿命周期效益。

CHONGQING RAIL TRANSIT LINE 2 LIZIBA STATION COMPLEX BUILDING

重庆轻轨2号线李子坝车站综合楼

项目业主：重庆轨道交通（集团）有限公司、重庆美仑房地产有限公司
建设地点：重庆　　建筑功能：轨道交通、住宅及商业配套
用地面积：6 500平方米　　建筑面积：28 500平方米
设计时间：1998年6月—2000年3月
设计内容：方案设计、初步设计、施工图设计及噪声控制研究
项目状态：建成　　设计单位：重庆大学建筑设计研究院
项目负责：叶天义　　建筑设计：陈纲、黄海静

设计思路

集约化设计的实践。
坡地消防特殊性的实例探索。
性能上振动及噪声的有效控制。

设计说明

设计师在工程实践中并行考虑地形、运行及施工等的综合体系设计，具有较大创新。设计上采用功能叠加方法，在狭窄地形中集约化利用空间。充分利用地形，构建立体多层交通，成为城市步行体系的一部分，传统性与实用性相结合；建筑及轨道支撑结构分离，同步建设，有效避免建筑的谐振并降低噪声。注重空间的复合，利用自然景观组织观景休闲空间，注重建筑的综合运行效益。

该项目在坡地消防研究上也进行了探索，为《重庆坡地防火规范》的制定提供了实证案例。

游龙走苍山，高楼林海间。
项目摄影：黄礼刚、孙晓宇、陈纲

设计思路

地域性、行业性的现代语言表达方面的积极探索。

狭窄地带的集成化整合方法的探索。

设计说明

设计师注重人性化空间的打造，对应多元化的行为模式，设置多样化的行为活动空间。

在工程实践中并行考虑大型现代办公建筑中的地域化表达、运行及施工等的综合体系设计，具有较大创新。

采用内置中庭的方法，在狭窄地形中集约化利用交通和休闲空间。充分利用地形，构建立体多层交通，将休息、接待及交通结合，将传统性、现代性与实用性结合。

建筑立柱结合业主的行业特点，将造型和功能结合，使其有特色而又不夸张。注重空间的复合，利用自然景观组织观景休闲空间，注重建筑的综合运行效益。

空阔翩叶舞，清风四面来。
项目摄影：陈纲

CHONGQING TOBACCO BUILDING

重庆烟草大厦

项目业主：重庆红鼎房地产有限公司
建设地点：重庆
建筑功能：办公建筑
用地面积：10 200平方米
建筑面积：22 000平方米
设计时间：1999年6月—2000年12月
设计内容：方案设计、初步设计、施工图设计
项目状态：建成
设计单位：重庆大学建筑设计研究院
项目负责：胡纹
建筑设计：胡纹、陈纲、黄海静
获奖情况：教育部勘察设计二等奖

ARCHITECTS

陈翚

湖南大学建筑学院 博士/副教授

1971年2月出生于湖南省汨罗市。湖南大学建筑学院副教授，硕士生导师。国际被动式房屋协会会员，捷克建筑师学会外籍会员，中国建筑学会会员，湖南省设计艺术家协会会员，湖南省土木建筑学会会员，湖南省传统村落与传统民居调研组专家，布拉格国际建筑节中国展区终身策展人，布拉格“AW”实验性建筑设计竞赛终身评委。

教育背景

1989年9月—1993年7月	湖南大学建筑系学士
1999年9月—2003年6月	湖南大学建筑学院硕士
2003年9月—2004年6月	美国管理技术培训中心IEP英语培训
2006年10月—2007年8月	国家公派赴捷克技术大学交流访问一年
2008年10月— 2012年5月	赴捷克技术大学建筑学院攻读博士学位，并于2012年5月获得该校建筑设计及理论专业哲学博士学位，成为捷克历史上第一位获得建筑设计及理论专业哲学博士学位的中国人

工作经历

1993年	毕业于湖南大学建筑系，获学士学位并留校任助教
1994年7月—1998年3月	外派至湖南大学设计研究院珠海分院工作，担任主创设计师
2004年6月	湖南大学建筑学院副教授，任院长助理
2006年—2007年	获得国家留学基金委资助，赴捷克技术大学（布拉格）访问一年
2012年至今	湖南大学建筑学院副教授

主要作品与成就

珠海市新香洲（Town House）居住小区
湖南省益阳市火车站站前商业广场
湖南省湘潭市潇湘市民广场方案设计
长沙市万代广场外立面改造设计
西藏山南地区桑耶寺“CROSS WAY”环境设计
广西壮族自治区公安厅刑侦技侦大楼方案设计
长沙市应急救援中心设计
江西共青城碧水华庭二期方案
江西共青城动漫产业园方案设计
布拉格15区规划修编
捷克波勒斯拉夫市老城广场设计
益阳花木城会所
湖南省靖州体育馆方案设计
湖南省历史古镇长乐镇新街修建性详细规划
湖南大学早期建筑群保护规划

CONCEPT DESIGN OF BISHUI HUATING PHASE II, GONGQING CITY, JIANGXI

江西共青城碧水华庭二期方案

项目业主：江西康城房地产开发有限公司
建设地点：江西 共青城
建筑功能：居住小区
用地面积：40 000平方米
建筑面积：100 000平方米
设计时间：2012年3月—2014年6月
项目状态：在建

阳光、空气、水、树木和土地，是人们赖以生存的五个元素，也是本案设计中主要考虑的因素，每一个细节都体现出对这些因素的尊重与考究。沿街的高层公寓为街道营造了完整的界面，也阻隔了城市的喧嚣。转折和镂空的形体顺应阳光和气流，使每一栋住宅都能享受自然。住宅围合成相互联系的绿地或广场，以不同元素的主题形态加以区分。形似活字印刷版的窗户在内部形成相对私密的小空间，让居住者享受阳光和室外美景。

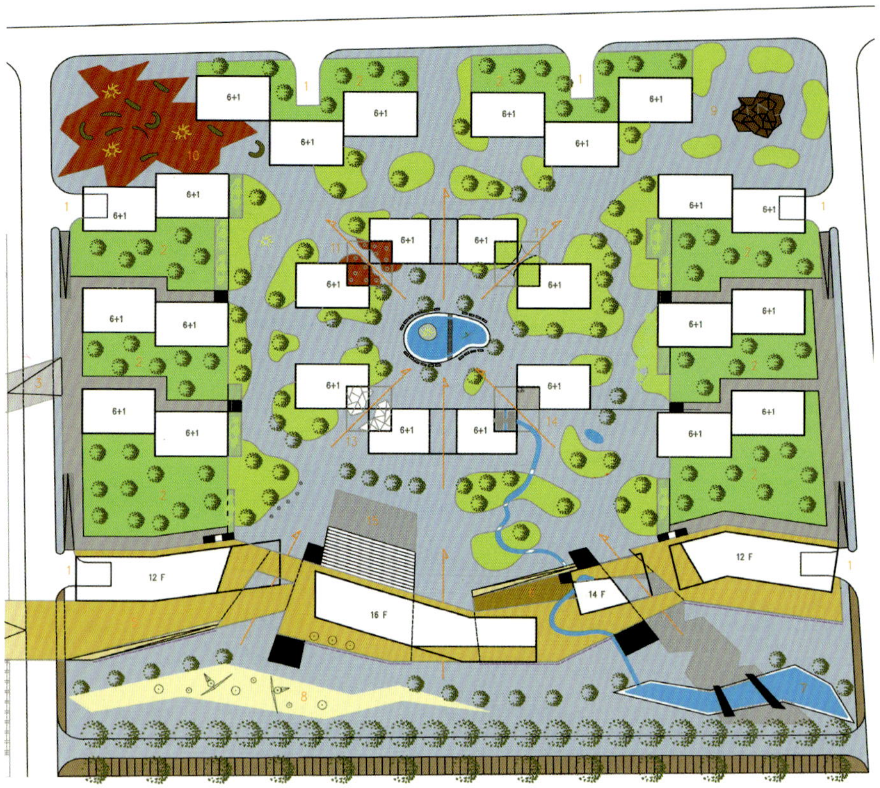
6+1
12 F
16 F
14 F

THE NATURE CLUB, YIYANG

益阳花木城会所

项目业主：益阳花木城苗木产业发展有限公司
建设地点：湖南 益阳
建筑功能：企业会所
用地面积：4 000平方米
建筑面积：750平方米
设计时间：2012年8月—2013年2月
项目状态：建成

会所位于益阳市郊一个苗木产业园内，环境优美，交通便利，周边围绕着毫无特色的乡村农舍。会所的特点在于营建过程而不是设计。从定位之初，业主和设计师就决定依托当地传统建筑风格和营建模式，以低技的方式营造休闲自在的场所。建筑师带着草图直接参与了建造的全过程，包括砖墙的砌法和挑檐的处理，都由建筑师与有经验的泥水匠共同协商完成。这种采用当地传统建造工艺、建筑材料和营建模式，通过创造性的方法建造起来的熟悉而又陌生的形式特征，有助于提高当地工匠的技术水平，开创对本土建筑可能性的多元化探索和资源的灵活应用，对解决中国广阔的农村地区大量农房的形式特征更新问题有一定的指导意义。

立面图

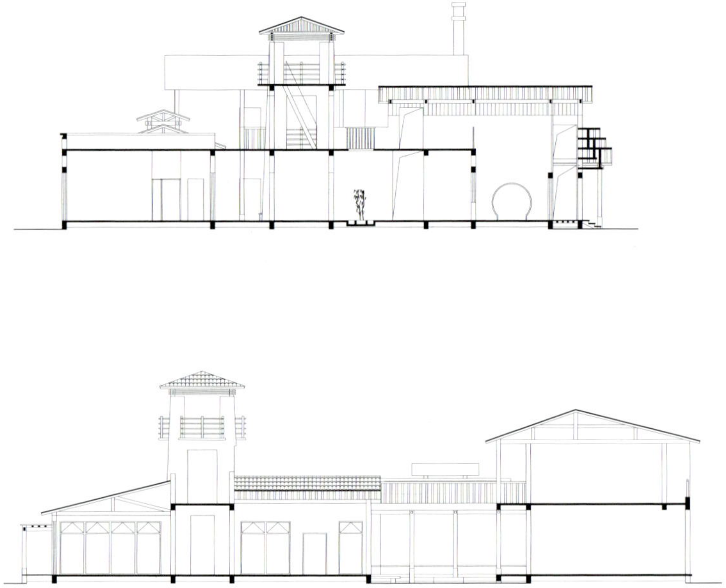

剖面图

ARCHITECTS

清華大學 建筑设计研究院有限公司
ARCHITECTURAL DESIGN & RESEARCH INSTITUTE OF TSINGHUA UNIVERSITY CO., LTD.

成旭东

职　　务：清华大学建筑设计研究院有限公司
第二分院建筑二所所长
工作室主任
职　　称：高级工程师
国家一级注册建筑师

教育背景
1984年—1989年　哈尔滨工业大学建筑学学士
2000年—2004年　北京大学区域经济学硕士

工作经历
1994年至今　清华大学建筑设计研究院有限公司

个人荣誉
2003年部级优秀勘察设计二等奖
2005年全国绿色建筑创新三等奖
2007年北京十三届优秀工程三等奖
2009年全国优秀工程勘察设计行业建筑工程二等奖
2009年北京十四届优秀工程二等奖

主要设计作品
佛山汇源通大厦
河南宾馆
佛山成丰大厦
山西省交通科学研究院新建园区
乌鲁木齐职业大学二期规划及单体设计
北京粮油应急保障中心
天津农学院新建体育馆
丹东市第一医院

专业领域
办公建筑、教育建筑及产业园区的研究与建筑设计

建筑思想
我们正处在一个前所未有的“建筑时代”，建筑设计是设计者对待传统、现实和未来的一种态度。“态度决定一切”，每一个建筑作品，不仅是建筑师的修养和技能的体现，更应正确传达建筑师独立、清醒的社会意识、环境意识和社会责任感。

2A6工作室隶属于清华大学建筑设计研究院有限公司二分院。

工作室建筑实践涵盖文化建筑、体育建筑、办公建筑、教育建筑、科研试验建筑、企业总部、商业综合体等民用建筑。

建筑设计是我们的工作，更是我们的梦想，为了“诗意地栖居”这一人类共同的理想和追求，我们愿意也值得为之付出艰苦努力并充分体验其中的乐趣。

FOSHAN HUIYUANTONG BUILDING

佛山汇源通大厦

项目业主：佛山市汇源通企业管理有限公司
建设地点：广东 佛山
建筑功能：办公建筑
用地面积：39 996平方米
建筑面积：180 000平方米
设计时间：2010年
项目状态：建成
设计单位：清华大学建筑设计研究院有限公司
设计团队：成旭东、张良尧、李果、徐青、贾昭凯、崔晓刚

项目位于佛山市南海区桂城一环都市型科技产业带，地上建筑面积130 000平方米，地下建筑面积50 000平方米。建筑地下2层，地上最高25层。建筑由4个塔楼和一组裙房组成，1、2、4座为办公楼，3座为公寓楼，建成后成为该区域的标志性建筑。

整个园区的主要功能为科研办公，建筑意在表现网络和插件标准化功能模块的理念。建筑立面上的纵横格构体现了人、信息、能源在功能块之间的流动和联系。25层的办公大楼坐落于中轴线的一端，两侧辅以等模块的21层科研楼，南侧的10层专家公寓作为呼应，具有强烈的控制性，隐喻"科学之城"的力度与气势，凸显电力科技园稳重、庄严的学科定位。东西向的地上3层裙房贯穿其间，形成立体穿插效果。

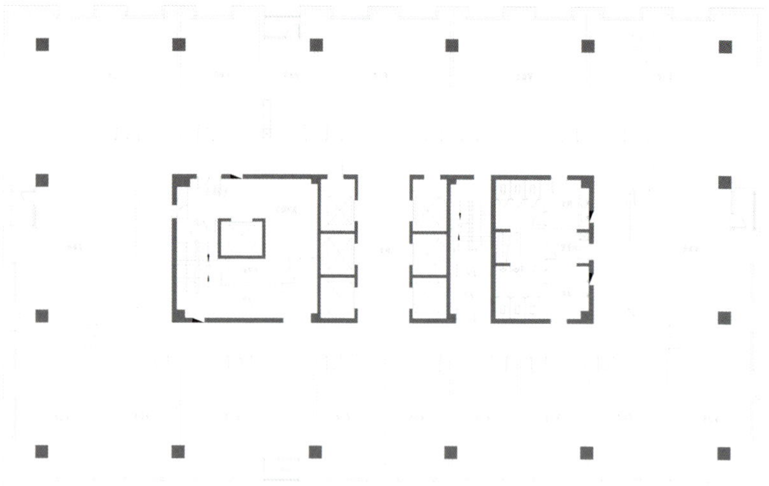

1、2、4座标准层平面

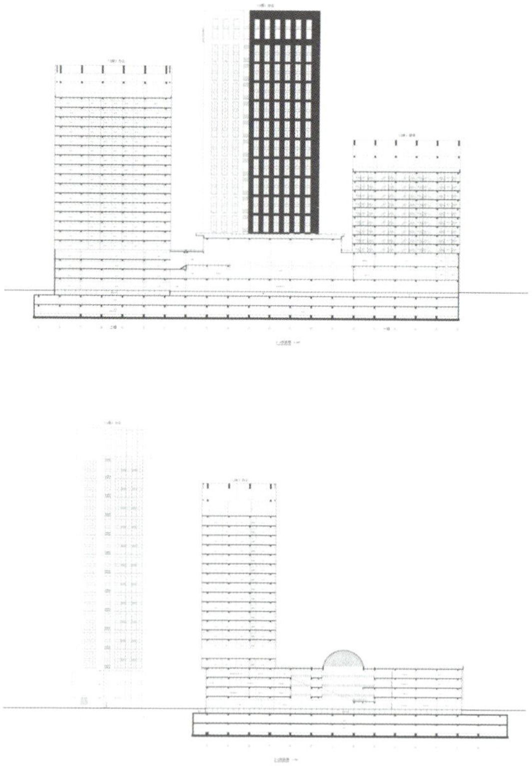

剖面图

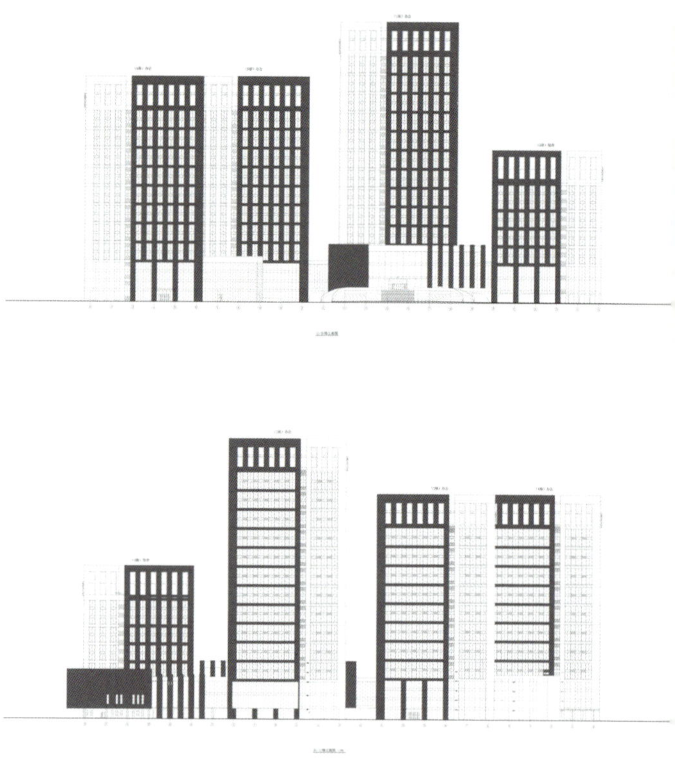

立面图

技术经济指标一览表

项目	数值	单位	层高	层数	备注
规划用地	40000.1	平方米			
地上总建筑面积	119950	平方米			
自用办公面积	70070	平方米			裙房：3
中心办公楼A座	30030	平方米	3.8米	26	标准层面积1300m²
其中 一层裙房	960	平方米	4.5米	3	
二层裙房	6290	平方米	5.4米		
三层裙房	52510	平方米	5.4米		
科技办公楼B座	27800	平方米	3.8米	20	
专家公寓C座	10100	平方米	3.8米	12	标准层面积1300m²
商业运作	39920	平方米	3.8米		
其中 科技办公楼D座	27800	平方米	3.8米	20	
裙房办公楼	12200	平方米	3.8米	4	
地下总建筑面积	28000	平方米			
建筑层数					
其中 地上(主楼)	26/20/20/12	层	3.8米		
地下	1（2）	层	4.5米		
容积率	3.0				
建筑密度	18	%			
停车位	1128	个			
其中地上	403	个			
其中地下	725	个			

SHANXI PROVINCIAL INSTITUTE OF COMMUNICATIONS SCIENCE NEW PARK

山西省交通科学研究院新建园区

项目业主：山西交通科学研究院　　建设地点：山西 太原
建筑功能：办公建筑　　　　　　　用地面积：50 000平方米
建筑面积：100 000平方米　　　　设计时间：2013年
项目状态：建成
设计单位：清华大学建筑设计研究院有限公司
设计团队：成旭东、尹郡、张良尧、袁然然、何金妹、经杰、 徐青、于丽华、崔晓刚
建筑摄影：仝军强

项目定位

本项目旨在打造国内一流园区，在太原经济开发区内领先，充分展现业主高科技开发创新的企业形象。

设计原则

设计师遵循科学合理性、时代先进性、高效便捷性、经济节约性、用地集约性等设计原则。

总体布局

“四区”“一标志”的规划思想

“四区”分别指办公中心、检修中心、生产中心和实验中心。

“一标志”指的是办公中心高12层的主楼。主楼通过其高度和体量、优美的圆弧造型以及对称庄严的形象，成为统领整个园区的标志性建筑。

空间秩序的营造

项目借鉴中国建筑的空间秩序特点，沿平面延伸，主次分明。通过群体空间的转换、平衡、对称，收放有致，使处于统领地位的弧形研究院主楼与其他楼和谐共处，整体建筑的布局表现主次和秩序。各座单体建筑之间、细部与整体之间，既有变化又相互协调，展现简洁、色彩鲜艳的现代工业建筑的特点。

TIANJIN AGRICULTURAL UNIVERSITY NEW STADIUM

天津农学院新建体育馆

项目业主：天津农学院
建设地点：天津
建筑功能：体育建筑
用地面积：28 600平方米
建筑面积：16 000平方米
设计时间：2014年
项目状态：建成
设计单位：清华大学建筑设计研究院有限公司
设计团队：成旭东、卢伶、何金妹、汤涵、罗新宇、梁雪梅、钟新

项目位于农学院东北角，天津农学院校园内的建筑以现代风格为主，建筑外延色彩以明快、具有现代感的浅色调为主。方案设计既要考虑功能使用的合理与便捷，也要考虑到体育馆作为全运会比赛场馆的昭示性和时代感。

建筑契合基地地形与功能使用的集约性和适宜性，设计为规整、大气的矩形体量。整体建筑体积感强、冲击力大，体现了体育建筑的力量感，东西两翼设计的线条造型塑造出跃升的动感，两者完美结合使之成为具有雕塑感的标志性建筑。

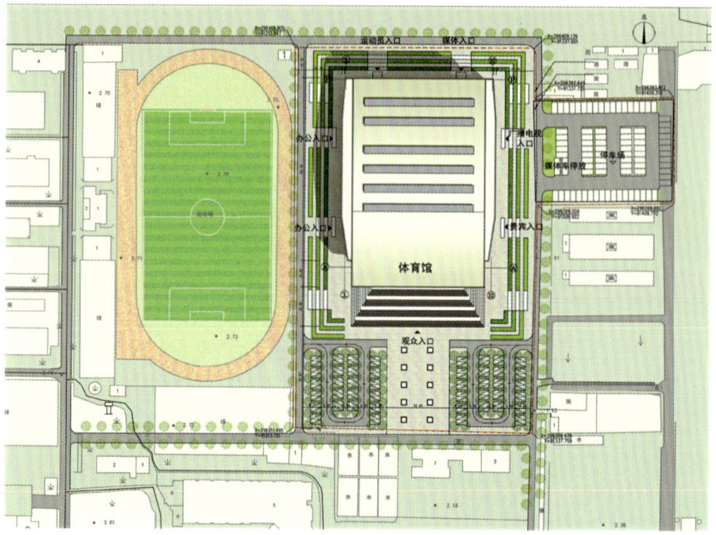

总平面图

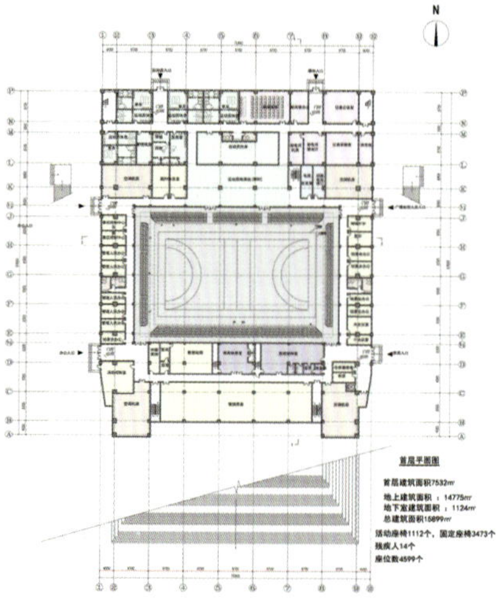

A1L1平面图

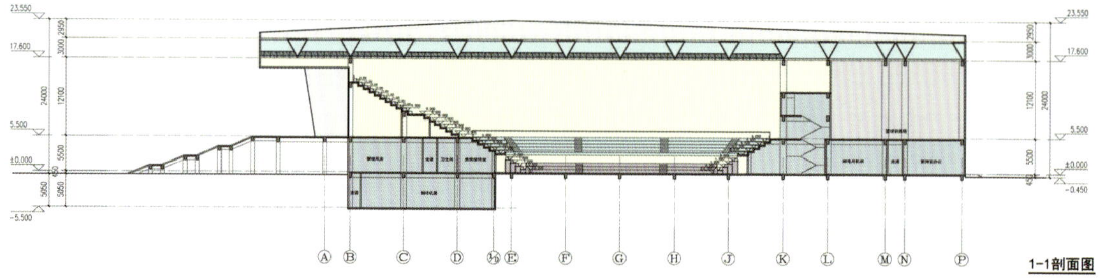

剖面图

ARCHITECTS

南京大学建筑规划设计研究院有限公司

程向阳

职　　务：南京大学建筑规划设计研究院有限公司执行总建筑师
城市建筑研究与创作中心主持建筑师
职　　称：高级建筑师

教育背景
1995年　重庆建筑大学建筑与城市规划学院建筑学学士
2005年　南京大学建筑研究所工学硕士

工作经历
1995年—2004年　南京市规划局
2004年—2008年　美国易道公司助理董事、资深设计师
2008年至今　南京大学建筑规划设计研究院执行总建筑师

个人荣誉
第十届中国青年建筑师奖（中国建筑学会最高荣誉奖）
南京市规划委员会建筑与规划专家委员
南京大学、东南大学建筑学院课程答辩委员

获奖作品
第二届世界青年奥林匹克运动会南京青奥城规划设计（国际竞赛第一名，江苏省优秀规划设计一等奖）
南京龙池湖核心湖区整体改造设计（建成——江苏省优秀创作二等奖）
青岛即墨市民文化艺术中心（在建——江苏省优秀BIM设计第一名 ）
连云港国家经济技术开发区管委会新海连大厦（建成——江苏省优秀勘察工程设计二等奖）
南京六合经济开发区招商中心（建成——江苏省优秀创作二等奖）
江苏软件园吉山基地城市设计（在建——江苏省优秀勘察工程设计二等奖）

代表作品
南京下关老城滨江地区城市设计
南京南站地区城市设计
青岛即墨会议会展中心建筑设计
安徽芜湖无为城市规划馆建筑设计
中国（南京）软件谷国家信息安全产业园建筑设计
江苏省地质环境勘查院科研实验楼
湖南长沙昭山晴岚高尔夫俱乐部
南京江宁云水间度假酒店
南京溧水无想山公园和莘庄公园游客中心和配套设施建筑设计
南京中华门外报恩寺历史街区修建性规划设计
南京红山动物园整体改造设计
青岛崂山企业会所建筑设计

地址：南京市汉口路22号南京大学费彝民楼16楼
电话：025-83621560
传真：025-83597372
网址：www.adinju.com
电子邮箱：adi_nju@163. com

南京大学建筑规划设计研究院成立于1999年9月，2013年改制并更名为南京大学建筑规划设计研究院有限公司（以下简称“南大设计院”）。现有工程技术人员251人，设计技术人员占总人数比例超过92%，其中江苏省设计大师2人、注册人员66人。持有国家建设部授予的建筑行业（建筑工程）设计甲级、工程勘察甲级、建筑行业（人防工程）乙级、风景园林工程设计专项乙级、电力行业（变电工程）专业丙级及国家发改委颁发的工程咨询甲级证书，并通过ISO 9001质量管理体系认证。

南大设计院专业设置齐全、技术实力雄厚，设有4个综合设计所以及人防所、城市建筑研究与创作中心、工程咨询造价中心等数个专业部门，专业范围包括区域规划、居住区规划设计、建筑工程设计和城市设计、室内外装修设计和园林景观设计、工程咨询等众多领域，涉及规划研究、开发策划和建筑技术咨询等研究课题。

南大设计院从创建初始就以“创作建筑精品”为奋斗目标。在建院10年多的时间里，业务上不断取得进展，承担了上百个功能齐全、技术复杂、影响较大的大中型公共建筑项目和高级住宅区的设计。南大设计院一贯重视工程设计质量，推行全面质量管理，多项作品荣获国家住建部、教育部及省建设厅组织评选的优秀设计奖项。

南大设计院在发展期间，十分重视学术研究与科技成果的转化。作为南京大学建筑与城市规划学院的教学、科研、实践相结合的基地，南大设计院逐渐形成以“创造精品”为目标的“南大建筑” 的品牌设计风格。

南大设计院遵循“客户至上、质量优良、持续改进、效益共享”的方针，坚持走管理创新、质量兴业、科技强院之路；充分发挥自己的品牌优势、人才优势、信誉优势，积极应对各种激烈的挑战；敢于竞争，善于竞争，在竞争中谋求更大、更快的发展，提升综合竞争能力。

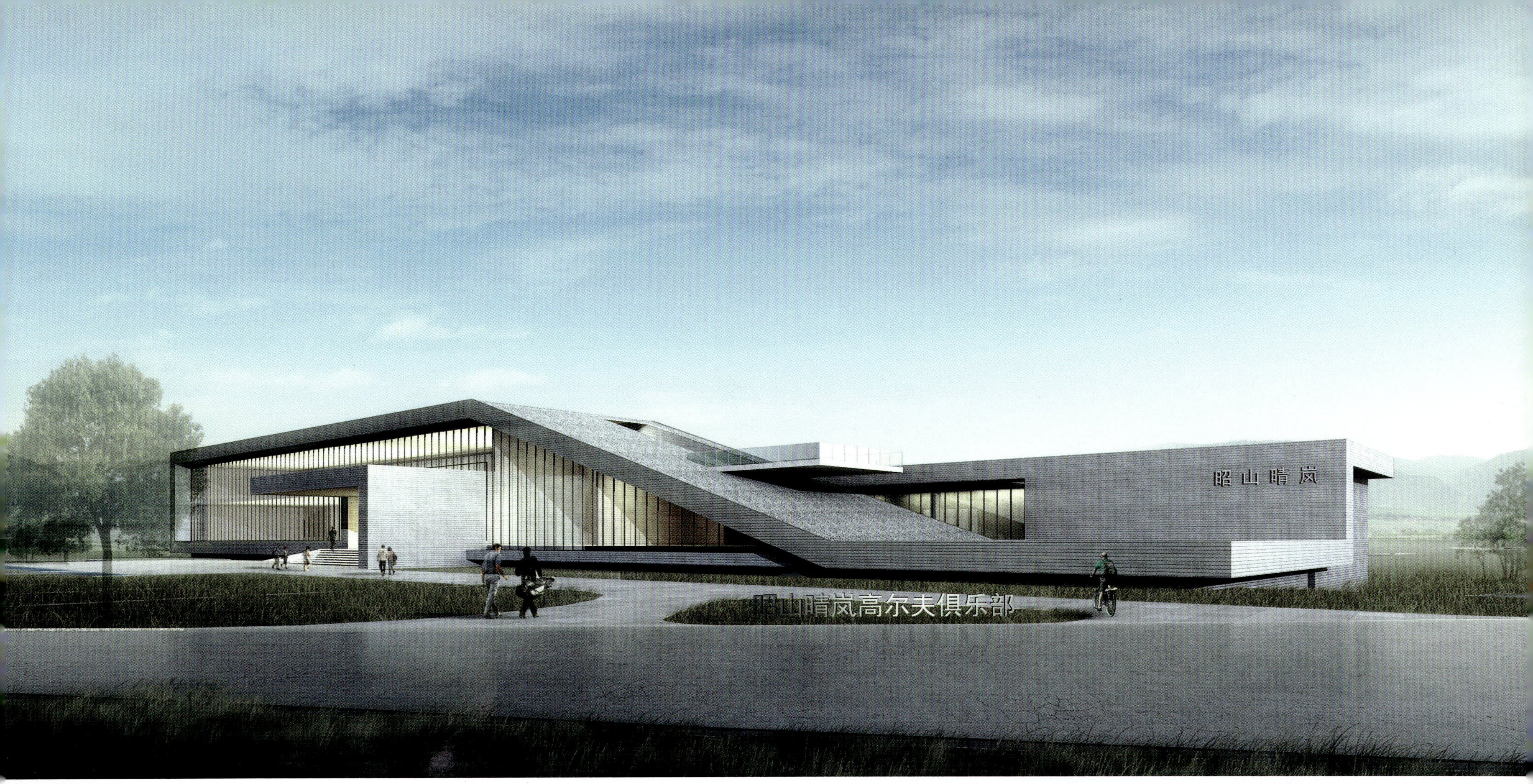

ZHAOSHAN QINGLAN GOLF CLUB, CHANGSHA, HUNAN

湖南长沙昭山晴岚高尔夫俱乐部

项目业主：江苏国信集团
建筑地点：湖南 长沙
建筑功能：接待中心
建筑面积：4 000平方米
建筑层数：3层
建筑高度：14.4米
设计时间：2014年
项目状态：在建
设计单位：南京大学建筑规划设计研究院有限公司

建筑以周围优美的山体为背景，起伏的混凝土折板完成建筑与自然的对话。建筑面向高尔夫球练习场的平面转折适应练习者的视野需要，同时形成建筑体量的分解和空间缝隙，结合场地，构建整体交错的起伏折板，进一步强化早期的概念。小模板清水混凝土形成的肌理消解了建筑水平展开的尺度。

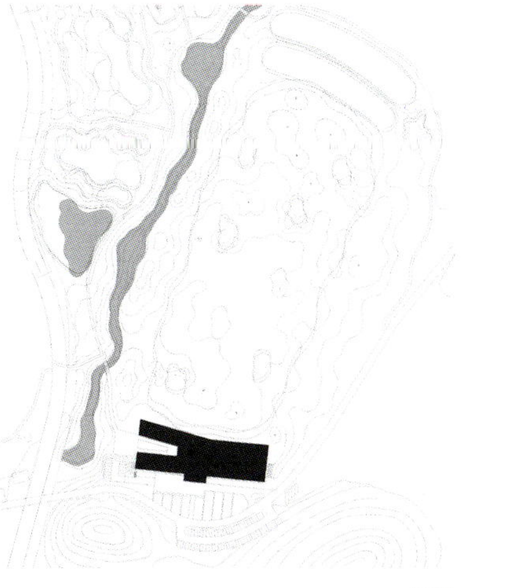

YUNSHUIJIAN RESORT, JIANGNING, NANJING

南京江宁云水间度假酒店

项目业主：南京江宁交通集团
项目地点：南京 江宁
项目功能：酒店
用地面积：19 800平方米
建筑面积：5 233平方米
建筑层数：2层
建筑高度：8.6米
设计时间：2014年
项目状态：在建
设计单位：南京大学建筑规划设计研究院有限公司

基地四周临水和原生态的自然林地，总体布局以传统聚落线形空间组织，临主要景观面一字排开，简练匀称。建筑体量垂直于主要景观面，总体错落组合，形成连绵的建筑界面。建筑单元的组合模式适应总体空间布局的生长和节奏，建筑采用钢木结构形式。乡土材料和钢、幕墙等现代材料的契合，呈现出与自然景观气质相适应的效果。

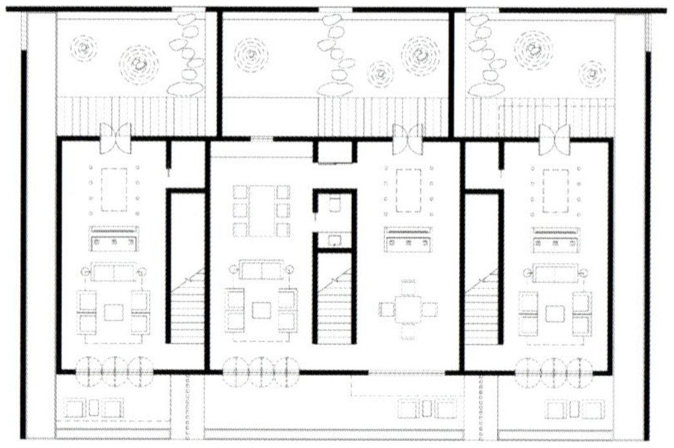

一层平面图

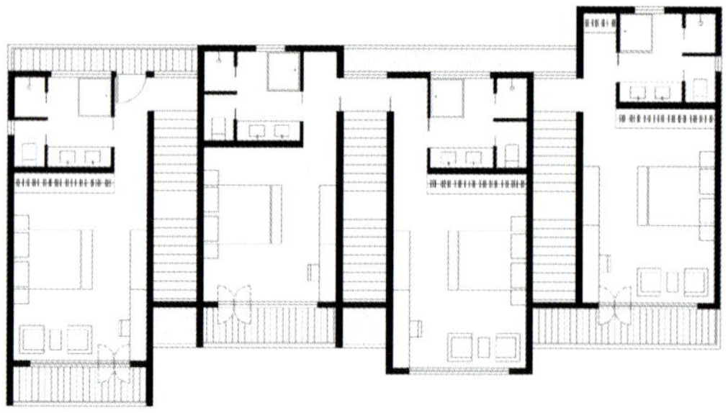

二层平面图

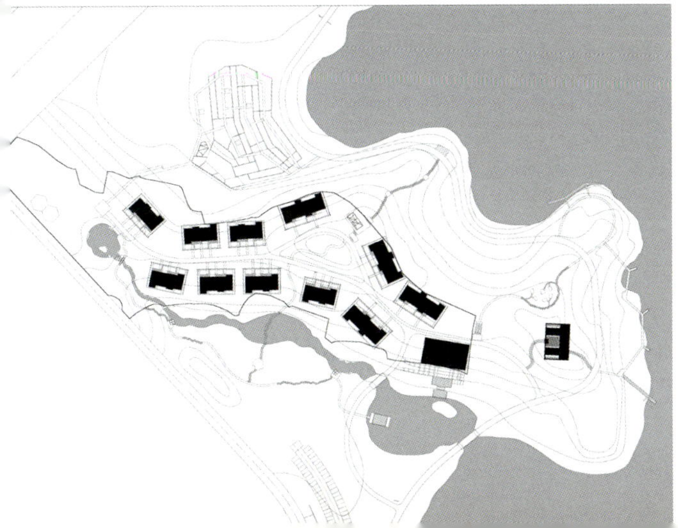

RESEARCH LABORATORY BUILDING OF ENVIRONMENTAL GEOLOGY EXPLORATION INSTITUTE OF JIANGSU

江苏省地质环境勘查院科研实验楼

项目业主：江苏省地质环境勘查设计研究院
建设地点：江苏 南京
建筑功能：办公
建筑面积：43 098平方米
建筑层数：5层
建筑高度：24米
设计时间：2013年
项目状态：施工图设计中
设计单位：南京大学建筑规划设计研究院有限公司

场地内部与外围道路存在较大高差带来了交通及土方平衡上的挑战。设计师在总平面设计中提高了场地入口层的高度，形成了依地势的建筑基座。入口层上部，建筑被分解为三个简明的形体破土而出，与台地水平生长，对周边场地作出了积极回应，更体现出了地质文化的力量感和雕塑性，诠释了建筑的力与美。建筑造型通过上部的暖色砂岩与下部的芝麻灰石材的材质色调进行对比，表达“基座”与“体块”的关系；玻璃与砂岩交错的立面体现出对地质岩层的抽象隐喻。

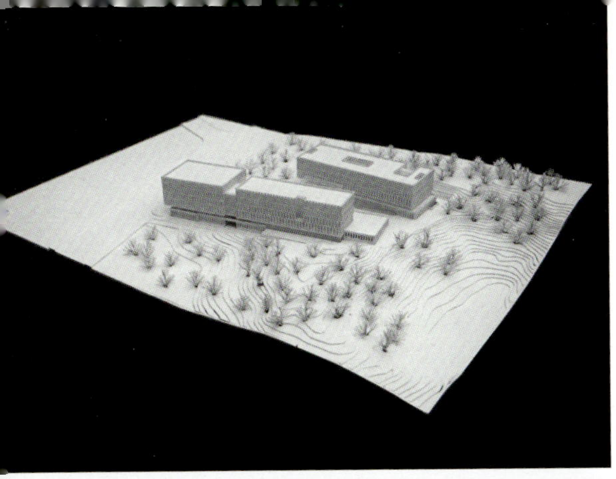
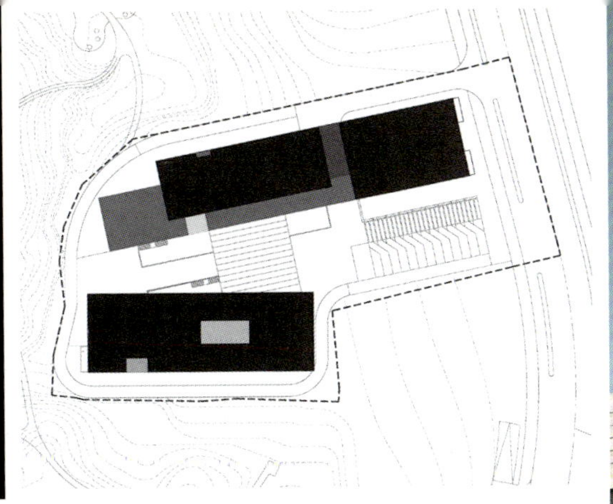

OVERALL TRANSFORMATION DESIGN OF NANJING LONGCHI LAKE CORE REGION

南京龙池湖核心湖区整体改造设计

项目业主：南京六合经济技术开发区管理委员会
建设地点：江苏 南京
建筑功能：公园及配套建筑
公园用地面积：200 000平方米
配套建筑面积：9 000平方米
配套建筑层数：2层
设计时间：2012年
项目状态：建成
设计单位：南京大学建筑规划设计研究院有限公司

从城市设计开始统筹设计的整体性，整个区域将由城市工业区向混合的城市社区转型，因此，公共空间的介入与角色的转换成为重要的一步。设计方案力求营造一个具有都市活力、自然生态的城市水岸，在改善自然环境的同时，带来新的活力。设计摆脱了以往园林式公园的做法，创造了开放的都市水岸。整个设计体现生态都市主义的景观审美和参与价值，亦避免当代景观的过度设计。简约的人工设计痕迹和自然之间形成唯美的景趣。湖边构筑物都拥有相似的简单语言，坚持建筑的建构逻辑，并将龙池湖“龙池举网、清风亭”等千年典故的文化元素隐含地表达出来。

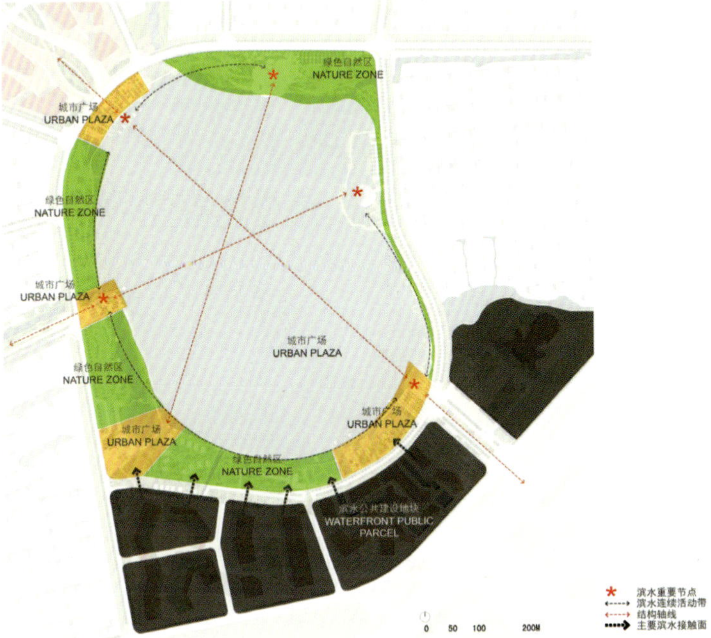
绿色自然区
NATURE ZONE
城市广场
URBAN PLAZA
绿色自然区
NATURE ZONE
城市广场
URBAN PLAZA
城市广场
URBAN PLAZA
绿色自然区
NATURE ZONE
城市广场
URBAN PLAZA
城市广场
URBAN PLAZA
绿色自然区
NATURE ZONE
滨水公共建设地块
WATERFRONT PUBLIC
PARCEL
0 50 100 200M
滨水重要节点
滨水连续活动带
结构轴线
主要滨水接触面

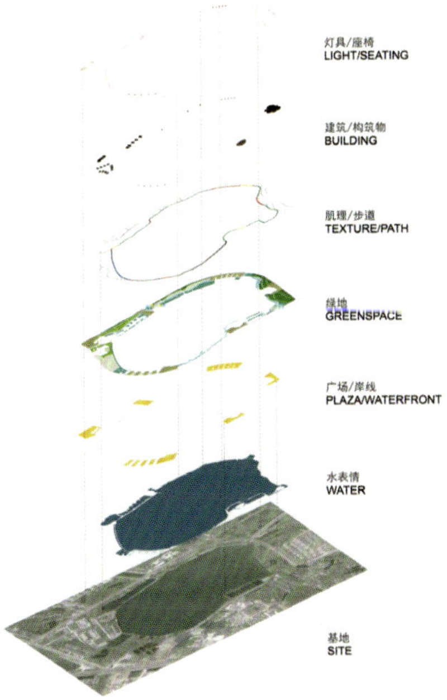
灯具/座椅
LIGHT/SEATING
建筑/构筑物
BUILDING
肌理/步道
TEXTURE/PATH
绿地
GREENSPACE
广场/岸线
PLAZA/WATERFRONT
水表情
WATER
基地
SITE

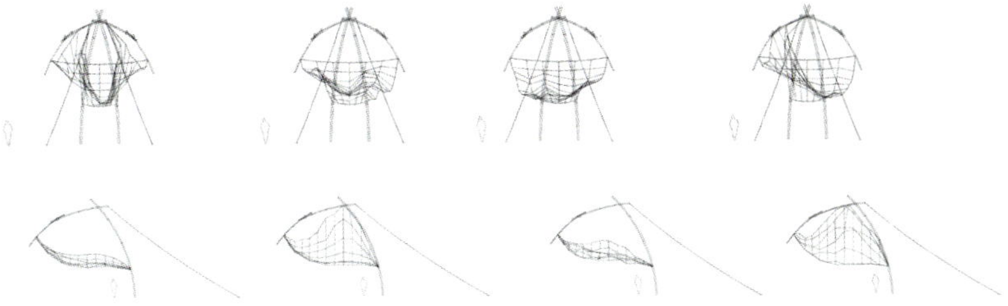

华蓝设计
HUALAN DESIGN

曹剑

职　务：华蓝设计（集团）有限公司建筑工程五所所长兼所总建筑师
职　称：教授级高级工程师

教育背景

1994年—1999年　苏州城市建设环境保护学院建筑系建筑学学士

工作经历

1999年—2007年　广西建筑综合设计研究院建筑师
2007年—2009年　广西华蓝设计（集团）有限公司工作室主任兼主任建筑师
2009年—2014年　广西华蓝设计（集团）有限公司建筑工程五所副所长兼所总建筑师
2015年至今　华蓝设计（集团）有限公司建筑工程五所所长兼所总建筑师

个人荣誉

南宁奥之林文化体育中心	荣获：2003年度广西优秀工程设计二等奖
荔园山庄、荔园山庄会议及宴会中心（原自治区第二招待所）	荣获：2005年度广西优秀工程设计一等奖
中国人寿保险公司广西分公司办公楼	荣获：2007年度广西优秀工程设计一等奖 2008年度全国优秀工程勘察设计行业建筑工程三等奖
玉林市体育中心网球中心、设计馆	荣获：2009年度广西优秀工程设计二等奖
柳州市人民医院迁建工程门诊住院楼	荣获：2011年度全国优秀工程勘察设计行业建筑工程三等奖 2011年度广西优秀工程设计一等奖 第六届中国建筑学会建筑创作佳作奖
百色龙景区小学	荣获：2013年度广西优秀工程设计二等奖
广西民族大学西校区本部项目理工实验楼	荣获：2013年度广西优秀工程设计二等奖
崇左会展中心（一期）项目设计	荣获：2015年度广西优秀工程设计一等奖
横县人民医院外科大楼	荣获：2015年度广西优秀工程设计二等奖
中国人保大厦	荣获：2015年度广西优秀工程设计二等奖
广西森林资源保护中心综合楼	荣获：2015年度广西优秀工程设计二等奖
广西艺术学院相思湖新校区多功能图书馆	荣获：2017年度广西优秀工程设计一等奖
广西农垦大厦	荣获：2017年度广西优秀工程设计二等奖

主要设计作品

广西国际壮医医院
柳州市工人医院总院迁建工程
南宁市第一人民医院
柳州市人民医院
柳州市工人医院
三江侗族自治县人民医院迁建工程
宾阳县中医院迁建工程
漳州古雷医院迁建工程
青海省果洛藏族自治州久治县门堂乡门堂寺德庆慈善藏医院迁建工程
横县人民医院外科大楼
南宁妇幼保健医院
浦北县妇幼保健院
贵港市港北区人民医院门诊医技楼设计服务
贵港市人民医院外科楼扩建及地下车库
河池市人民医院儿科中心
广西民族医院门诊住院综合楼
奥之林儿童文化中心
荔园山庄宴会中心
中国人寿保险公司广西分公司办公楼
广西森林资源保护中心综合楼
广西幼儿师范平果校区
广西艺术学院相思湖新校区多功能图书馆
广西农垦大厦

地址：广西壮族自治区南宁市华东路39号
电话：0771-2438007
传真：0771-2438007
网址：www.gxhl.com
电子邮箱：@gxhl.com.cn

华蓝设计（集团）有限公司成立于2007年1月1日，是由广西建筑综合设计研究院（始建于1953年）改制而成的现代科技型企业，是目前广西规模最大的国家工程设计咨询综合性甲级企业。公司拥有建筑设计一院、建筑设计二院、建筑设计三院、城乡规划院、城市空间规划设计院、市政设计院、工业设计院、设计研究院、区外业务设计院等9个专业设计院，在福州、深圳、上海、昆明、成都、西安、贵阳、重庆、广州、泉州、南昌、桂林等地设立分支机构。拥有国家颁发的建筑工程设计、轻纺制糖工程设计、建筑智能化系统设计、风景园林工程设计、工程咨询甲级（建筑、市政公用工程（市政交通、给排水、环境卫生）、轻工）、工程施工图审查等甲级资质。公司恪守"精心设计、确保质量、优质服务、客户满意"的质量方针，竭诚为社会各界提供优质的设计和服务。将建设成一个具有突出的人才和技术优势，管理和运营优势，对社会有明显贡献，全国一流的综合知识型企业。

GUANGXI INTERNATIONAL ZHUANG MEDICAL HOSPITAL

广西国际壮医医院

项目业主：广西中医药大学
建筑功能：三甲综合医院
建筑面积：187 575平方米
项目状态：在建
设计单位：华蓝设计（集团）有限公司
主创设计：曹剑
建设地点：广西 南宁
用地面积：133 371平方米
设计时间：2015年

广西国际壮医医院是广西壮族自治区成立六十周年重大公益性建设项目，其定位为“以壮瑶等民族医药为特色，以中医药为基础，以现代诊疗技术为支撑”，集医疗、教学、科研、预防、保健、康复、特色制剂、民族医药文化传承和国际交流为一体的具有浓郁壮族文化特色的综合性现代化国际医院。基础设施建设包括医疗用房、博物馆、壮医药国际交流中心、壮瑶医学全科医生临床培训基地、壮瑶药剂医学研发中心等。

设计灵感源于中医大典《黄帝内经》的承载之物——竹简，整体造型以竹简成卷的形象寓意一部“壮医大典”，传承壮医文化，弘扬民族精粹。功能上以简洁流畅的流线作为整体骨架，点缀充满阳光的庭院，塑造壮族人民的殿堂级医疗空间。

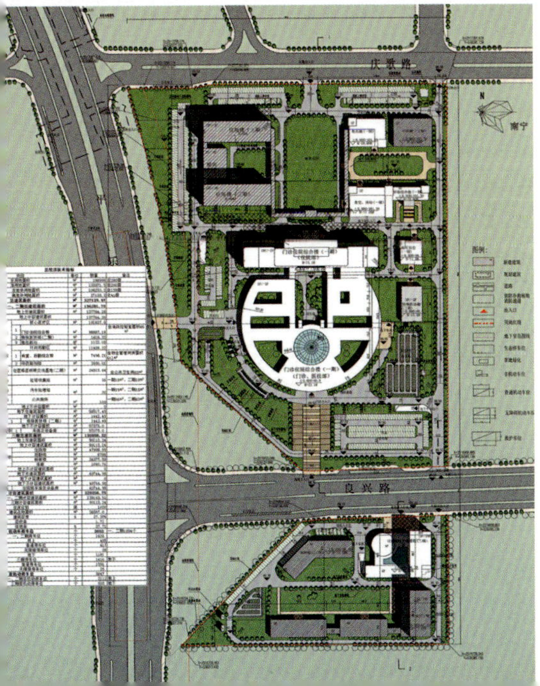

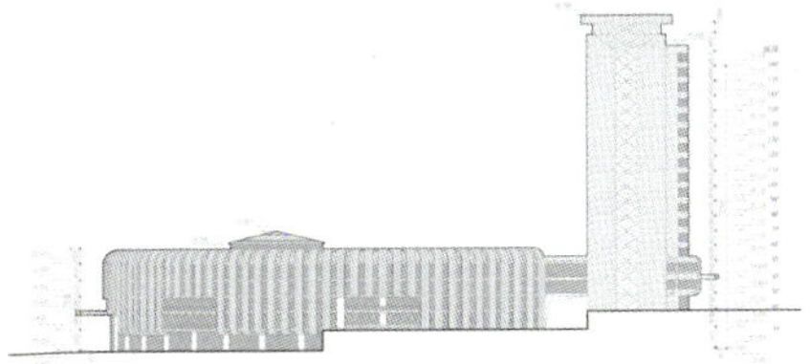

东立面图

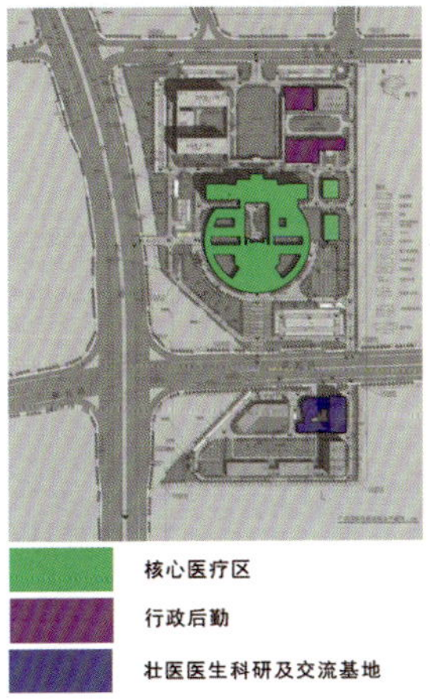

功能分析图

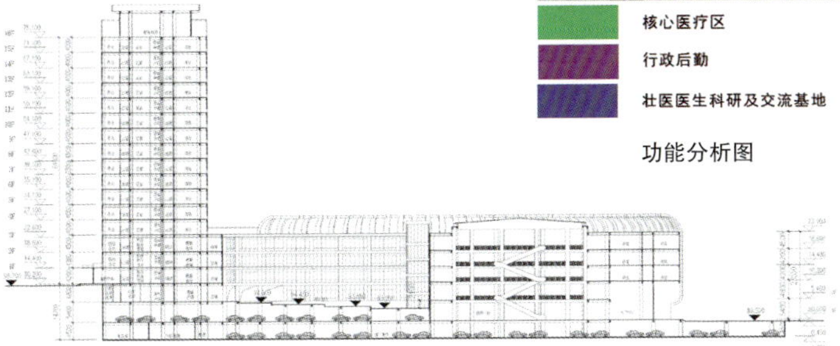

剖面图

LIUZHOU GENERAL HOSPITAL

柳州市人民医院

项目业主：柳州市人民医院　　建设地点：广西 柳州
建筑功能：三甲综合医院　　用地面积：109 740平方米
建筑面积：214 233平方米　　设计时间：2003年
项目状态：建成
设计单位：华蓝设计（集团）有限公司
主创设计：曹剑
获奖情况：全国优秀工程勘察设计行业建筑工程三等奖
第六届中国建筑学会建筑创作佳作奖
广西优秀工程设计一等奖

项目位于广西壮族自治区柳州市文昌路，设计从柳江180度的回形弯这一当地独有的天然地势出发，运用航空港的设计理念，形成了富有地域特色且契合现代化医疗流程的布局形式及令人过目难忘的建筑形象。在实际使用过程中，得到了广大市民和医护人员的好评。

1. 建筑师尝试新的医院设计概念，其建筑布局来源于对“桥”和“医疗港”的理解。以一条中轴线为骨架，紧密地设计为一个整体。

2. 引入绿色庭院，满足通风、采光的要求，符合南方建筑特点。

3. 门诊大厅自然采光顶以及造型独特的住院部玻璃入口雨棚采用钢结构形式；外墙饰面采用金属氟碳外墙漆及局部干挂石材幕墙。

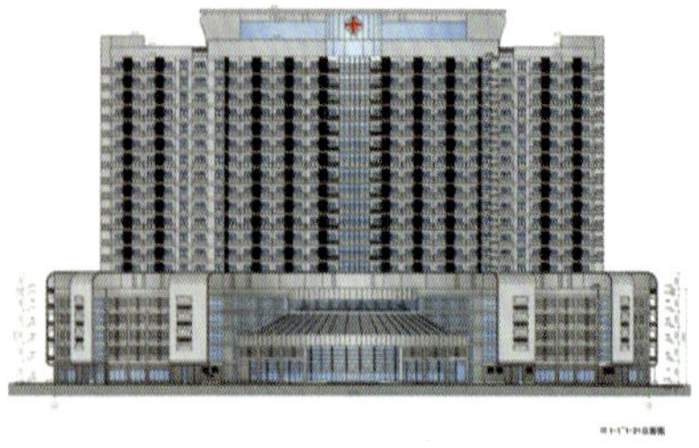
1-1~1-21立面图

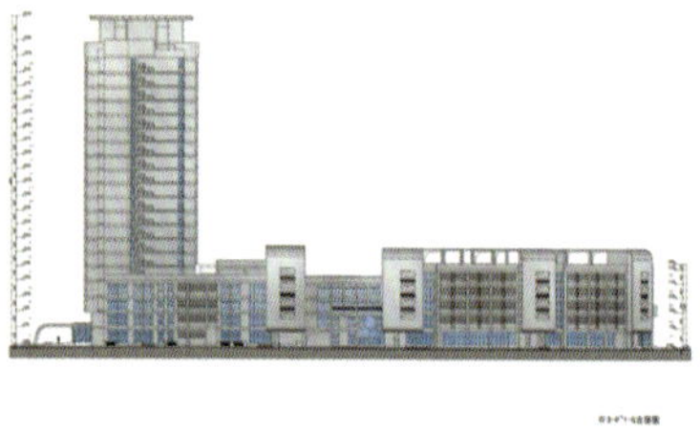
2-p~1-g立面图

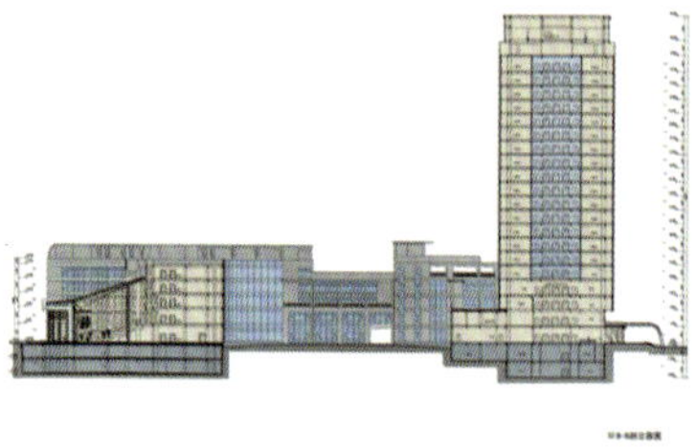
B-B剖立面图

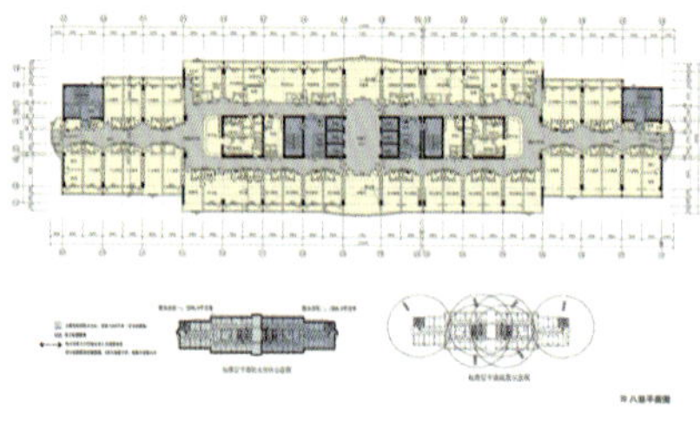
八层平面图

LIUZHOU WORKER'S HOSPITAL

柳州市工人医院

项目业主：柳州市工人医院
建设地点：广西 柳州
建筑功能：三甲综合医院
用地面积：125 076平方米
建筑面积：305 270平方米
设计时间：2016年
项目状态：方案
设计单位：华蓝设计（集团）有限公司
主创设计：曹剑

项目位于广西壮族自治区柳州市柳南区，总床位数1 500个，分为两期建设。一期总建筑面积为21.41万平方米，建设内容有门诊楼、医技楼、住院楼、急诊中心和行政会议中心等。二期总建筑面积9.11万平方米，建设内容有住院楼、特殊医技楼、高压氧舱和立体停车楼等。

1. “医”脉相承——传承历史文脉，塑造精神记忆场所；
2. 以人为本——空间舒适、流程高效、流线便捷；
3. 绿色环保；
4. 立足现在，放眼未来，充分考虑方案的可持续发展及前瞻性。

方案采用“一轴、两园、三区”的规划结构组织总平面图。“一轴”是由项目的功能轴线与景观轴线合二为一的轴线系统，“两园”指入口花园及地块南面的休闲后花园，“三区”是指场地中心位置的核心医疗区及西侧的公园区、东侧的特殊诊疗区。

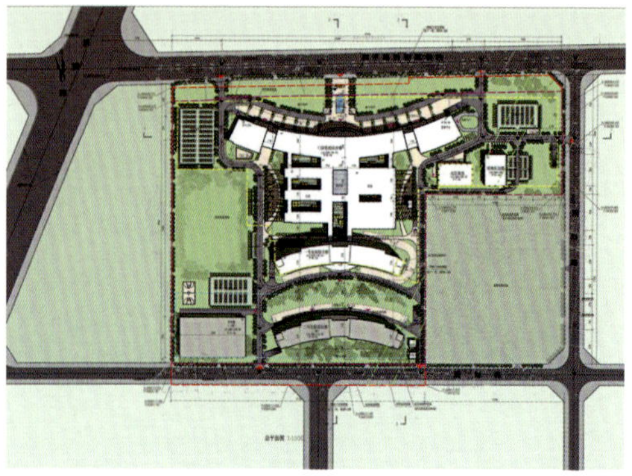

总平面图

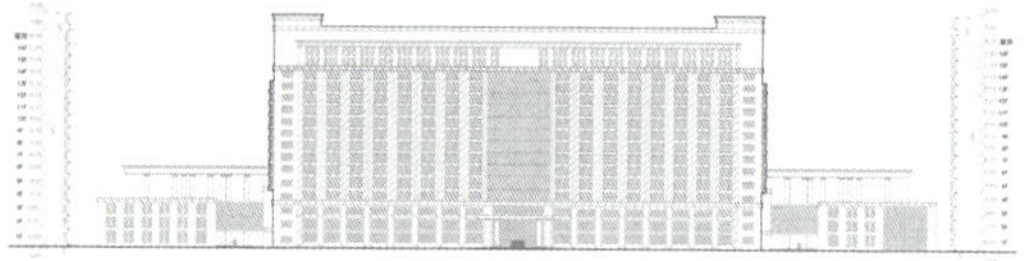

核心医疗区南立面图

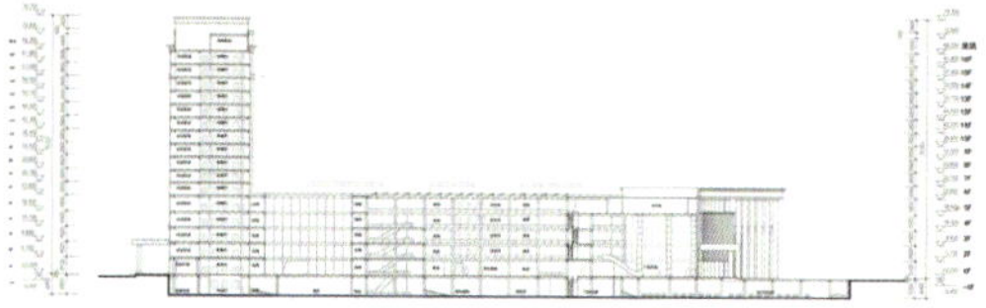

核心医疗区1-1剖面图

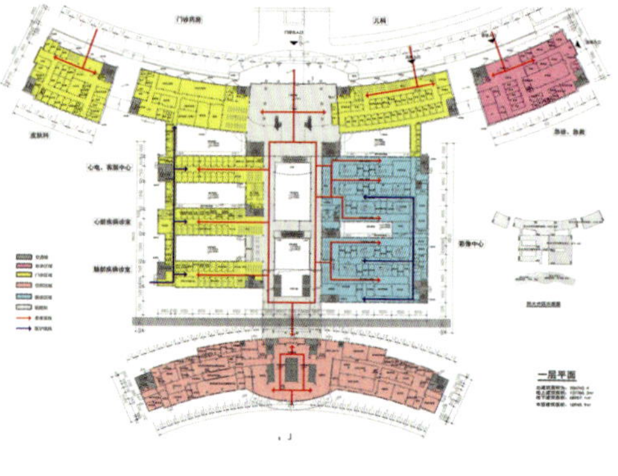

核心医疗区一层平面图

OFFICE BUILDING OF GUANGXI BRANCH OF CHINA LIFE INSURANCE COMPANY

中国人寿保险公司广西分公司办公楼

项目业主：中国人寿保险公司广西分公司
建设地点：广西 南宁
建筑功能：办公建筑
用地面积：2 4570平方米
建筑面积：18 923平方米
设计时间：2005年
项目状态：建成
设计单位：华蓝设计（集团）有限公司
主创设计：曹剑
获奖情况：2008年度全国优秀工程勘察设计行业建筑工程三等奖
2007年度广西优秀工程设计一等奖

项目位于南宁市琅东新区，民族大道延长线北侧。地块东面不远处为规划中的南宁体育中心，南面为石门公园，沿民族大道西行不远，是南宁国际会展中心和南宁市人大办公会议中心。规划上青山路与民族大道交叉口处是民族大道干线景观的次中心，建筑高度控制在17层。各项设计均满足使用功能的要求以及国家各有关设计规范的要求，并尽可能采用新技术、新材料、新设备、新结构。在环境保护、节约能源、综合利用等方面均有考虑和设计。

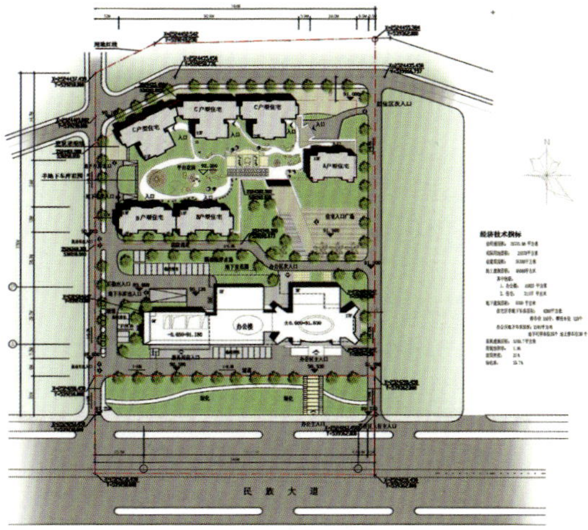

总平面图

侧立面图

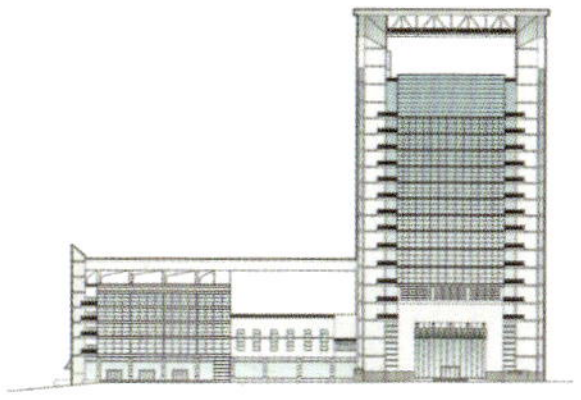

正立面图

THE FIRST PEOPLE'S HOSPITAL OF NANNING

南宁市第一人民医院

项目业主：南宁市第一人民医院
建设地点：广西 南宁
建筑功能：三甲综合医院
用地面积：31 565平方米
建筑面积：141 263平方米
设计时间：2004年
项目状态：建成
设计单位：华蓝设计（集团）有限公司
主创设计：曹剑

项目位于南宁市七星路与南环路交界处，东侧为经文街。由于用地紧张，在布局设计上让建筑平行于七星路与南环路，满足医院的停车需要。主体建筑设计为20层，建筑密度较小，有利于整个医院的自然通风和采光。设计上重视医院未来发展需求，在总体布局中预留了北面的区域作为预留发展用地。考虑了各种新技术的采用，使医院能够向信息化医院、网络化医院、数字化医院发展。

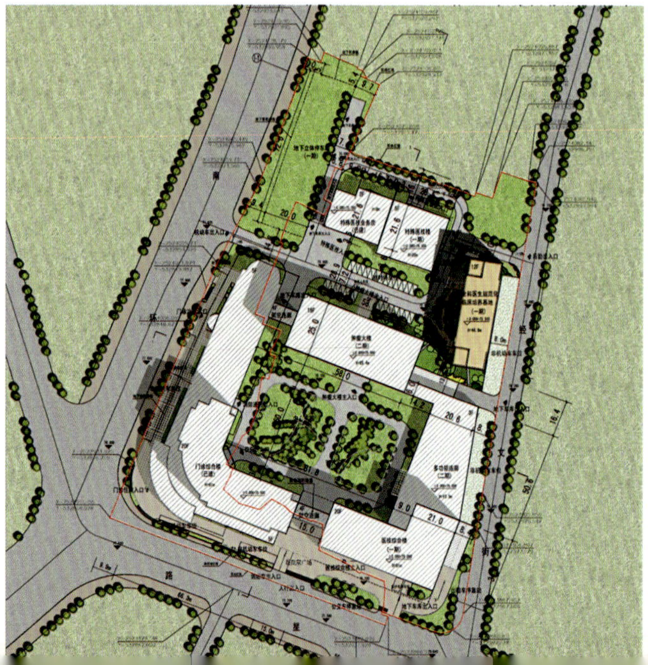

功能分析图

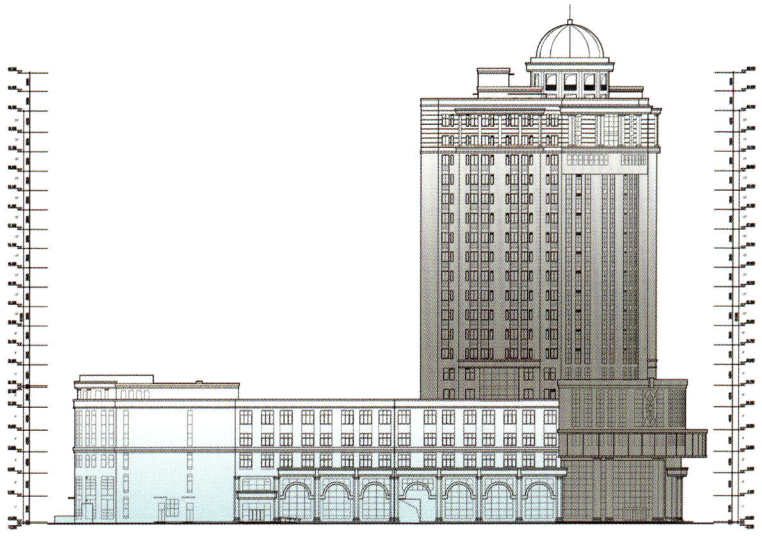
正立面图

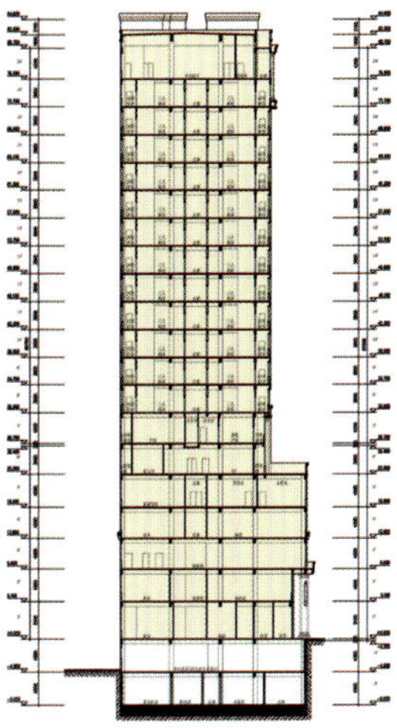
剖面图

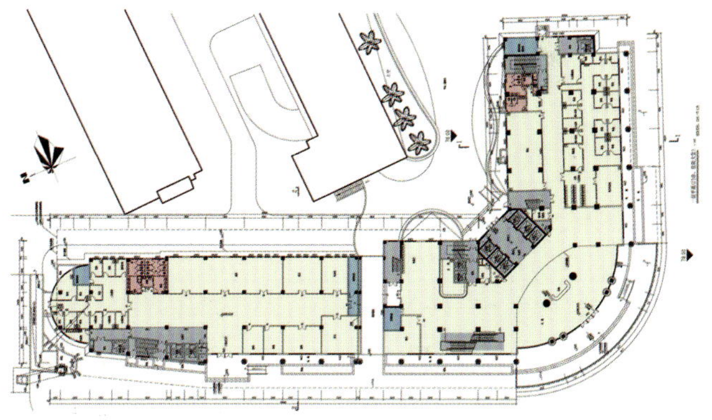
一层平面图

元本体建筑
YUANISM ARCHITECTS

蔡瑞定

职　　务：深圳大学建筑设计研究院有限公司副总建筑师、元本体建筑工作室主持建筑师
职　　称：博士
高级建筑师
国家一级注册建筑师
国家注册城市规划师

教育背景
福州大学建筑学本科
深圳大学建筑设计及其理论专业硕士
哈尔滨工业大学城市设计专业博士

工作经历
2005年至今　深圳大学建筑设计研究院有限公司主任建筑师、副总建筑师

个人荣誉
广东惠州龙门中国农民画博物馆　荣获：2011年由广东省建设厅颁发的广东省岭南特色建筑设计优秀三等奖
深圳信息职业技术学院迁址新建工程（深圳第26届世界大运会运动员村）第三标段建筑单体
荣获：2012年深圳市第十五届优秀工程勘察设计公共建筑类一等奖
论文《当代科研实验建筑的空间形态特征解析》　荣获：2013年第三届深圳市勘察设计行业优秀论文二等奖
南方科技大学首期建筑单体——教学科研组团　荣获：2015年深圳市第十六届优秀工程勘察设计三等奖
深圳市软件产业基地项目第三标段　荣获：2015年深圳市第十六届优秀工程勘察设计三等奖
海口观澜湖华谊兄弟冯小刚电影公社1942街　荣获：2015年深圳市第十六届优秀工程勘察设计三等奖
海峡两岸暨港澳台地区建筑设计大奖银奖
论文《“三重式”设计策略在南方校园建筑综合体的应用解析》　荣获：2015年第四届深圳市勘察设计行业优秀论文三等奖
深圳大学斋区学生宿舍建筑方案设计　荣获：2016年深圳市建筑创作奖银奖

主要设计作品
深圳前海创新商务中心（方案）
广东惠州龙门中国农民画博物馆
深圳后海联想总部项目概念方案
深圳市软件产业基地第三标段建筑单体设计
深圳大学科技园一期
成都微芯药业生活办公区、厂区等建筑方案设计
成都微芯药业创新药研发中心和区域总部方案设计
南昌大学校园规划及图文信息中心建筑单体设计
江西师范大学校园规划及中央图书馆综合体设计
杭州大学城首期及二期校园规划与建筑单体设计
深圳大学西丽校区校园规划与建筑单体设计
南方科技大学首期建筑单体——教学科研组团
深圳信息职业技术学院迁址新建工程（深圳第26届世界大学生运动会运动员村）第三标段建筑单体
深圳前海第三小学
深圳梅林中学学生宿舍扩建工程设计
深圳麒麟中学（南山实验初中部）改扩建工程
深圳罗湖外语高中新建工程
深圳福田侨安小学
海口观澜湖华谊兄弟冯小刚电影公社方案规划与建筑单体设计
清远国际音乐文化旅游小镇

创作思想
建筑的本体性是创作的核心，它旨在从多维的城市观察视角及使用者的体验中演绎客观性的逻辑生成，同时关注人、自然、城市、建筑之间物化的和谐之必然关联。从空间、形态、功能、生态、社会等方面来探索建筑存在的意义。逻辑与精神是创作中理性和感性的思辨方法与主线，创作是一个对多元要素的梳理、提炼和重构的过程。置身纷繁复杂、诸多不确定的城市环境，创作应基于本体性的系统思维，从城市肌理、地域文化、生活事件、历史结构、绿色生态、营造技术等多方位的角度思考并提出能够有效回应设计中关键问题的策略与方法，建构具有特性的在地建筑，作品本身亦更富生命力。

深圳大学建筑设计研究院有限公司成立于1984年，是建设部批准的全国综合甲级设计单位。主要从事建筑工程设计、城镇规划、居住区规划设计、室内外装修设计和园林景观设计，完成项目遍布全国数十个大中城市。建院以来共获国家、部、省、市各级优秀设计和科技奖近百项，奖项包括全国优秀结构设计一等奖、华夏建设科学技术奖一等奖、詹天佑土木工程大奖、建筑环境双金奖等。1995年被深圳市评为“勘察设计单位综合实力50强”第三名，2000年通过ISO9001质量管理体系认证，2006年获得“‘十五’全国建筑业技术创新先进企业”称号，2012年被中国建筑学会评为“当代中国建筑设计百家名院”之一。

元本体建筑（YUANISM ARCHITECTS）工作室是在深圳大学建筑设计研究院内成立的年轻化研究型、实践型的专业创作团队，也是2013年在深圳注册成立的建筑设计事务所（http://www.yuan-arch.com）。工作室以优秀的中、青年建筑师为主力，团队人员年轻活力，思维活跃开放，实践经验丰富；创作致力于教育文化、办公医疗、商业地产、城市综合体等类型的公共建筑设计、产业园规划设计、城市规划与城市设计、居住区规划与建筑设计及景观环境与室内空间环境设计。

地址：广东省深圳大学建筑与城市规划学院B座
电话：0755-26535586
传真：0755-26732787
网址：http://www.yuan-arch.com
电子邮箱：30478447@qq.com

THE PROJECT OF LENOVO HEADQUARTER IN HOUHAI, SHENZHEN

深圳后海联想总部项目概念方案

项目业主：深圳联想海外控股有限公司
建筑功能：办公、商业、文化设施
设计时间：2016年12月
主创设计：蔡瑞定
获奖情况：入围竞赛

建设地点：深圳 南山
建筑面积：178 700平方米
项目状态：未实施
参与设计：陈恒生、付玮、杨春平等

本项目位于深圳南山后海核心区，项目用地性质为商业服务业设施用地+文化设施用地+道路用地+广场用地+公共绿地；设计通过周边条件的综合分析，提出了打造“WE WORK”模式办公社区，重塑以科技艺术文化为主题的街区场所，提升联想在后海的影响力。

THE THIRD TENDER PROJECT OF SHENZHEN INSTITUTE OF INFORMATION TECHNOLOGY (SHENZHEN 26TH WORLD UNIVERSIDAD ATHLETES' VILLAGE)

深圳信息职业技术学院迁址新建工程（深圳第26届世界大学生运动会运动员村）第三标段建筑单体

项目业主：深圳市建筑工务署
建筑功能：宿舍
设计时间：2008年7月
项目状态：建成
主创设计：蔡瑞定、朱宏宇、马越
获奖情况：深圳市第十五届优秀工程勘察设计评选（公共建筑）一等奖

建设地点：深圳 龙岗
建筑面积：267 700平方米
竣工时间：2011年5月
项目负责：吴家骅

该项目位于深圳市龙岗区龙城西区，主要包括学生公寓，教工、学生食堂，教工公寓和其他生活用房，综合服务楼、后勤附属用房和特色建筑等。设计采取了集约用地、共享景观；立体多元，安全高效；适宜技术、绿色环保；岭南特色、历史传承几大策略。

THE PHASE I BUILDING IN SOUTHERN UNIVERSITY OF SCIENCE AND TECHNOLOGY—TEACHING AND RESEARCH GROUP

南方科技大学首期建筑单体——教学科研组团

项目业主：深圳市建筑工务署　　建设地点：深圳 南山
建筑功能：教学、科研实验、办公　　建筑面积：45 000平方米
设计时间：2009年8月　　竣工时间：2012年9月
项目状态：建成　　项目负责：吴家骅
主创设计：蔡瑞定、朱宏宇、马越
获奖情况：深圳市第十六届优秀工程勘察设计评选（公共建筑）三等奖

该项目位于深圳南山区西丽大学城片区内，定位为高水平研究型大学。首期建设的教学科研建筑包括：素质教育中心、检测中心、公共教学与基础实验楼；西侧为科研实验楼。建筑单体设计摈弃以往追求建筑宏大、气势浮华等做法，回归建筑空间使用主体的功能需求和行为特征，以一种开放、共享、宜人的校园空间尺度体现大学的自由精神，让校园建筑回归为学生生活和精神互动的空间本体。

SHENZHEN QIANHAI NO.3 PRIMARY SCHOOL

深圳前海第三小学

项目业主：深圳市南山区工务局
建设地点：深圳市南山区前海路
建筑功能：教学、办公、生活、运动
建筑面积：33 200平方米
设计时间：2015年6月
项目状态：在建
主创设计：蔡瑞定
参与设计：魏哲、黄润通、马越、曾小娜等

设计通过对场地限定条件的综合分析，采取了科学的合理分区布局；设计探索了“教与学”的不同空间模式，营造了不同非正式空间和活动路径，促进学生交往行为的发生。

THE SCHEME FOR HEADQUARTER BASES OF SHENZHEN PINGSHAN SMALL AND MEDIUM ENTERPRISES

深圳坪山中小企业总部基地建筑设计方案

建设地点：深圳 南山
建筑功能：办公、公寓及商业
建筑面积：272 400平方米
设计时间：2014年5月
项目状态：未实施
主创设计：蔡瑞定
参与设计：魏哲、刘建辉
获奖情况：国际竞赛第二名

针对中小企业的特征，设计抓住“增值、健康、形象、品质、社交”五大关键词，提出“SOC 共享型办公社区”的总体理念，通过打造“社区公园”“服务平台”“空中客厅”三大方案特色，为中小企业的孵化与成长提供优质的软硬件环境。

SCIENCE AND TECHNOLOGY PARK PHASE I OF SHENZHEN UNIVERSITY

深圳大学科技园一期

项目业主：深圳大学
建设地点：深圳 南山
建筑功能：科研办公、学生创意园
建筑面积：55 000平方米
设计时间：2013年12月
项目状态：未实施
主创设计：蔡瑞定
参与设计：刘建辉
获奖情况：竞赛第一名

设计通过建筑在西北侧结合校园内部开放空间建立垂直边庭，成为各个科研中心公共空间最有活力的社交场所，以U形形态形成了与校园空间的对话。建筑平面核心筒与边庭空间有机结合，打破传统高层科研办公封闭的交通核形式，形成了与校园景观密切互动的开放竖向核心。学生创业园作为最有活力的功能空间，将其设置于塔楼下部，与地层自然景观、架空空间有机结合，营造富有变化且连续通透的开放场所，激活校园氛围。

THE DORMITORY OF ZHAI ZONE IN SHENZHEN UNIVERSITY

深圳大学斋区学生宿舍建筑方案

项目业主：深圳大学
建设地点：深圳 南山
建筑功能：学生宿舍、食堂
建筑面积：94 400平方米
设计时间：2014年10月
项目状态：未实施
主创设计：蔡瑞定
参与设计：刘建辉
获奖情况：2016年第二届深圳市建筑创作奖银奖

设计通过形体的扭转打破了呆板的布局，也响应了自然通风和景观视野的要求，较好地利用地形高差。不同标高的层面为学生提供了交流空间，丰富了学生生活。

THE DESIGN SCHEME FOR SHENZHEN INSPECTION CERTIFICATION TECHNOLOGY CENTER

深圳检验检测认证技术中心建筑设计方案

建设地点：深圳 南山
建筑功能：办公、科研实验
建筑面积：50 000平方米
设计时间：2015年10月
项目状态：未实施
主创设计：蔡瑞定
参与设计：魏哲、吴晓龙、刘富

设计从功能空间、建筑形态、运营管理的角度提出了“高效舒适、灵活便捷、共享开放、节能环保”的设计原则，并引入了“共享链、基准线”的设计概念来分别回应检验认证机构的内在逻辑与公正以及精准的企业文化形象。

ARCHITECTS

DDB
上海秉仁建筑师事务所
DDB INTERNATIONAL LTD.SHANGHAI

蔡沪军

职　　务：上海秉仁建筑师事务所副总经理、主任建筑师
职　　称：国家一级注册建筑师

教育背景
1991年—1995年　厦门大学建筑学学士
2001年—2004年　厦门大学建筑学硕士

工作经历
1995年—2001年　厦门大学建筑设计研究院
2004年—2005年　上海威尔考特建筑事务所
2005年至今　上海秉仁建筑师事务所

主要设计作品
南京天正桃源
厦门大学芙蓉餐厅
厦门大学医学院楼
厦门市司法局大楼
南京天正湖滨花园
西安曲江国际大厦
西安临潼温泉奥特莱斯
黄山雨润涵月楼度假酒店
九华山雨润涵月楼度假酒店
千岛湖润和建国度假酒店
郑州商业综合体——金色港湾三期C（S-01）

获奖作品

厦门大学芙蓉餐厅	荣获：福建省优秀勘察设计三等奖
厦门市司法局大楼	荣获：福建省优秀勘察设计三等奖
黄山雨润涵月楼度假酒店	荣获：2013年全国人居经典方案竞赛规划、环境双金奖 2012年—2013年中国饭店金马奖、亚洲十佳旅游度假酒店
九华山雨润涵月楼度假酒店	荣获：2011年第四届上海市建筑学会建筑创作奖、公共建筑佳作奖 2013年全国人居经典方案竞赛规划、环境双金奖
千岛湖润和建国度假酒店	荣获：2013年第五届上海市建筑学会建筑创作奖、公共建筑佳作奖 2013年《新楼盘》杂志社中国“美居奖”组委会评选的中国最美酒店 2013年浙江省钱江杯勘察设计奖二等奖 2013年全国优秀工程勘察设计类建筑工程公建类二等奖

地址：上海市吴淞路575号虹口SOHO 1001室
电话：021-33773007
传真：021-37730007转801
网址：www.ddb.net.cn
电子邮箱：pubic@ddb.net.cn

上海秉仁建筑师事务所（DDB）成立于1998年，具有建设部颁发的建筑设计甲级资质。创始人项秉仁先生为中国著名建筑家、美国注册建筑师、中国国家一级注册建筑师、同济大学教授及博士生导师。

创始至今，项秉仁先生所带领的团队始终保持精英建筑师设计团队模式，并一贯坚持“专业能力与跨类型设计、创新思维与合理性设计、团队协作与全过程设计”三大核心设计理念。

经过19年的行业深耕经验，公司在“以文化为导向的综合商业开发、绿色办公与产业园、以地域特色度假酒店为核心的旅游地产开发、高端别墅与住宅区”领域积累了丰富的项目经验和高端客户群，荣获国家级、省市级奖项40多个。

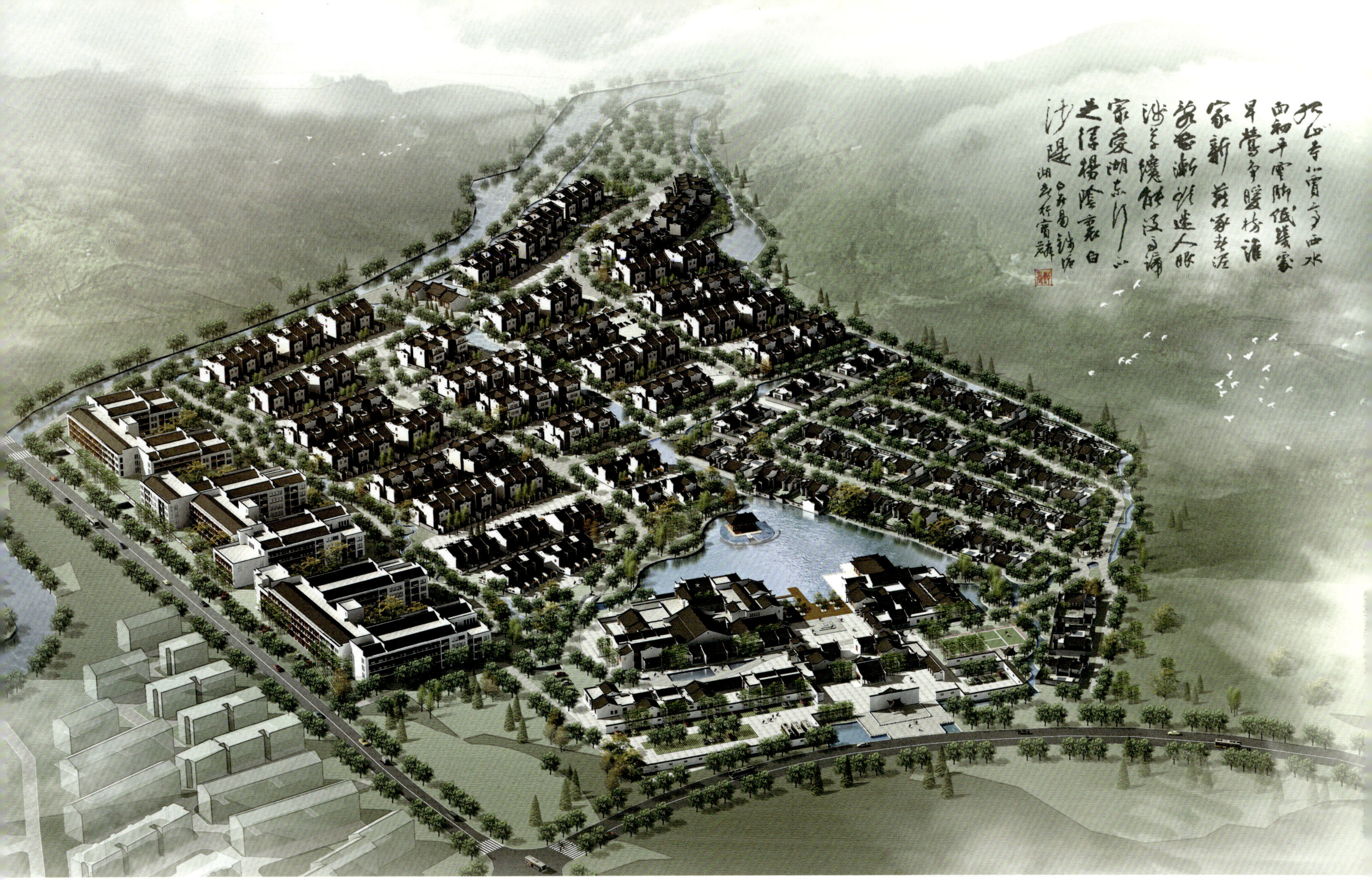

YURUN HANYUE RESORT, JIUHUASHAN

九华山雨润涵月楼度假酒店

项目业主：池州地华旅游发展有限公司
建筑功能：旅游度假酒店
建筑面积：96 309平方米
绿 化 率：48.0%
项目状态：建成
合作单位：南京市凯盛建筑设计研究院有限责任公司
获奖情况：2011年第四届上海市建筑学会建筑创作奖、公共建筑佳作奖
2013年全国人居经典方案竞赛规划、环境双金奖

建设地点：安徽 九华山
用地面积：207 610平方米
容 积 率：0.399
设计时间：2009年12月
设计单位：上海秉仁建筑师事务所

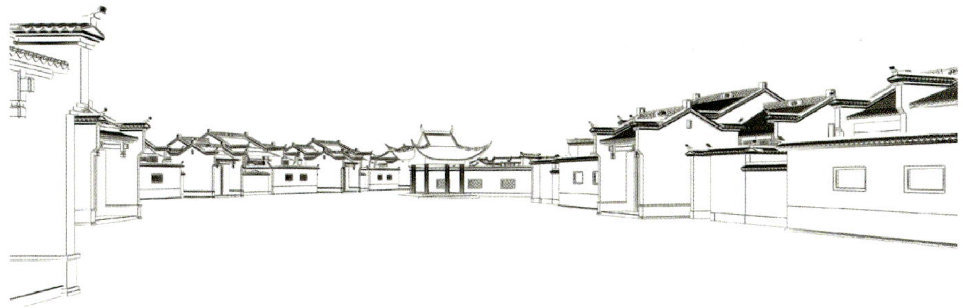

九华山雨润涵月楼度假酒店集度假、餐饮、娱乐、休闲、养生、购物及住宿为一体，秉承皖南地区徽文化历史的文脉，同时依托丰富的九华山自然景观和深厚的佛教文化资源，是一个拥有自然山水景观及休闲、度假、旅游等高生活品位的优质度假场所。酒店汲取徽州民居典型的造型元素，塑造原汁原味的徽州院落式度假酒店，包含39套庭院式客房单元，480间酒店式度假公寓和206套庭院式度假公寓，属一级旅馆建筑。

1 酒店入口
2 水口景观
3 停车场
4 接待中心
5 后勤服务
6 娱乐中心
7 网球场地
8 餐饮、会议中心
9 中心水景
10 度假公寓
11 公寓入口
12 庭院式酒店客房
13 集中绿化景观
14 庭院式度假公寓
15 度假公寓区入口
16 九华雅苑一期
17 金九华国际大酒店现员工公寓用地
18 地下车库
19 度假公寓2#楼
20 度假公寓3#楼

总平面图

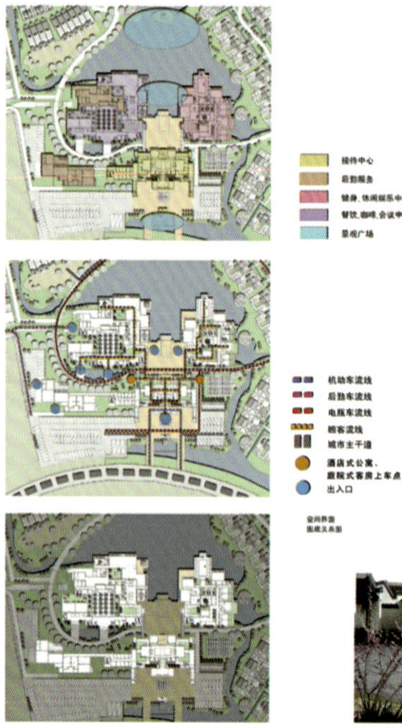

功能布局：中心服务区功能空间围合中心景观水景池布置，在入口处布置有徽派景观特色的水口亭，利用水口景观园林有效地组织入口处的车流、人流，同时在接待中心的序列前围合成宽敞的入口广场庭院。接待中心由两重院落组成，前一进院落为接待空间，第二进院落为客人休息与办理业务所用，对称高大的室内空间，徽派民居的建筑装饰风格，突显出酒店的品位与尊贵。休闲中心与餐饮中心位于景观水池的两侧，依水而建，内部空间依据功能，大小庭院相连，各具特点。

流线设计：结合酒店的管理模式，步行空间层次丰富，廊道、庭院将各功能空间主体线性联系，开合之间，景观层叠展开。庭院相通，廊道相连，依坡、依势、依景布局，沿着廊道，由接待中心西侧移步，依次为宴会厅，会议中心和餐饮中心，东侧布置SPA休闲中心和健身娱乐中心。

空间界面：各功能主体以其独特的空间组织形态，组合成具有徽式园林特征的独特的酒店空间形态。院落空间与广场空间的开合，视觉空间焦点的布置，内界面的对称性，结合水池界边蜿蜒的道路流线，构成中轴线的景观特质。

中心服务区形态结构

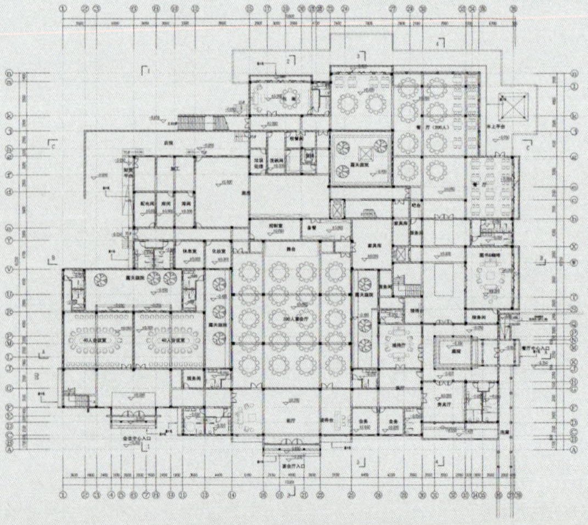

餐饮会议区首层平面图

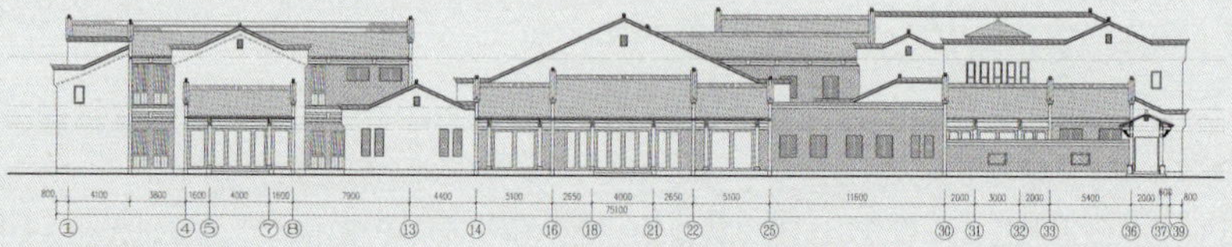

餐饮会议①~㊴轴立面图

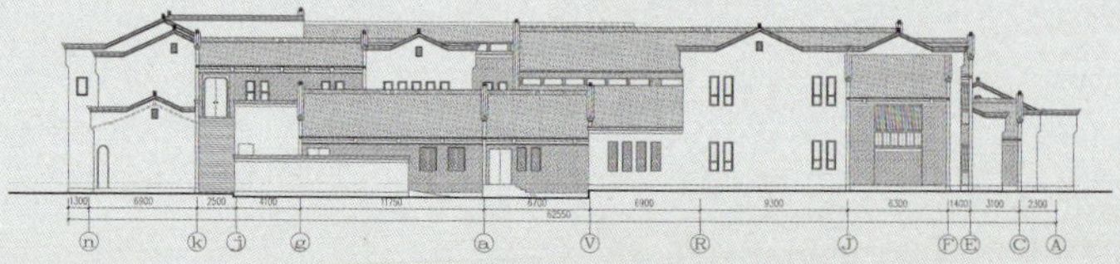

餐饮会议ⓝ~Ⓐ轴立面图

RUNHE JIANGUO RESORT, QIANDAO LAKE

千岛湖润和建国度假酒店

项目业主：浙江淳安千岛实业投资有限公司
建筑功能：旅游度假酒店
建筑面积：45 000平方米
绿 化 率：63.2%
项目状态：建成
景观设计：杭州明锐景观设计有限公司
室内设计：深圳正锐建筑工程有限公司
建设地点：浙江 淳安
用地面积：80 000平方米
容 积 率：0.56
设计时间：2007年
设计单位：上海秉仁建筑师事务所

项目位于千岛湖中一东西向的半岛——梦姑岛，该岛呈东西狭长走向，地形起伏较大，山坡陡峻，大部分坡度达45°以上。由于度假酒店的功能庞大复杂，而整个基地又较为狭长，因此选择利用基地东侧相对平坦、进深较大的地块来布局酒店。后勤用房排布在入口处相对隐蔽的地方，避免了工作人员和酒店住客的流线干扰。

建筑师充分考虑了如何减少对千岛湖自然景观的破坏这一问题，尽量削减建筑的体量，以使建筑更好地和山地融合。建筑体形上采用坡屋顶跌落的方式以顺应山体的走势，与山地更好地结合。以新古典主义的建筑造型手法为主，结合一些当地建筑的特色，创造了一个独具特色的生长于环境之中的度假酒店建筑形式。

总平面图

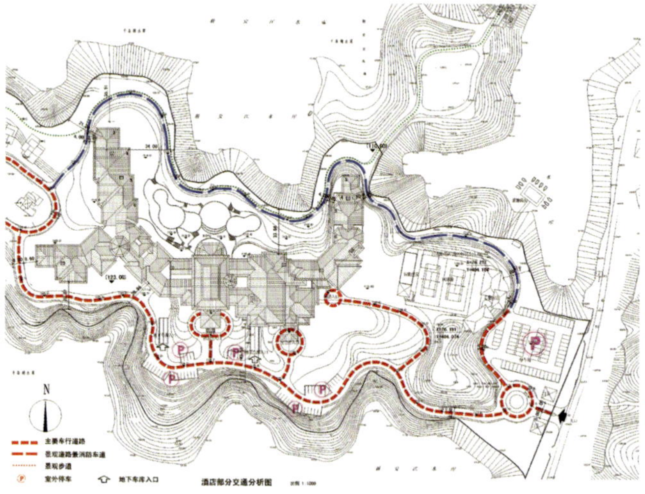

酒店部分交通分析图

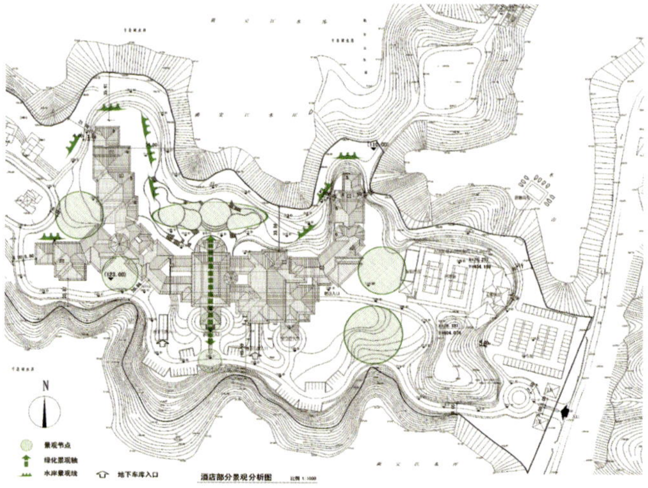

酒店部分景观分析图

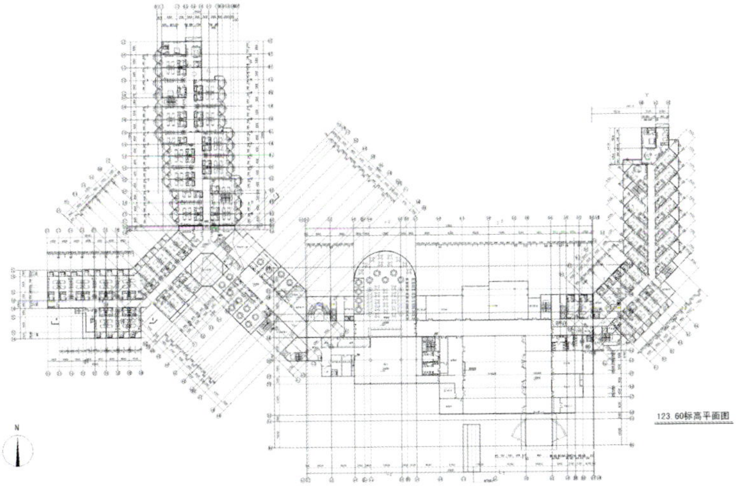

平面图

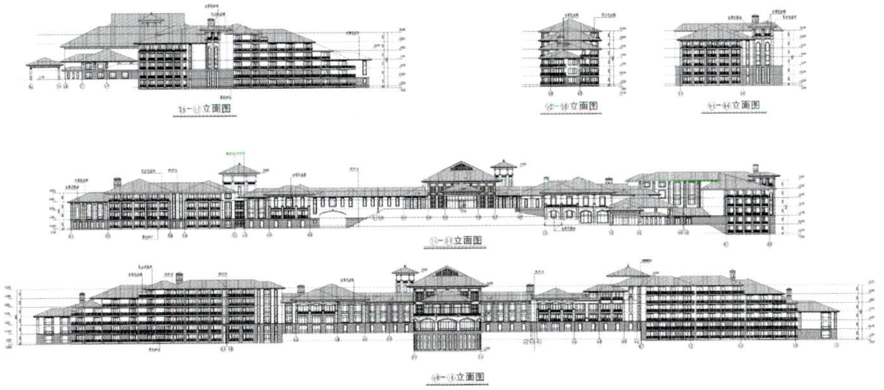

立面图

项目集度假、餐饮、娱乐、休闲、养生、住宿为一体，秉承黄山地区徽文化文脉，依托丰富的自然资源，建成一个拥有自然山水景观的高素质度假场所。项目包含99套具徽州民居特点的院落式酒店客房单元，属一级旅馆建筑。酒店客房功能完备，前庭后院，南向温泉泳池，阳光充沛。

建筑造型空间要素如下。

1. 原味的徽州民居元素：八字门楼、石雕漏窗、徽砖瓦。
2. 写意的徽派民居符号：马头墙、隔扇窗。
3. 抽象的徽州民居印象：黑白横竖、水道蜿蜒。

YURUN HANYUE RESORT, HUANGSHAN

黄山雨润涵月楼度假酒店

项目业主：黄山松柏高尔夫乡村俱乐部有限公司
建筑功能：酒店建筑
建筑面积：33 820平方米
绿 化 率：56.11%
项目状态：建成
景观设计：贝尔高林国际(香港)有限公司
获奖情况：2013年全国人居经典方案竞赛规划、环境双金奖
2012年—2013年中国饭店金马奖、亚洲十佳旅游度假酒店

建设地点：安徽 黄山
用地面积：167 424平方米
容 积 率：0.141
设计时间：2007年
设计单位：上海秉仁建筑师事务所

中心组团西立面图

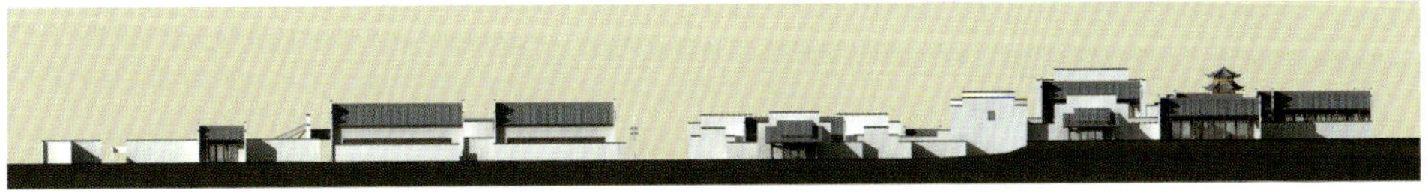

中心组团东立面图

中心组团东剖面图

ARCHITECTS

重庆大学建筑城规学院

Lab.C.[ARCHITECTURE]
Living architecture booming City

褚冬竹

职　　务：重庆大学建筑城规学院副院长
青年学术委员会主任
重庆大学青年教师科学技术协会副主席
Lab.C.[ARCHITECTURE]工作室主持人

职　　称：教授
国家一级注册建筑师

工作经历

加拿大多伦多大学访问学者
荷兰代尔夫特理工大学访问学者
曾在Claus en Kaan建筑事务所（鹿特丹）担任建筑师
曾在KPMB建筑事务所（多伦多）担任建筑师

社会兼职

中国建筑学会地下空间学术委员会理事
中国城市科学研究会景观学与美丽中国建设专业委员会委员
中国建筑学会建筑师分会建筑理论与创作学组委员

个人简介

曾获“中国青年建筑师奖——设计竞赛优秀奖”“重庆市首届优秀青年建筑师奖”“加拿大优秀建筑设计奖”等多个奖项；已出版《开始设计》《荷兰的密码》等学术专著5部、译著1部，发表论文50余篇；目前致力于可持续建筑设计、精细化城市设计、建筑与综合交通一体化领域的研究、教学与设计实践。

创作思想

在建筑中，“品质”是一个容易熟视无睹的词汇……建筑品质的生产过程，是一个从思想到行动的“总动员”过程，它很难通过某些附加式的局部方法从根本上解决问题，也不能以牺牲彼处利益而实现此处的享受。可持续建筑的内涵，正是在时空背景的不断变幻下因地制宜、因时制宜地调整，并在“合理限制”的约定下尽可能地提升满足人类各项需求的能力，这不妨理解为一种“有节制的品质”。对可持续建筑（设计）生成的研究，最终还是为了更好地实现这样的品质。人类已不可能再回到衣着单薄、简易粗陋的遥远过去了——虽然当时建筑的使用能耗几乎为零。
——摘自 褚冬竹：《可持续建筑设计生成与评价一体化机制》（科学出版社，2015）

“学而不思则罔。”只要稍加留意便知，在过去的半个多世纪以来，我们从不缺乏向国外学习的热情，虽然有时候“学习”被降格为“拿来”“盲从”“模仿”甚至“抄袭”。一个已基本实现经济总量强盛的国家，必然渴望在文化上也占据一席之地……在这个轰轰烈烈的国际大“交流”过程中，我还是希望能够冷静地提出几个问题：国外的先进经验、技术、产品是否已被我们消化为自身的营养？在学习的过程中，哪些东西是真正适合我们的？他们是如何做到这样的成绩的？
——摘自 褚冬竹：《荷兰的密码——建筑师视野下的城市与设计》（中国建筑工业出版社，2012）

Lab.C.[ARCHITECTURE]工作室

Lab.C.[ARCHITECTURE]（Living architecture booming City）是一个关于“城市”与“建造”的实验型工作室——“C”不仅是“City”（城市），也可视为“Construction”（建造）、“Connection”（联系）、“Concept”（概念）、“Culture”（文化）与“China”（中国）。这样的多义性强调了Lab.C.对建筑学综合性的理解：它既以建造为根本目的而存在，又关联着城市中社会、文化、发展等诉求，更强调设计之初观念的重要性。Lab.C.致力于在快速发展的城市中建立富有活力的建筑学，并通过设计与研究，找寻解决问题的最佳方式。近年来，Lab.C.围绕建筑设计和城市问题开展了一系列研究，将视野聚焦在中小尺度城市问题的研究上，探索可持续建筑与城市设计理论及方法、轨道交通介入下的高密度城市空间适应机制等领域的研究与设计实践。

地址：重庆市沙坪坝区沙北街83号重庆大学（B区）
邮箱：cdz@cqu.edu.cn

ZHAOTONG MUSEUM IN YUNNAN PROVINCE

云南省昭通市博物馆

项目业主：昭通市开发投资有限责任公司
建设地点：云南 昭通
建筑功能：综合类博物馆
用地面积：15 232平方米
建筑面积：12 826平方米
设计时间：2008年9月
项目状态：建成
设计单位：北京世纪千府国际工程设计有限公司
重庆大德建筑设计有限公司
主创设计：褚冬竹
设计团队：张静波、刘杜娟、胡佳洁

该项目是昭通北部新城核心区的重要建筑。作为一座城市中型综合性博物馆，设计呼应当地“五尺道”和“玺文化”等地域文化特色，充分利用现代建筑技术和被动式节能措施，呈现出兼具历史气息和现代特色的建筑窄间。昭通作为“第三亚欧大陆桥”及“南丝绸之路”上重要的交通节点，像一艘起锚前行的大船，故设计以“船”为构思，隐喻昭通在经过历史浪潮的洗礼后，依旧在现代发展之路上航行，并以“破冰”之势开拓未来。

广场实景

立面实景

局部实景

工作模型

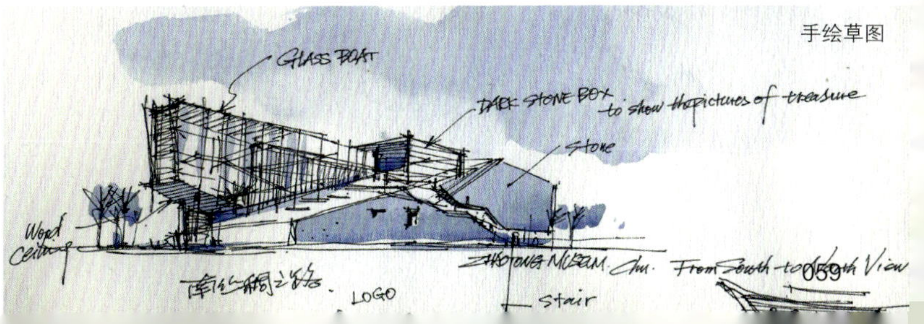

手绘草图

THE THREE GORGES MIGRANTS MUSEUM, HUBEI PROVINCE

湖北三峡移民博物馆

项目业主：秭归县文化旅游局
建筑功能：历史类博物馆
建筑面积：11 881平方米
项目状态：在建
设计单位：重庆大学建筑设计研究院有限公司
主创设计：褚冬竹
设计团队：王志飞、喻焰、杨冀翼、张大福等
建设地点：湖北 宜昌
用地面积：18 251平方米
设计时间：2017年

项目建设场地位于宜昌市秭归县金缸城新区，场地周边正处于快速建设发展中。场地地势总体为西北高、东南低，现状场地内最大高差约为10米。本项目为新建历史类大中型博物馆，包括展览展示、征集收藏、学术研究、教育培训、旅游接待等综合功能；共设置9个室内展厅，其中8个常设展厅，1个临时展厅，总建筑面积11 881平方米。方案在理解地域文化的基础上，运用高高扬起的混凝土整体屋面象征波澜壮阔的历史巨浪，寓意三峡工程与三峡移民的重大历史事件。

鸟瞰图

傍晚街景效果图

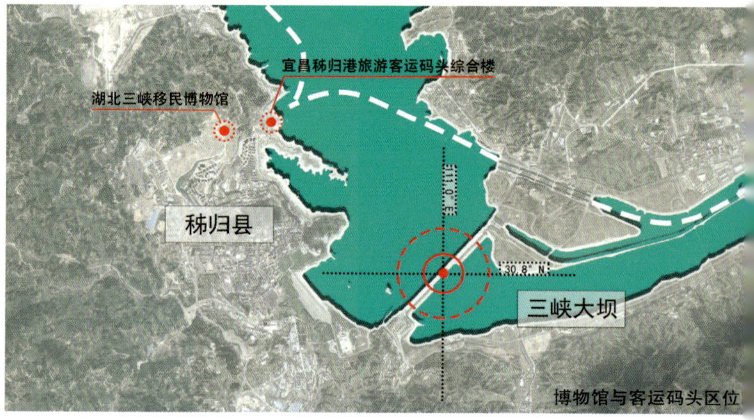

博物馆与客运码头区位

白天街景效果图

出发入口效果图

临江效果图

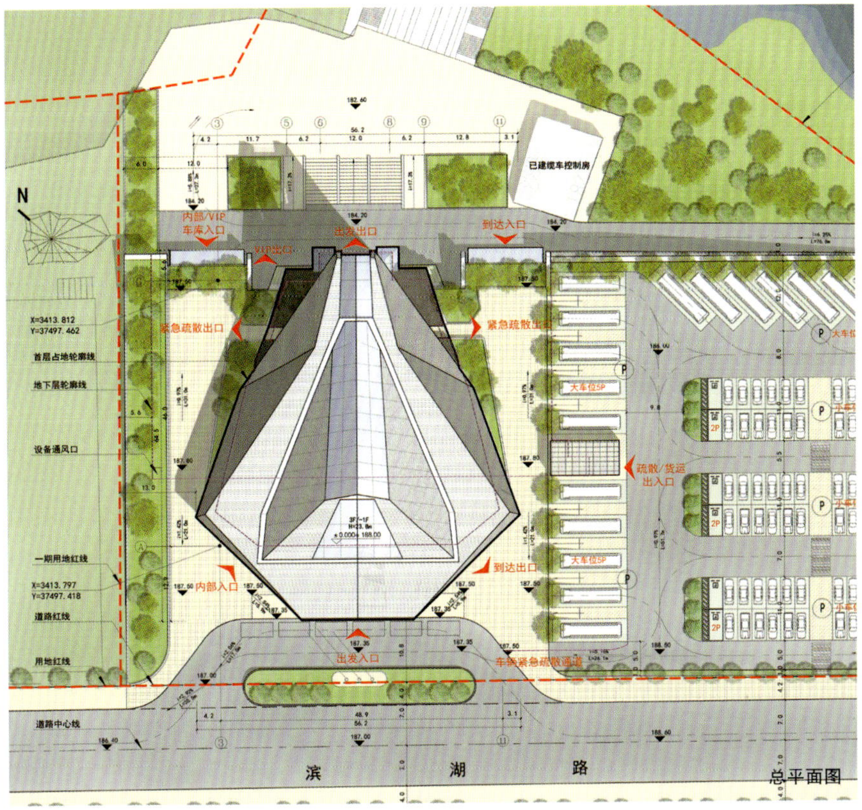

总平面图

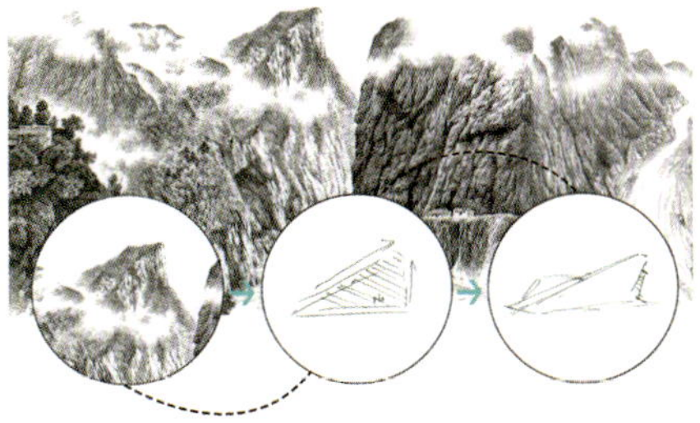

空间意向提取

秭归港旅游客运码头综合楼工程项目紧邻三峡大坝。面对世界级工程，不仅充分考量场地特征及环境资源，更结合客运承载效率与安全，在形式、空间、人文与流线等方面综合协同。三峡磐石，夺鬼斧神工，倚江巍然而立，气势昂扬，独具一格。设计以三峡磐石为概念，转译形式语言，成为设计中的关键元素。以峡江磐石对话超级工程三峡大坝，以自然之石面对人工巨构，与雄壮大坝交相辉映。

YICHANG ZIGUI PORT TOURISM PASSENGER TERMINAL COMPLEX BUILDING

宜昌秭归港旅游客运码头综合楼

项目业主：宜昌三峡枢纽旅客翻坝转运中心开发有限公司
建设地点：湖北 宜昌
建筑功能：交通建筑
用地面积：20 356平方米
建筑面积：6 370平方米
设计时间：2017年
项目状态：在建
设计单位：重庆大学建筑设计研究院有限公司
主创设计：褚冬竹
设计团队：颜家智、姜黎明、张大福、汪鑫乙等

沿江夜景效果图

CHONGQING LUSHAN EXPERIMENTAL PRIMARY SCHOOL

重庆市鹿山实验小学

项目业主：重庆空港新城开发建设有限公司
建设地点：重庆市渝北区
建筑功能：学校建筑
用地面积：48 400平方米
建筑面积：49 953平方米
设计时间：2016年11月
项目状态：设计竞赛第一名，未实施
设计单位：重庆大学建筑设计研究院有限公司
主创设计：褚冬竹
设计团队：喻焰、王志飞、辜峥嵘、李奕阳、张大福、汪鑫乙等

核心区效果图

低年级组团效果图

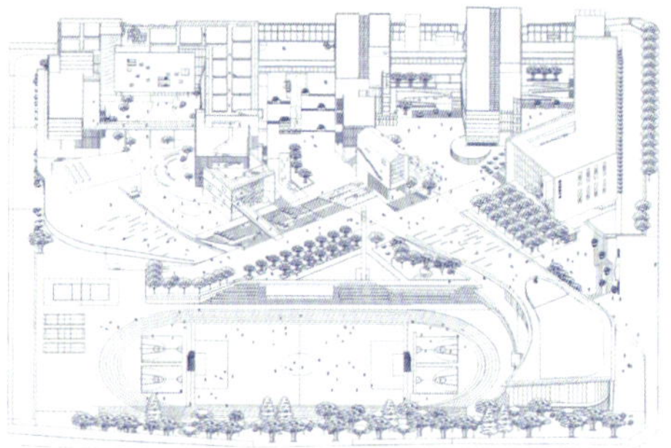

东向轴测图

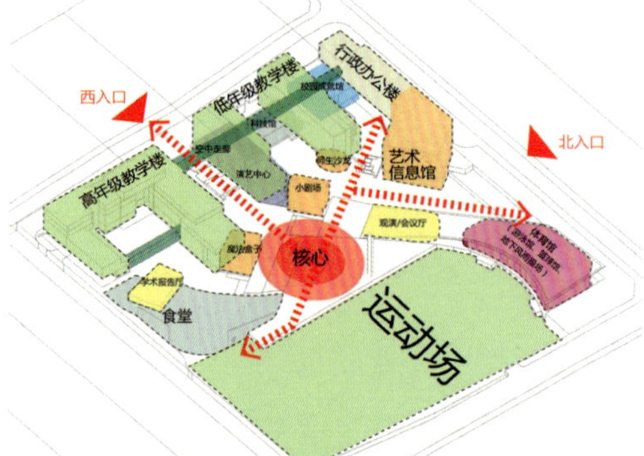

功能示意图

项目为60班完全小学，位于渝北区空港新城。建设场地轮廓方整、北高南低，三面临城市道路，与重庆八中、居住区、加油站、地铁站临近。设计以“学游小镇”为创新理念，紧密围绕“契合”“生长”“绿色”“安全”四个重要目标，全方位提出设计策略。设计建构了具有强烈公共参与性、景观标识性的“小镇中心”作为校园文化建设和非正式教育的重要依托，灵活布置多样化的公共设施，形成以“小镇生活”为蓝本的校园环境。

东南鸟瞰效果图

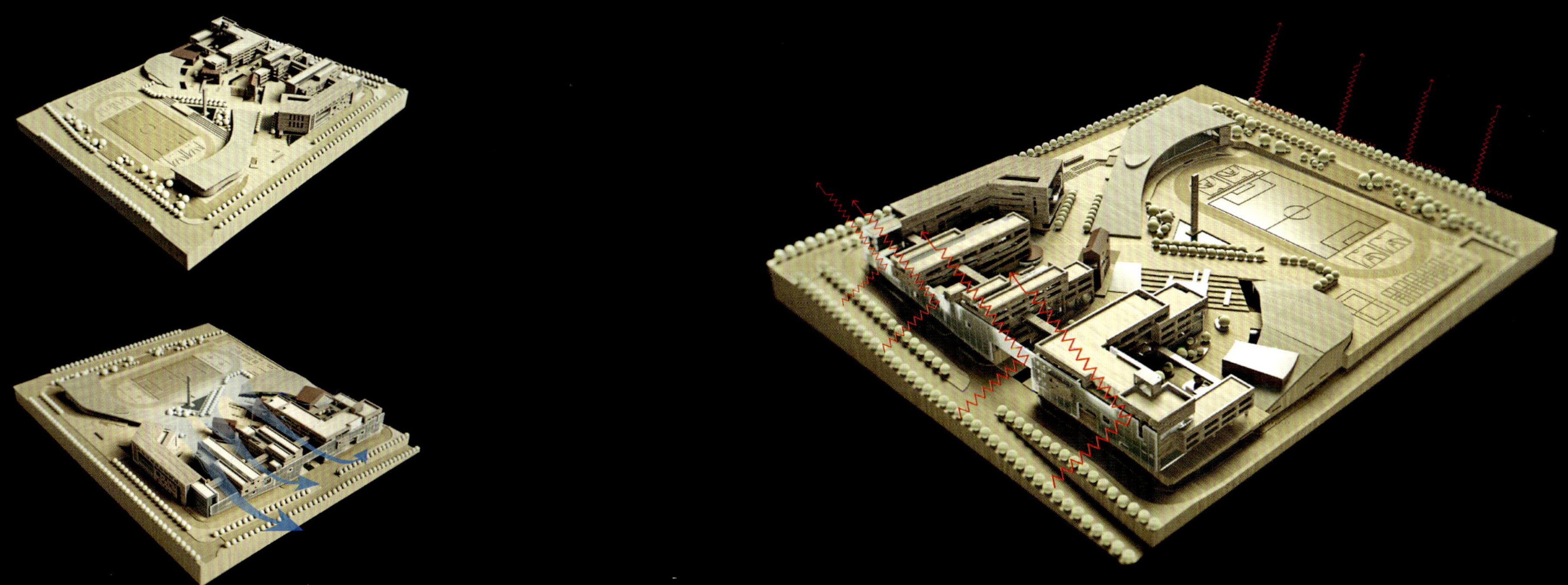

儒林广场看文庙西南侧

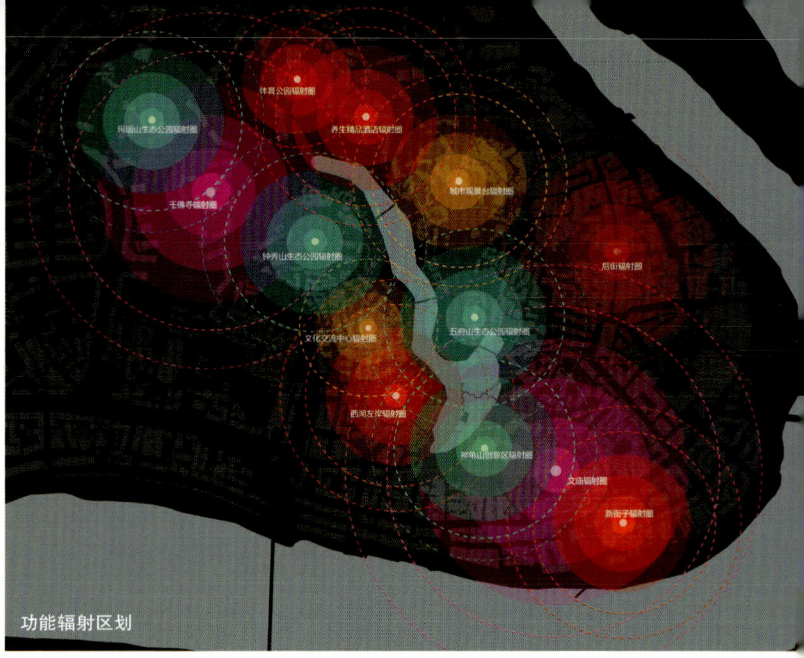

功能辐射区划

URBAN DESIGN FOR CONFUCIAN TEMPLE-WEST LAKE DISTRICT, FUSHUN, SICHUAN

四川省富顺县古县城文庙-西湖片区复兴与风貌塑造规划设计

项目业主：富顺县政府
建设地点：四川省自贡市富顺县
建筑功能：城市设计
用地面积：420 000平方米
设计时间：2016年4月
项目状态：在建
设计单位：重庆大学规划设计研究院有限公司
主创设计：褚冬竹
设计团队：王晶、严萌、黎柔含、赵紫晔、万骁骁、丁洪亚等
获奖情况：国际竞赛第一名

总平面图

总体结构

文庙关键地段放大图（过程方

鸟瞰图

西湖广场北望“西湖左岸”休闲街市效果图

文庙–西湖片区，位于富顺县城中心城区。方案深入剖析了城市更新改造的现状条件与核心问题，通过对城市技术、生活、文化三个层次的梳理，综合评判城市资源与身份，提炼目标实现的重点与难点、并提出一系列关键策略。方案期望将该县文庙–西湖片区构建成为生态、健康、特色的城市空间，并通过解决原有基础设施困境、激发内在历史文化潜能，使其与城市生活有效融合，推动城市整体文化面貌的提升，引导城市向着具有丰富内涵、文化自信与集体认同的方向发展。

开放空间节点

景观系统

西湖东岸西望禅意情景客栈群效果图

生态策略

生态分析

ARCHITECTS

初腾飞

初腾飞，1980年生，国家一级注册建筑师，现任CCDI悉地国际设计顾问有限公司高级设计总监，汇力设计业务发展中心总经理，从事设计工作10年，建筑设计经验丰富。自工作以来陆续参与了国家游泳中心（水立方）、森林公园三场馆等奥运场馆的建筑设计工作，经历了从前期方案创作到后续的施工图设计及施工现场配合等建筑建造的全过程的锻炼，对体育、综合体、办公、酒店等建筑的创作方法有深入的认识和理解。

教育背景

2002年　华中科技大学建筑学学士
2005年　清华大学建筑学院建筑学硕士

工作经历

2005年7月—2010年3月　CCDI体育事业部主任建筑师
2010年3月—2010年12月　CCDI体育事业部建筑三室主任
2010年12月—2014年6月　CCDI迈格（原体育事业部）二部经理
2014年6月至今　CCDI汇力设计业务发展中心总经理

主要设计作品

杭州奥林匹克中心网球中心
大庆奥林匹克体育场
大同体育中心
曹妃甸生态体育休闲公园
山西太原奥林匹克体育中心体育馆
马鞍山奥林匹克体育中心
济南奥林匹克体育中心

团队介绍

汇力设计业务发展中心（IDA,Innovative Design Association）隶属于CCDI悉地国际设计顾问有限公司，成立于2014年6月。汇力将建筑和城市规划定义为与社会密切相关的艺术，同时也是建设人类生活的构架。团队合作、分享经验是根本，通过团队成员的沟通和交流，将个人的感知转化成更强大的潜能。
其团队依托体育建筑设计背景，主要承接大跨、大空间、形体复杂、结构难度大的大型公共建筑及体育项目。积极参与大型政府项目，如宁波市奥林匹克中心、宜昌市奥林匹克中心、绵阳会展中心，同时也与全球知名企业合作多个项目，如杭州奥林匹克中心、北京朝阳公园城市综合体、阿尔及利亚大剧院等。

NINGBO OLYMPIC SPORTS CENTER

宁波奥林匹克体育中心

项目业主：宁波奥体中心投资发展有限公司
建设地点：浙江 宁波
建筑功能：体育场、体育馆、游泳馆、综合馆、射击馆、体育商业
用地面积：55 000平方米
设计内容：方案设计、初步设计、施工图设计
建筑面积：体育场200 000平方米
体育馆47 449平方米
游泳馆35 557平方米
综合馆80 321平方米
射击馆14 533平方米
座席数量：体育场60 000席
体育馆12 678席
游泳馆3 306席
综合馆300席
射击馆活动座席
建设投资：18亿元
设计单位：CCDI悉地国际设计顾问有限公司
设计时间：2014年—2015年
建设时间：2015年至今

宁波奥林匹克体育中心位于宁波市江北区，姚江新区启动区，基地南侧与滨江公园融为一体，并与江对岸的梁祝公园景区遥相呼应，北侧紧临外环快速路高架桥及拟建的奥体中心轻轨站，是连接老城的主要公共交通枢纽。

景观规划以“姚江为核心，溪流为脉络，路网为骨架”为指导原则，并形成奥体公园和水景观两大景观体系，前者强调体育的健康之美，后者强调自然的和谐之美，两者相辅相成，互融共生。

设计师将体育公园与滨江公园统一规划，采用绿坡入水、点缀小岛、亲水戏水等设计手法，植入水上剧场、划船、垂钓等多种功能，江岸设置亲水阶梯、游船码头和亲水栈桥，岸边设置漫步小径、休憩花廊等景观设施，增加滨水景观的体验性和趣味性，形成集泄洪、观光、休闲、健身于一体的滨水景观带。

在总体“帆影碧波”规划立意的概念下，主体建筑体育场以扬帆远航的船为设计概念，形态优美，富于动感，充满时代气息。流线体的形态倾向水面，犹如一艘将要扬帆远航的巨型油轮。

JINAN OLYMPIC SPORTS CENTER

济南奥林匹克体育中心

项目业主：济南市城市建设投资有限公司
建设地点：山东 济南
建筑功能：体育场、体育馆、游泳馆、网球中心、能源中心
设计内容：方案设计、初步设计、施工图设计
用地面积：698 300平方米
建筑面积：体育场130 841平方米
体育馆59 868平方米
游泳馆31 400平方米
网球中心42 500平方米
能源中心1 158平方米
座席数量：体育场60 000席
体育馆12 000席
游泳馆4 000席
网球中心4 000席
建设投资：20亿元
设计时间：2005年—2006年
项目状态：建成
设计合作：OVE ARUP PTY LTD
济南同圆建筑设计研究院有限公司
设计单位：CCDI悉地国际设计顾问有限公司

济南以“泉城”而著名。山、柳树、荷花不仅是城市的地理特征，更是济南人积极、乐观心态的体现。济南奥体中心为第十一届全运会而建造，将城市的文化传统以含蓄、现代的方式隐含在建筑上。竞技场由不计其数的柳叶组成。如同被有机的半透明面纱包裹的济南奥体中心富有生命力的形态展示了济南人崇尚自然的生活方式。

整个项目主体建筑包括一场三馆，布局在西区的体育场实现了空间及体量上的双轴对称。同时，西区的体育场、东区的三馆和场地南侧的龙奥大厦形成“三足鼎立”的稳定布局。

MA'ANSHAN OLYMPIC SPORTS CENTER

马鞍山奥林匹克体育中心

项目业主：马鞍山市建设投资有限公司
建设地点：安徽 马鞍山
建筑功能：体育场、体育馆、游泳馆、网球馆、体育会展中心
设计内容：方案设计、初步设计、施工图设计
用地面积：496 700平方米
建筑面积：体育场54 822平方米
体育馆20 782平方米
游泳馆18 722平方米
网球馆8 699平方米
会展中心53 000平方米
座席数量：体育场36 542席
体育馆5 892席
游泳馆2 000席
网球中心临时活动座席
建设投资：9.8亿元
设计单位：CCDI悉地国际设计顾问有限公司
设计时间：2008年—2012年

建筑设计构思起源于马鞍山市的丰富文化内涵，将地方特色通过现代化的设计手段延伸至建筑组群中。金属外墙和屋面的“刚”与曲线造型的“柔”分别象征着马鞍山作为钢铁之城的阳刚与诗歌之城的柔美，两者有机结合，构成了马鞍山奥体中心的整体建筑风格，使其寓意深刻而又大气磅礴。提取熔炉和马鞍这两种地方独有的元素加以抽象，以红色和透明阳光板及金属板来形成表皮肌理，生动而灵活。

马鞍山市会展中心
Exhibition Center

MIANYANG EXHIBITION CENTER

绵阳会展中心

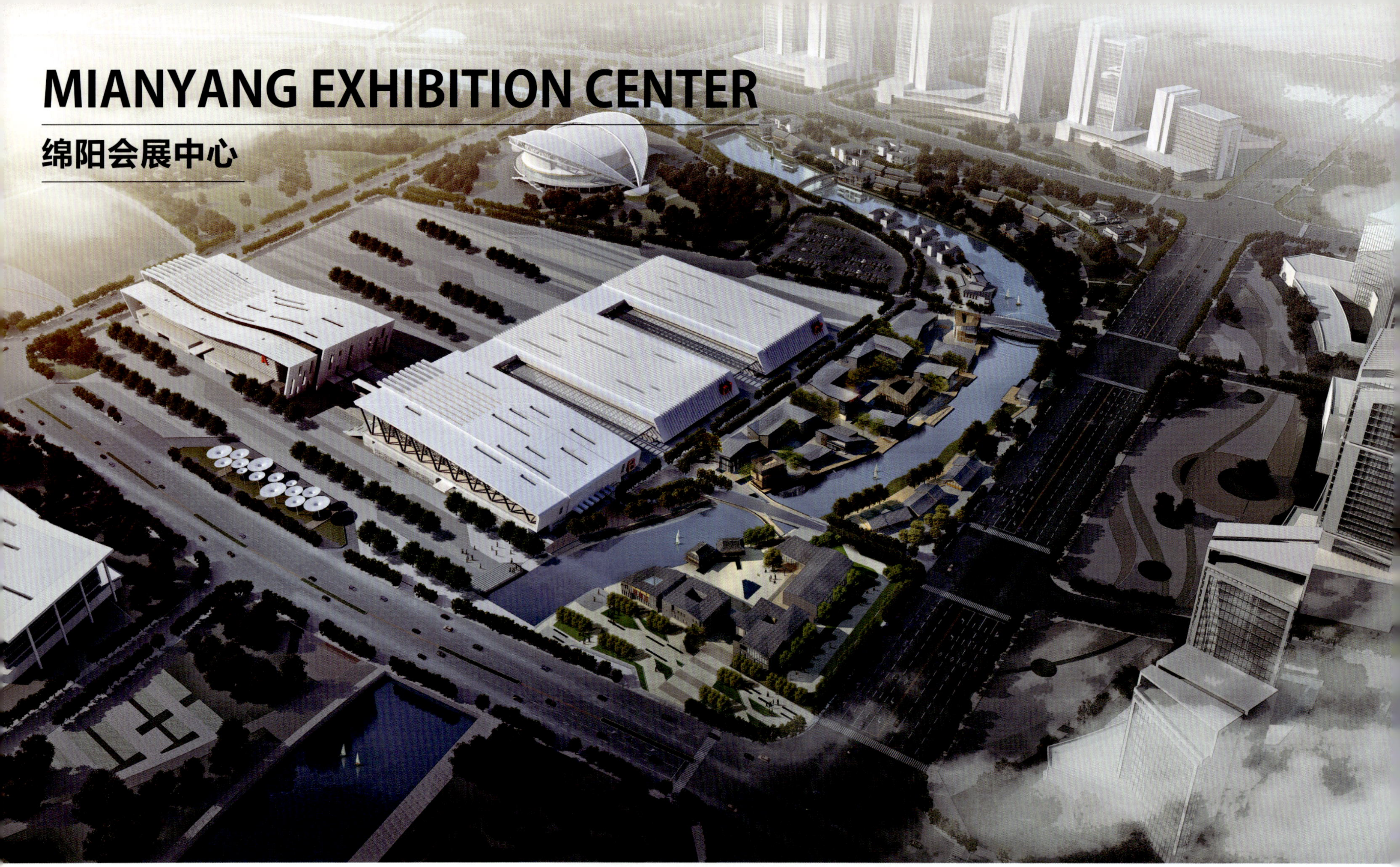

项目业主：绵阳科技城发展投资有限公司　　建设地点：四川 绵阳
建筑功能：会展中心　　用地面积：198 700平方米
设计内容：方案设计、初步设计、施工图设计
建筑面积：一期 22 000平方米
二期 55 000平方米
三期 49 000平方米
建设投资：一期 1.26亿元
二期 3.5亿元
三期 4.3亿元
设计单位：CCDI悉地国际设计顾问有限公司
合作设计：重庆建工集团股份有限公司设计研究院
设计时间：2013年—2015年

绵阳会展中心工程位于绵阳城西新区，东临草溪河，南至飞云大道，西至体育西路，北临九州体育馆。绵阳会展中心具备每年承办国家级科技博览会的能力；成为科技产业面向大众的重要媒介；满足商贸会展、业余训练、群众健身、文化娱乐、旅游休闲的一体化需求；成为城西体育中心重要的地标文化建筑。

以“科技会展、体育公园”为切入点，高度融合会展体育、大众健身、休闲娱乐、商务办公、集会庆典功能于一身，志在打造一个带动城市发展、提升城市形象的“引擎”，一个国际化的地标性会展中心，一个可持续发展的科技展览中心。

C1

丁顺

职　务：创作中心主任助理、高级主创建筑师
职　称：国家一级注册建筑师

教育背景

2005年—2008年　东南大学建筑系硕士

工作经历

2008年至今　华东都市建筑设计研究总院

主要设计作品

黄山太平湖渔业研究基地及服务中心	2013年	办公建筑	14 000平方米	主创
福建龙岩太阳广场	2013年	综合建筑	278 000平方米	主创
深圳市坪山新区文化聚落	2013年	文化建筑	85 000平方米	主创
长江三峡珍稀鱼类保育中心	2012年	科研建筑	75 000平方米	建筑专业负责人、主创
嘉定再生能源利用中心	2012年	市政建筑	25 000平方米	主创
虹口区海门路55号地块	2012年	综合建筑	240 000平方米	主创
三峡博物馆	2011年	展览建筑	15 000平方米	主创
兴华教育培训中心改扩建	2011年	教育建筑	7 000平方米	建筑专业负责人、主创
沙坪坝铁路枢纽综合改造工程	2011年	综合建筑	500 000平方米	主创
拙政别墅	2010年	住宅建筑	25 000平方米	主创
上海外滩国际金融中心	2010年	综合建筑	200 000平方米	主创
南桥新城07单元德丰路小学	2010年	教育建筑	15 000平方米	主创
重庆协信大学城五星级酒店	2010年	酒店建筑	85 000平方米	主创
江苏靖江职业技术学院	2010年	教育建筑	160 000平方米	主创
西安路易山庄	2009年	住宅建筑	7 500平方米	主创
建湖行政中心	2009年	办公建筑	27 000平方米	主创

学术研究

杂谈：库哈斯的三个建筑（现代建筑技术，2013（3），第一作者）
精品酒店专题研究成果报告（建筑创作，2011（5），上海东方商旅酒店研究部分，第一作者）
基于BIM技术的创新思维（建筑技艺，2011（1-2），第一作者）
迷楼：南京南捕厅企业会所设计（建筑创作，2010（4），第二作者）
空间垂直叠合的当代表现（建筑师，2009（6），第二作者）
句法点的视觉可达性分析与寻路行为（建筑与文化，2008（5），第一作者）
空间构形的内在可读性与寻路设计（现代城市研究，2008（9），第一作者）

公司：华东都市建筑设计研究总院
地址：上海市闸北区恒丰路329号隆宇国际广场18楼
邮编：200070
电话：021-62537683/62539258
传真：021-62560603
网址：www.udud.cn

华东都市建筑设计研究总院（简称：都市总院）是华建集团旗下的核心品牌设计公司，拥有建筑、结构、机电专业的资深设计师及设计精英1 000余名；其中包括200余名国家注册建筑师及注册工程师，各专业技术人员占90%，高级工程师职称占20%。

都市总院以建筑设计为主业，不仅在商业建筑、文化建筑、住宅建筑、医疗建筑、教育建筑、物流建筑、观演建筑、体育建筑、工业及科研建筑等多领域有着卓越的成就。同时，在建筑设计模型、绿色节能建筑、智能化建筑、建筑保护和利用、建筑幕墙、复杂结构、建筑声学等方面有着丰富的工程实践和专业经验。

倡导原创精神和服务优先是都市总院的企业文化和价值观。在不断更新的现代企业管理影响下，都市总院数年的业绩发展获得了广泛的社会认可。

设计将基地周围的公园绿化向内挤压，大地有力隆起，壮观的立体景观象征着独一无二的“山城重庆”。

VERTICAL GARDEN CITY ·MOUNTAIN CITY—CHONGQING

垂直花园城市·山城重庆

项目业主：重庆协信地产
建设地点：重庆
建筑功能：酒店建筑
用地面积：260 000平方米
建筑面积：45 000平方米
设计时间：2010年9月
项目状态：方案
设计单位：华东都市建筑设计研究总院
获奖情况：2011年现代建筑设计集团“现代杯”建筑原创作品评选佳作奖

FOURTH GORGE · LAND ART

第四峡·大地艺术

项目业主：长江三峡水利枢纽局
建设地点：湖北 宜昌
建筑功能：科研建筑
用地面积：260 000平方米
建筑面积：45 000平方米
设计时间：2012年3月
项目状态：在建
设计单位：华东都市建筑设计研究总院
获奖情况：2013年中国香港建筑师学会建筑设计大奖卓越奖
2013年第五届上海市建筑学会建筑创作奖评选佳作奖
2013年现代建筑设计集团“现代杯”建筑原创作品评选优秀奖

面对三峡大坝，任何建筑行为都显得多余，三峡珍稀鱼类保育中心以谦逊的姿态采用地景建筑的方式设计。

ARTIFICIAL NATURE · IMPRESSION, SHANGHAI

人工自然 · 印象上海

项目业主：上海正大置业有限公司
建设地点：上海
建筑功能：城市综合体
用地面积：450 000 000平方米
建筑面积：360 000平方米
设计时间：2010年4月
项目状态：方案
设计单位：华东都市建筑设计研究总院
获奖情况：2011年现代建筑设计集团“现代杯”建筑原创作品评选优秀奖

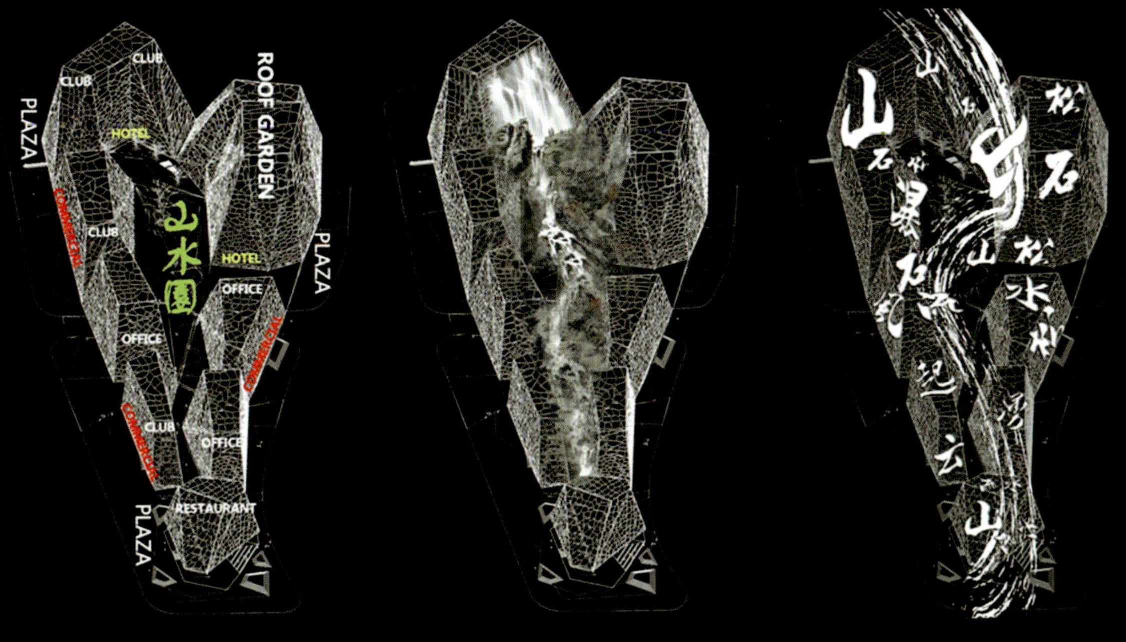

设计给了我们陶醉在大自然的山情野趣、暂时逃离都市喧闹、远离城市钢筋水泥森林的机会，让我们能够在城市与自然之间，感受“人工自然”所带来的惊喜。

设计精髓根植于传统的“吴文化”。三维立体的“城市山水园”的空间意象亦来源于中国的山水画，同时又引入了“乌托邦”的建筑表象。这里的设计恰到好处地将这两种文化融汇在“山”这一物化形象上，并创造性地表露了“乌托邦”式的设计理想。

这座“山”必将成为一篇“史诗”、一段“传奇”。

建筑在场地中与等高线契合，自然形成折线，沿湖面最大限度地舒展开来，同时与基地山体围合形成个性迥异的院落空间。建筑如同浮岛般抬起，越过城市道路，远眺湖面。建筑下方设置镜湖，倒影浮于水面之上，其后隐约透出秀美山林。

建筑与绵延起伏的远山浑然一体，共同营造层峦叠嶂之景。建筑体量局部消减，形成景窗般的框景，景的主体则是背后延绵的群山、葱郁的山林、林间四季的风情……

设计的每个要素都来自山水自然，方案再现并升华了水墨意境。在此，设计融于自然，与群山镜湖互为景致，最终形成山中山、水中水、岛中岛。

MOUNTAIN PEAKS · FLOATING ISLAND

山峦叠嶂 · 浮岛

项目业主：宇仁投资（集团）股份有限公司
建设地点：安徽 黄山
建筑功能：办公、酒店建筑
用地面积：7 800平方米
建筑面积：14 000平方米
设计时间：2013年12月
项目状态：方案
设计单位：华东都市建筑设计研究总院

RECONSTRUCTION OF NATURE · YOU HAVE AN UNPRECEDENTED GIANT ARTIFICIAL LANDSCAPE

自然的重构 · 一座你从未见过的巨型人造地景

项目业主：上海市嘉定区环保局
建设地点：上海
建筑功能：市政建筑
用地面积：70 000平方米
建筑面积：20 000平方米
设计时间：2012年3月
项目状态：方案
设计单位：华东都市建筑设计研究总院
获奖情况：2012年上海青年建筑设计师“金创奖”创意大赛三等奖
2013年现代建筑设计集团“现代杯”建筑原创作品评选佳作奖

自然的重构，冰与火同体。工业与自然的精妙合一，人文和艺术乐生于此，一座你从未见过的巨型人造地景。

RESHAPE THE TRADITION · COURTYARD

重塑传统·深宅大院

项目业主：苏州市赞威置业有限公司
建筑功能：居住建筑
建筑面积：42 000平方米
项目状态：建成
设计单位：华东都市建筑设计研究总院
获奖情况：2012年时代楼盘第七届金盘奖最佳年度中式别墅一等奖
建设地点：江苏 苏州
用地面积：35 000平方米
设计时间：2010年3月

设计重塑传统，重塑经典，打破现代建筑的格局，把集中的建筑体分散，让园林可以融入建筑之中而不是包裹在建筑的外围，这样便可有游园式的居住体验。走在厅堂、书房、走廊之间便是走在园林之间，移步换景。设计把围墙变成房子的一部分，将院子分隔开来，重组空间，从而产生深宅大院的感觉。

CREATION UPON RESTRICTIONS · VARIOUS LANDSCAPES

限制中创造 · 步移景异

项目业主：上海市闵行区民政局　　建设地点：上海
建筑功能：教育培训　　用地面积：12 000平方米
建筑面积：7 800平方米　　设计时间：2010年7月
项目状态：建成
设计单位：华东都市建筑设计研究总院
获奖情况：2013年第五届上海市建筑学会建筑创作奖评选佳作奖
2013年现代建筑设计集团"现代杯"建筑原创作品评选优秀奖

业主要求在不破坏环境和建筑现状的基础上，加建一栋7 000平方米左右的教育培训中心，这意味着留给设计师的场地空间相当有限，要在"螺蛳壳里做道场"，在有限空间中创造无限可能。此外，设计中首先考虑的并不是建筑形象，而是创新地引入中国园林设计理念，先造园，再筑房，将原来比较开放和一览无遗的庭院空间分解成多个主体院落，同时引入曲折的步行系统，将建筑与环境完美地结合在一起，形成一步一景、步移景异的空间效果，增强了建筑空间的趣味性和体验感。

ARCHITECTS

中国建筑标准设计研究院
CHINA INSTITUTE OF BUILDING STANDARD DESIGN & RESEARCH

戴泽钧

职　务：中国建筑标准设计研究院副总建筑师
　　　　戴泽钧工作室主持建筑师
职　称：高级建筑师
　　　　国家一级注册建筑师

教育背景

2004年—2007年　中国建筑设计研究院，研究生，导师李兴钢

工作经历

1998年—2000年　贵州省建筑设计研究院（总院）助理建筑师
2000年—2002年　贵州省建筑设计研究院上海分院助理建筑师
2007年—2009年　中国建筑上海设计研究院创作中心副主任兼中心总建筑师
2009年—2011年　中国建筑标准设计研究院第一工作室副主任
2011年—2012年　中国建筑标准设计研究院戴泽钧工作室主任
2012年—2013年　中国建筑标准设计研究院工程设计一所副所长
2013年—2014年　中国建筑标准设计研究院建筑院副院长
2014年至今　中国建筑标准设计研究副总建筑师、戴泽钧工作室主持建筑师

个人荣誉

“卧云”　荣获：2017年第九届中国威海国际建筑设计大奖赛优秀奖
　　　　　2014年第十届中国青年建筑师奖
六盘水市凤凰山城市综合体　荣获：2013年贵州省优秀城乡规划设计三等奖
武夷山站　荣获：2011年“蓝星杯”第六届中国威海国际建筑设计大奖赛优秀奖
贵阳北站　荣获：2010年“蓝星杯”第五届中国威海国际建筑设计大奖赛铜奖
石家庄火车站　荣获：2010年“蓝星杯”第五届中国威海国际建筑设计大奖赛优秀奖
上海同润别庄　荣获：2001年新世纪人民经典住宅小区方案竞赛建筑形态金奖
青岩古镇保护规划　荣获：2000年贵州省第五次优秀规划设计一等奖
　　　　　2000年贵州省城乡建设系统优秀规划设计一等奖

戴泽钧工作室是中国建筑标准设计研究院直属工作室，致力于原创设计和精品设计，打造多元化的建筑作品。作为标准院优秀的设计平台，团队成员在拥有热情充沛的创造力的同时具备丰富的项目后期综合解决能力。

我们在当代本土思路的指导下，在批判继承地域文化传统的思想下完成了贵阳北站、武夷山东站、石家庄站、茅台大厦、兴义会议中心、兴义康复医院、贵安月亮湖小区、贵安城市设计等项目；在适应当地建造可能以及地形要求的思想下完成了六盘水凤凰山城市综合体、六盘水人民医院、鞍钢总医院等项目；在呼应中国传统山水园林与当代建筑结合的思想下完成六盘水旅游接待中心等一系列具有当代本土设计特色的建筑设计。在研究国内外城市的基础上设计了澳洲TWT St Leonards Sites等多项大型项目。

同时我们重视从项目策划、概念设计到项目施工过程中的每一个环节，一直致力于对建筑品质的完美追求，重视建筑的工程细节和最终真实建筑的完成度，重视业主的真实需求和建筑表达社会意义的统一关系，并为建筑师提供面向未来的工作平台和发展空间。丰富的建筑实践，敦促我们不断以批判的精神融入设计思考，律己尽责。

今天，我们把设计作为技术武器，用当代本土的语言使当下的建筑可控制、可建造、不矫情、不做作。用自己的技术手段和综合能力为社会提供合理而忠实的建筑设计和城市设计，同时也不回避一名平凡的中国建筑师在这个城市化进程中的责任。

扫描二维码，关注标准院微信公众号

地址：北京市海淀区首体南路 9 号主语国际 2 号楼
电话：010-68799100
传真：010-68799138
网址：www.cbs.com.cn
电子邮箱：cbs@cbs.com.cn

中国建筑标准设计研究院（简称“标准院”）创建于1956年，前身为建设部直属事业单位——建筑标准设计研究所，2000年转制为中央科技型企业，现隶属中国建设科技集团。

经过六十余年的发展，标准院已成为中国城乡建设领域业务广泛、实力较强的综合型科研、设计与技术服务企业之一，集建筑标准与标准设计、城乡规划、建筑工程设计、工程总承包、技术咨询和产品制造安装等多元业务于一体，是国家级高新技术企业，在建筑行业享有很高声誉，在全国具有重要影响。

以“推动技术进步、成就建筑梦想”为使命，标准院始终践行技术报国理想，在“城乡建设领域高端技术集成服务商”战略目标引领下，坚持“一切高标准”品牌核心理念，凝心聚力，砥砺前行，实现“卓越百年企业”光辉愿景！

WOYUN SERVICES CENTER

卧云——九霄云外景区小型服务中心设计

项目业主：六盘水新世纪公司
建设地点：贵州 六盘水
建筑功能：办公建筑
用地面积：150 平方米
建筑面积：641 平方米
设计时间：2013 年
项目状态：建成
设计单位：中国建筑标准设计研究院有限公司
主创设计：戴泽钧
参与设计：李可、王立明、时东宁、金凯、黄芳、陈涛、邵浩然
获奖情况：第九届中国威海国际建筑设计大奖赛优秀奖

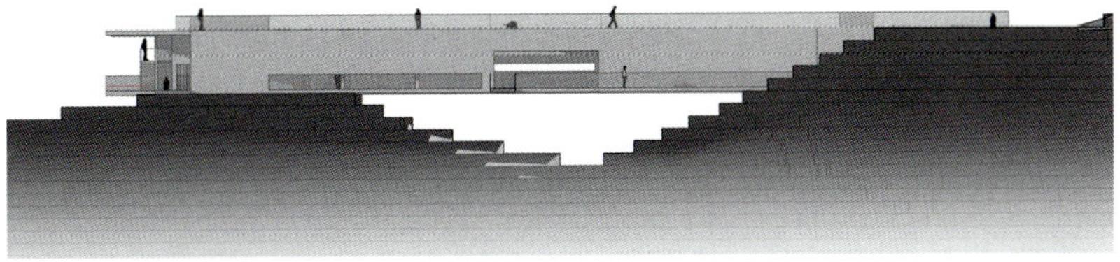

北立面图

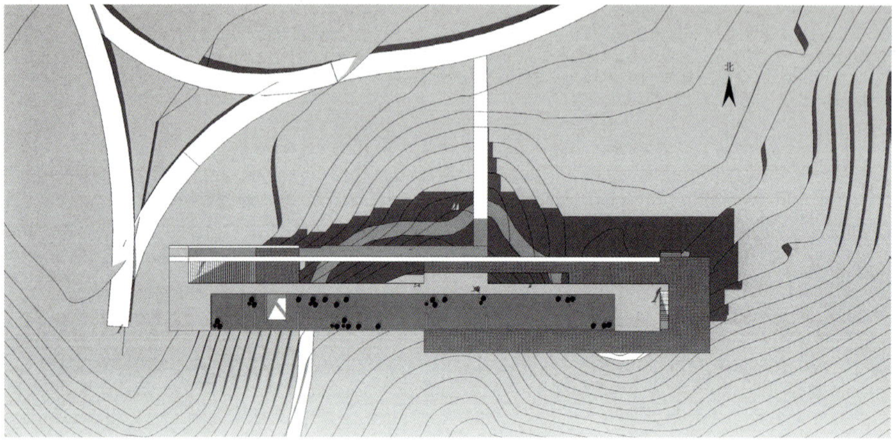

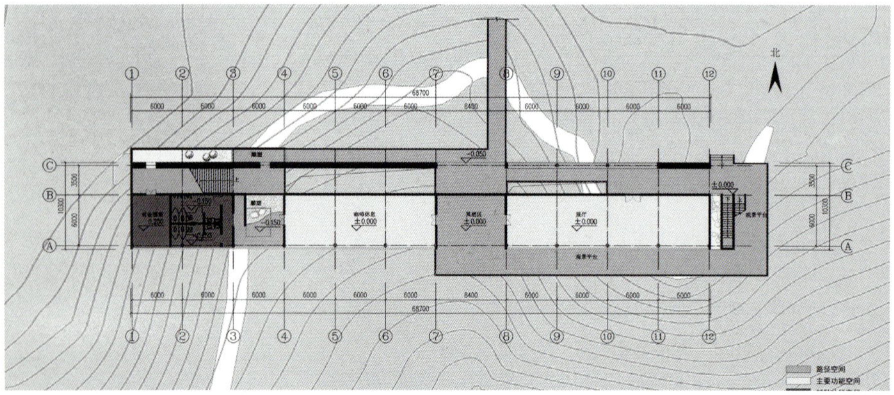

设计说明：照眼云山出，飘卧烟水中——卧云

在呼应中国传统山水园林与当代建筑结合的思想下，试图寻找如“水静犹明”般悟“道”的过程，是触及人性本源的一种思考或感悟，一种追求纯净不含一丁点儿杂质的人性原点。

在西方文化中追求这种完美的手段通常是通过几何法则来表现，但在中国这种完美不是通过几何法则来表达，而是通过某种诗意般的境界，用非常复杂而含蓄的方式来体现。方案中运用对仗表达一种生命美学，看到事物的两面，是一种协和，是对立事物里的一种圆满。因此这个项目是对“本土设计”，对“中国性”“地方特色”有意义的思考。

“大凡地有胜境，得人而后发。人有匠心，得物而后开。境心相遇，固有时耶？”

SHIJIAZHUANG RAILWAY STATION

石家庄火车站

项目业主：铁道部
建设地点：河北 石家庄
建筑功能：交通建筑
用地面积：100 000 平方米
建筑面积：110 000 平方米
设计时间：2009 年
项目状态：建成
设计单位：中国建筑标准设计研究院有限公司
主创设计：戴泽钧、丁峰
参与设计：王立明 、时东宁、钱玉斋
获奖情况：“蓝星杯”第五届中国威海国际建筑设计大奖赛优秀奖
中国建筑设计研究院施工图二等奖

设计说明

设计体现了北方大气雄浑的气质，用拱桥的形式体现交通建筑及石家庄地域文化的特征。如何解决大量人流乘车、候车、零换乘，这些由量变引起的质变成为关键问题。另外，连续不等跨的拱形如何获得最佳的力学性能与稳定性也成为技术难点。

LIUPANSHUI GOVERNMENT CENTER

六盘水行政中心

项目业主：六盘水新世纪公司
建设地点：贵州 六盘水
建筑功能：办公建筑
用地面积：150 000 平方米
建筑面积：400 000 平方米
设计时间：2012 年
项目状态：建成
设计单位：中国建筑标准设计研究院有限公司
主创设计：戴泽钧
参与设计：李可、王立明、时东宁、金凯、黄芳、陈涛

平面示意图

设计说明

设计师在适应当地建造可能以及地形要求的基础上，在高差较大的山地，结合地形解决了建筑群落之间的关系。

在设计整合的思考中审美

ARCHITECTS

方晔

职　务：中国联合工程公司民用工程中心副主任
　　　　第三建筑工程设计研究院院长
职　称：高级工程师
　　　　国家一级注册建筑师

教育背景

1994年—1998年　中国美术学院环境艺术专业学士
2003年—2006年　浙江大学建筑学硕士

工作经历

1998年—2003年　中国美术学院风景建筑设计研究院所长
2006年—2010年　中国联合工程公司第三建筑工程设计研究院副院长
2010年至今　中国联合工程公司第三建筑工程设计研究院院长

个人荣誉

2013年　中共浙江省委组织部颁发的浙江省优秀科技工作者
2013年　浙江省勘察设计行业协会颁发的评优专家委员会专家
2014年　浙江省勘察设计行业协会颁发的杭州市十佳优秀青年建筑师

获奖情况

2011年　杭州市建设委员会杭州市成套公共租赁住房套型平面方案设计竞赛（浙江省钱江杯）二等奖
2011年　杭州龙达国际大厦获中国勘察设计协会"创新杯"建筑信息模型（BIM）设计大赛最佳绿色分析应用奖三等奖

主要设计作品

2008年	上海三至喜来登酒店	（建筑高度150米）
2009年	杭州钱江新城万银国际二期	（建筑高度200米）
2009年	杭州恒生科技园	（总建筑面积20万平方米）
2010年	无锡世贸中心二期	（建筑高度200米）
2011年	浙江海外高层次人才创新园（首期）	（总建筑面积37万平方米）
2011年	丽水万地广场	（总建筑面积50万平方米）
2012年	义乌福田银座A、B座	（建筑高度150米）
2012年	杭州龙达国际大厦	（建筑高度265米）
2013年	杭州博地中心	（建筑高度280米）
2013年	中化泉州石化总部大楼	（建筑高度145米）
2014年	丽水海创大厦	（总建筑面积7万平方米）
2014年	杭州未来科技城公交枢纽综合体	（总建筑面积3万平方米）

地址：浙江杭州滨江区滨安路1060号A座11楼
电话：0571-85391730
传真：0571-85391701
邮编：310052
网址：www.chinacuc.com
邮箱：hux@chinacuc.com

中国联合工程公司（CUC）成立于1953年，是以原机械工业部第二设计研究院为核心，联合机械工业第三设计研究院、机械工业第十一设计研究院（中联西北工程设计研究院）、机械工业勘察设计研究院等多家国家甲级勘察设计单位组建的大型国有科技型工程公司，隶属于中央大型企业集团、世界500强企业——中国机械工业集团有限公司，总部设在杭州，在重庆、西安、北京、上海、宁波、厦门等地设有子（分）公司。

民用工程中心是公司最大的建筑设计部门，主要从事大型商业、会展以及高档办公、酒店、住宅小区等工程设计和咨询服务，每年完成数百万平方米的建筑工程设计，承担编制国家和地方行业规范等科研任务。

第三建筑工程设计研究院隶属于中国联合工程公司民用工程中心，拥有以原创方案为核心、以高完成度的各专业配备为保障的优秀设计团队。杭州市十佳优秀青年建筑师——方晔作为团队的核心人物，率领着一群有追求、有想法、有能力且踏实肯干的技术骨干，活跃于杭州及周边地区的民用建筑领域。2014年团队以"左右间"作为建筑设计子品牌，着重在超高层、总部经济、商业综合体、城市高容积率住宅四个板块精细化发展，设计能力和市场影响力正在快速成长和壮大。

公司可以提供的设计业务范畴包括：规划、总图、建筑、结构、给排水、暖通、电气、动力、弱电智能化、幕墙、泛光照明、景观、概预算等专业设计服务以及相应的工程技术、经济分析等咨询业务。

ZHEJIANG OVERSEAS HIGH-LEVEL TALENTS INNOVATION PARK (FIRST PHASE)

浙江海外高层次人才创新园（首期）

项目业主：杭州余杭创新置业有限公司
建设地点：浙江 杭州
建筑功能：总部办公、商业配套建筑
用地面积：141 388平方米
建筑面积：368 685平方米（地上面积249 576平方米）、地上1~14层、地下1层
建筑高度：6~57米
设计时间：2012年—2013年
项目状态：建成
设计单位：中国联合工程公司第三建筑工程设计研究院

浙江海外高层次人才创新园（简称“浙江海创园”）作为综合型科创建筑群体，在设计上被赋予了四个功能意义：①培育孵化功能。建筑拥有杭州科技园建筑群最大的单层孵化型科研办公区，单层面积达5 600平方米，充分考虑海归创业由小及大的企业生态链发展过程。②创新创业功能。设计注重创新展示与交流，设计了大型会展中心、宴会厅等，支持园区内企业展示、交流、交易、发布等各项功能。③海归精神领地。园区追求现代与传统、简洁与古朴、硬质与柔质的对比和协调，交流人文空间讲求园林式、风景化。④综合型复合功能。设计注重城市和产业的互动发展，打造办公、会议、酒店、行政、商业、休闲、娱乐等各业态功能相结合的科技城市综合体。

浙江海创园在设计专业上的意义在于其重要性、综合性、风景化、绿色节能以及局部复杂的工艺措施，同时是对设计总承包（建筑、景观、幕墙、智能化及泛光等各专业）的有益尝试。

浙江海外高层次人才创新园
Zhejiang Overseas High-Level Talents Innovation Park

浙江海外高层次人才创新园

浙江海外高层次人才创新园
Zhejiang Overseas High-Level Talents Innovation Park

HANGZHOU LONGDA INTERNATIONAL BUILDING

杭州龙达国际大厦

项目业主：杭州龙都置业有限公司
建设地点：浙江 杭州
建筑功能：商业、甲级办公、希尔顿逸林酒店、商务公馆
用地面积：20 624平方米
建筑面积：219 665平方米（地上面积167 585平方米），地上61层、地下3层
建筑高度：264.8米
设计时间：2011年—2012年
设计单位：中国联合工程公司第三建筑工程设计研究院
获奖情况：中国“创新杯”建筑信息模型设计大赛最佳绿色分析应用奖

杭州龙达国际大厦位于钱江世纪城商业中心圈，紧临钱江世纪城公建发展轴。项目用地紧邻庆春路隧道口，北侧和东侧为公园东路和滨江二路，用地面积20 624平方米。

设计中两幢超高层主体建筑采用板式和点式的建筑体量沿公园东路平行布置，最大限度地展现建筑的城市空间形象，独特的图腾立面元素在区域建筑群中彰显个性，充分显现建筑外立面的生动性和标志性。

HANGZHOU BODI CENTER

杭州博地中心

项目业主：浙江万翔房地产有限公司
建设地点：浙江 杭州
建筑功能：商业、甲级办公、丽笙世嘉酒店、商务公馆
用地面积：22 888平方米
建筑面积：287 885平方米（地上面积224 406平方米）、地上34~57层、地下3层
建筑高度：280米
设计时间：2012年—2013年
设计单位：中国联合工程公司第三建筑工程设计研究院
获奖情况：美国LEED金级认证

钱江世纪城是杭州为加快实施“沿江开发、跨江发展”战略而着力打造的“十大新城”之一，钱江世纪城将与钱江新城共同打造成未来杭州的中央商务区，共同构成未来杭州的城市核心。

杭州博地中心位于钱江世纪城商业中心圈，紧临钱江世纪城公建发展轴，项目用地由南北两个地块组成，用地南侧至公园西路，北侧至市心北路，西侧至市政路，总用地面积22 888平方米。

博地中心作为区域中央的标志性建筑，如何形成地标性的建筑意象是设计的关键所在。设计运用横向肌理与纵向隐框突显建筑的挺拔，同时充分挖掘了建筑内部空间的趣味性。

ARCHITECTS

中国建筑西南设计研究院有限公司
CHINA SOUTHWEST ARCHITECTURAL DESIGN AND RESEARCH INSTITUTE CORP.,LTD

郭颖

职　务：中国建筑西南设计研究院有限公司
设计四院副总建筑师
职　称：高级建筑师
国家一级注册建筑师

教育背景
1998年—2003年　重庆大学建筑系建筑学学士
2003年—2006年　重庆大学建筑技术工学硕士

工作经历
2006年至今　中国建筑西南设计研究院有限公司

个人荣誉
巨龙大酒店　荣获：2008年中国建筑西南设计研究院优秀设计方案一等奖
四川华电办公大楼（参与）　荣获：2011年中国建筑优秀勘察设计（建筑工程）二等奖
2012年四川省工程勘察设计“四优”一等奖
2013年全国优秀工程勘察设计行业奖建筑工程公建一等奖
粮丰中学（成都市现代职业技术学校粮丰校区）　荣获：2014年中国建筑西南设计研究院有限公司优秀设计方案一等奖

主要设计作品
2007年　巨龙大酒店
2008年　四川华电办公大楼（参与）
2011年　四川社会科学馆
2012年　成都童蒙幼儿园、粮丰中学（成都市现代职业技术学校粮丰校区）
2013年　兴光华中学（石室联合中学蜀华分校）、兴光华小学
2014年　成都城北优品道、锦官城小学
2015年　成都双流万达广场
2016年　成都乐天广场、南充西南石油大学双创中心
2017年　东方航空天府机场基地、成都市公安局战训基地二期

中国建筑西南设计研究院有限公司（简称中建西南院）始建于1950年，是中国同行业中成立时间最早、专业最全、规模最大的国有甲级建筑设计院之一，隶属世界500强企业——中国建筑工程总公司。

建院60多年来，完成了近万项工程设计任务，项目遍及我国各省、市、自治区及全球10多个国家和地区，是我国拥有独立涉外经营权并参与众多国外设计任务的大型建筑设计院之一。作为我国中西部地区最大的建筑设计企业，我院先后荣获“中央企业先进集体”“全国工程质量管理优秀企业”“中国十大建筑设计公司”“中国最具品牌价值设计机构”等荣誉称号。

目前，全院及下属全资及控股公司共有员工3 000余人，其中设计主业员工2 100余人，教授级高级建筑师、教授级高级工程师65人，高级建筑师、高级工程师450余人，国家一级注册建筑师、一级注册结构工程师、注册造价工程师、注册设备工程师、注册电气工程师580余人。多年来，西南院共培养出中国工程勘察设计大师5人，国家有突出贡献中青年专家1人，建设部有突出贡献中青年专家1人，四川省学术和技术带头人5人，四川省有突出贡献专家4人，享受政府特殊津贴24人，四川省工程设计大师23人。

作为中西部最大的建筑设计院和国家基本建设的重要国有骨干企业，设计院以“精心设计、服务社会”为己任，坚持以繁荣建筑创作为宗旨，不断完善创新设计理念，力创建筑设计精品，在工程设计和科研方面获国家级、部级和省级以上优秀奖890余项，并取得了国家优秀设计金质奖5项、银质奖4项、铜质奖5项的创优佳绩。60多年的设计耕耘，我院在博览文化建筑、体育建筑、医疗建筑、教育建筑、旅游建筑、居住建筑以及空间结构等设计领域具有独特的设计优势，而严格、规范的ISO 9001质量体系认证管理更使我院的设计质量为业界广泛认同。

在加强生产经营、科技创新和内部管理工作的同时，我院认真做好企业党建工作和企业文化建设的各项工作。多年来，我院在改革发展中相继获得住建部“全国工程建设管理先进单位”“全国优秀勘察设计院”“四川省先进单位”“抗震救灾先进集体”“当代中国建筑设计百家名院”“全国先进工程勘察设计企业”“中央企业思想政治工作先进单位”“全国模范职工之家”等荣誉称号。

“十三五”时期，我院将认真贯彻“五大发展理念”，紧紧围绕中国建筑“拓展幸福空间”的企业使命，坚持“技术+管理+投资”的发展模式和“设计树品牌、总包创规模、投资增效益”的业务定位，以协同发展、创新发展为第一动力，以转型升级、提质增效为第一要务，坚持设计咨询核心地位，促进工程总承包快速健康发展，积极稳妥开展投资业务，努力成为科学发展、品质一流，具国际竞争力的建筑设计企业集团。

经营范围包括：建筑行业建筑工程、人防工程设计及相应的咨询与技术服务；市政公用行业给水、排水、热力、桥梁、隧道、风景园林等工程设计及相应的咨询与技术服务；智能化建筑系统工程设计及相应的咨询与技术服务；商物粮行业、通信铁塔等工程设计及相应的咨询与技术服务；城市规划设计；城市设计；室内外装饰设计；建筑、公用工程科研试验项目；工程总承包及项目管理；工程监理；境外建筑工程的勘测、咨询、设计和监理项目，以及这些项目所需的设备、材料出口，对外派遣上述项目勘测、咨询、设计和监理劳务人员。

地址：四川省成都市天府大道北段866号
电话：院办公室028-62550866　经营处 028-62550033
传真：院办公室028-62550900　经营处 028-62550030
网址：www.xnjz.com
电子邮箱：xnyyb@vip.163.com

JINGUANCHENG PRIMARY SCHOOL

锦官城小学

项目业主：成华区教育局
建设地点：四川 成都
建筑功能：教育建筑
建筑规模：36班小学
用地面积：15 945平方米
建筑面积：16 389平方米
设计时间：2014年—2015年
项目状态：建成
设计单位：中国建筑西南设计研究院有限公司
主创设计：郭颖
参与设计：崔颖、晏睿

项目建设用地非常有限，需要在有限的空间内解决基本教学需求，并尽可能创造有趣的交流空间。设计中教学空间强调均一性，房间规整高效；非教学空间通过走廊、连廊、平台营造丰富有趣的交流休憩空间。

建筑总体布局充分考虑朝向、日照间距、采光通风，合理布置班级，设计为“U”字形单走廊建筑，最大化地围合出景观内庭院。南北两侧的教学用房通过宽大的空中活动平台相连，形成教学楼视觉与交通的中心。师生们可以通过连接平台到达各自的年级，同时平台也可为二层至四层的学生提供课间活动的场所，成为活跃的校园开放空间。

建筑不同的立面采用了差异化的处理，活动平台处层层跌落的优美曲线，街角错动的体量及斜向动感的窗洞营造出一个丰富而活泼的小学校园。

LIANGFENG MIDDLE SCHOOL (CHENGDU MODERN VOCATIONAL TECHNOLOGY SCHOOL LIANGFENG CAMPUS)

粮丰中学（成都市现代职业技术学校粮丰校区）

项目业主：成都市现代职业技术学校
建设地点：四川 成都
建筑功能：教育建筑
建筑规模：36班中学
用地面积：30 400平方米
建筑面积：23 805平方米
设计时间：2011年—2013年
项目状态：建成
设计单位：中国建筑西南设计研究院有限公司
主创设计：郭颖
参与设计：韩斐、金鑫、贾雨岚、邹高金、赵安倩
获奖情况：2014年中国建筑西南设计研究院有限公司优秀设计方案一等奖

场地三面临路，基本呈两台阶梯状分布，台地间高差约为4米。体育场设置在西南侧较低台地处，主要教学建筑首层设置在较高台地处，利用场地高差设置景观大踏步联系二者，在教学区与体育场间建立了一条富有趣味的路径。

项目主入口设置在东南侧枫香路中段，前区为开敞入口广场。图书室、合班教室、门厅等大空间房间以富有雕塑感的体量构成了明确的建筑主入口，极具视觉冲击力。

利用地形高差设置连续下沉庭院串联主入口广场、教学区、室内体育教室、食堂，形成独立于室内常规路径的第二条流线，创造出富有趣味的游走体验。

建筑形态将矩形元素用到极致，从立面分隔、平面划分到体量进退无不统一。立面用深灰色面砖、金属、木纹格栅、网状铝板装饰幕墙等简约材料营造出一个现代且具有构成感的视觉形象。

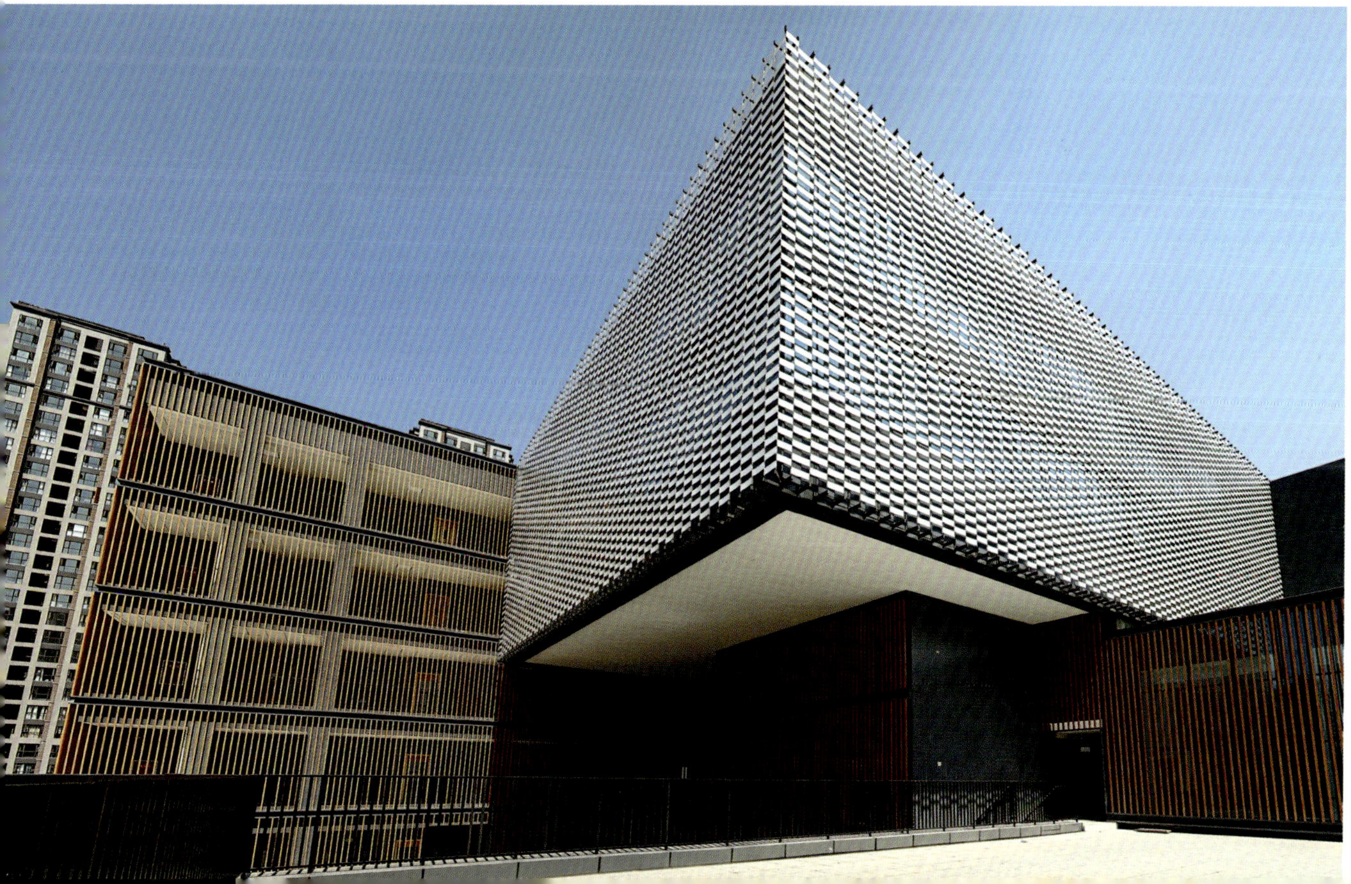

NANCHONG SOUTHWEST PETROLEUM UNIVERSITY SHUANGCHUANG CENTER

南充西南石油大学双创中心

项目业主：南充市科技局 西南石油大学
建设地点：四川 南充
建筑功能：创新创业孵化园区
用地面积：42 638平方米
建筑面积：64 000平方米
设计时间：2016年—2017年
项目状态：在建
设计单位：中建西南院
主创设计：郭颖
参与设计：梁瑽珮、代宇、周凯、高兰

项目总体布局北侧为一栋高层双创孵化塔楼，南侧为三栋多层配套裙房，平面尺寸一致，在统一中求变化。建筑群体采用园林式布局，将公共功能与空间设置在首层基座内，利用其屋顶平台设计成立体的城市公园，通过台阶与坡道增加可达性，同时利用高差塑造台地景观，景观层次丰富，形成开放、有趣的城市共享空间。

建筑师将“石油管线”抽象为竖向线条作为立面及景观要素，将基座与塔楼进行符号上的串联，形成统一的整体，与西南石油大学国家大学科技园的“石油”主业特点相契合。

建筑师将传统中国的街区与聚落作为空间及形态要素提炼，基座上空间流动的内部街区与塔楼立面上错动的绿色阳台延续统一，屋顶丰富的院落空间错落有致，形成丰富变化而不可分割的整体。

XINGGUANGHUA MIDDLE SCHOOL (SHISHI UNITED MIDDLE SCHOOL SHUHUA BRANCH)

兴光华中学（石室联合中学蜀华分校）

项目业主：青羊区教育局
建设地点：四川 成都
建筑功能：教育建筑
建筑规模：36班中学
用地面积：21 967平方米
建筑面积：17 496平方米
设计时间：2013年—2014年
项目状态：建成
设计单位：中国建筑西南设计研究院有限公司
主创设计：郭颖
参与设计：梁璇珮、贺慧、刘邦

项目由于规模与场地的限制有别于一般学校建筑的相对分散布局，所有功能整合在一个单体建筑中，形成一个小小的“教学综合体”。

场地异常狭长，考虑运动场与教学楼的距离以及后勤区域场地等因素，主体建筑被设计为S形线性体量沿南北向放置。门厅突出主体体量与前区广场形成主入口区域，食堂与报告厅突出主体体量与后勤区域形成后花园。利用上述大空间形成屋顶平台结合三层中部的架空层，主体建筑两侧山墙形成的层层退台以及四层屋顶平台为学生在教学楼内营造出相对丰富的活动与交流空间。

深灰色单坡顶瓦屋面、深褐色的劈开砖与白色的金属铝板，在规整而富有韵律的立面划分与退台体量中，呈现出一种现代而又古典的气质。

CHENGDU TONGMENG KINDERGARTEN

成都童蒙幼儿园

项目业主：锦江区教育局
建设地点：四川 成都
建筑功能：教育建筑
建筑规模：12班幼儿园
用地面积：5 288平方米
建筑面积：3 886平方米
设计时间：2012年—2014年
项目状态：建成
设计单位：中国建筑西南设计研究院有限公司
主创设计：郭颖
参与设计：王海峰

综合考虑周边环境及日照情况，将建筑分解为6个体量，中间间隔以庭院与露台，通过半室外连廊相连。一层为门厅、办公区及兴趣活动室，通过错动的庭院获得采光并设置室外体验空间。二层和三层为12间活动室与寝室，通过露台与半室外廊道为每个班级就近设置了部分遮蔽的室外活动空间，无论晴雨均方便使用。

6个体量的屋顶造型各不相同，类似于七巧板的不同组合，形成富有趣味的天际线，充满童趣，屋顶间的平台提供了扩展的活动区域。规整的平面、宜人的庭院与露台、灵动的造型，营造出一个小小的童话堡垒，飞碟般地降落在都市空间中。

华凯国际
GDF ARCHITECTURE

高山兴 SCOTT GAO

职　　务：华凯国际董事、总经理
职　　称：中国一级注册建筑师
美国 LEED AP绿色建筑认证专家
中国建筑师学会会员
美国建筑师学会国际会员

教育背景
2001年　华中科技大学建筑学士
2006年　英国诺丁汉大学建筑硕士
2015年　同济大学建筑博士
目前在读同济大学EMBA

工作经历
海内外从业逾十六年，曾在中国香港凯达(AEDAS)、中国香港综汇(IDA)、美国捷得(JERDE)等公司担任主要负责人，熟知当前国际的建筑需求和发展趋势，在城市综合体、旅游度假与可持续发展方向具有相当丰富的经验。

个人荣誉
2015年—2016年　概念商业广场国际建筑设计竞赛专业组三等奖

主要设计作品
万达青岛东方影都大剧院与秀场
万达广场：安阳、福清、广州增城、黄石、济宁太白、梅州、南昌红谷滩、南昌西湖、厦门湖里、虎门、成都金堂、海口秀英、芜湖镜湖、湘潭、延吉、义乌、银川西夏、天津塘沽、铜陵、成都武侯、漳州、北海、崇州、贵阳、上海颛桥、晋中、酒泉、成都崇州、成都眉山、无锡惠山等广元
万达酒店：天津、济宁太白、广元、黄石、安阳、湘潭等
万达中心：天津
西安荣民广场K1和K2
江苏中南集团南京仙鹤门商业广场
广州白天鹅宾馆改造工程
香港侨福集团北京侨福芳草地商业广场
香港中南集团天津科技园
香港爱美高成都太升南路华置广场
重庆协信中心
上海张江长泰商业广场
石家庄泰勒商业广场
长沙华远金外滩商业广场
华润集团成都华润翡翠城五期
香港和黄成都南城都会四期
香港南丰集团海南亚龙湾-西山渡别墅酒店项目
泉州万达公馆

建筑思想
现代商业广场应该是多元的、文化的和休闲的，应该与高品质生活有机融合在一起。它应该具有环保、可永续的理念和丰富、多元的艺术氛围，为每一位到访者带来充满新意的独特体验。

温一康 USMAN UTAMA

职　　务：华凯国际执行董事
职　　称：澳洲皇家注册建筑师

教育背景
澳洲新南威尔士大学建筑学荣誉学士
澳洲墨尔本大学建筑学硕士

工作经历
从业近三十年，曾受聘于中国香港凯达(AEDAS)、澳洲悉尼 ALY Architects、新加坡 Architects Vista Pte Ltd 和 Avid Design Pte Ltd。领导团队每年完成逾二十个项目，其中包括商厦、住宅、公建等，这些项目的建筑面积平均为五万平方米至二十万平方米。无论在概念发展、报建送审还是工地管理上，均具有相当丰富的经验。

主要设计作品
海南亚龙湾别墅酒店项目
北海观海云庭
三亚吉阳旅游商业街
桂林动漫城
龙山文体中心
汕尾红星又一居商场
天津新自由贸易区城市规划项目
天津综合发展项目及展览厅
新加坡蔡厝港公共房屋设计及建造项目
新加坡 Pasir Panjang 卫理公会派教会

常琦 ERIC CHANG

职　　务：华凯国际执行董事
职　　称：工程师

教育背景
2006年　安徽建筑大学建筑学士
2010年　同济大学建筑学硕士

工作经历
2006年　斯道沃建筑规划顾问(上海)有限公司
2010年—2016年　同济大学建筑设计研究院（集团）有限公司

主要设计作品
万达青岛东方影都大剧院与秀场
万达广场：安阳、福清、芜湖镜湖、晋中、酒泉、成都崇州、成都眉山、无锡惠山等
西安荣民广场K1和K2
江苏中南集团南京仙鹤门商业广场
中直机关洋桥职工住宅
延吉龙井新城高尔夫别墅
石家庄东垣古城居住区详细规划
荣成海港城概念规划
上海嘉定工业区高科技园区
北京大兴航天精密光机电与先进信息技术产业园区概念规划

华凯国际（GDF ARCHITECTURE）是全球领先的建筑设计事务所，并在伦敦、香港、深圳、上海和北京设有分支机构。华凯国际以其强大的创造性为客户挖掘出最高、最好的地产商业价值，涉及范围涵盖城市综合体、交通运输、学校、酒店、办公、住宅、旅游度假及工业建筑等。

华凯国际在中国已完成包括购物中心、酒店、企业总部、教育研发等多项大型工程，项目区域不仅在上海、北京、深圳、杭州，青岛、长沙、济南、东莞、三亚等大中型城市，而且也进入河南、四川、内蒙古、新疆等中西部地区。华凯国际先后与诸多知名地产开发企业、跨国公司和政府部门建立了长期战略合作关系，并通过整合国内外前沿设计理念和先进建筑技术，承接了诸多超大规模、高复杂度的设计项目，为中国地产公司提供从策划、规划、建筑、室内、景观设计服务与现场工程服务一体化的专业咨询服务。

今天，华凯国际拥有众多国内外一流学府教育背景、长期从事设计实践的建筑师为主体的强力设计团队，并致力于为客户提供更专业、更高效的服务。

地址：上海市杨浦区国霞路258号绿地双创中心301室
电话：021-65032856
网址：www.gdfarchitecture.com
电子邮箱：gdf.china@gdfarchitecture.com

ANYANG WANDA PLAZA

安阳万达广场

项目业主：安阳万达广场投资有限公司
建筑功能：商业综合体
建筑面积：517 000平方米
设计时间：2013年
项目状态：建成
设计单位：华凯建筑设计（上海）有限公司
主创设计：高山兴
参与设计：温一康、阎凯、常琦

建设地点：河南 安阳
用地面积：113 000平方米

安阳万达，商业立面造型立意取自安阳的太极两仪概念，体块相互咬合，宛然一体。红白双色的波浪墙面使整个商业立面极具流动性、活跃性及现代气息，流畅且富有韵律。圆孔和方孔的艺术穿孔板穿插在波纹状的墙面上，大大增强了整体的动感，活跃了商业氛围；用抽象的波浪形成的巨大拱形彰显商场入口的趣味性、识别性和导入性，以吸引人流的注意。

FUQING WANDA PLAZA

福清万达广场

项目业主：福清万达广场投资有限公司
建设地点：福建 福清
建筑功能：商业综合体
用地面积：81 000平方米
建筑面积：410 000平方米
设计时间：2013年
项目状态：建成
设计单位：华凯建筑设计（上海）有限公司
主创设计：高山兴
参与设计：温一康、阎凯、常琦

此次设计概念取材于福清当地重要的非物质文化遗产——九鲤龙灯舞，富有浓厚的地方特色和民俗文化价值。本案取其流畅的曲面形体和鱼鳞一般的肌理，创造出富有当地特色文化的商业建筑形象。两个最主要的主入口采用了棱镜型的玻璃幕墙，在将内部丰富景象折射出来的同时可使空间层次更加富有趣味。而百货的入口则像游龙翻腾起的浪花，自由平滑的曲线顺势而起，与建筑形态衔接自然，富有雕塑一般的美感。塔楼立面流畅的横向线条、颜色和形体的收分变化，既与下面的大立面有机呼应，又形成了自身的高低变化，对比之中又相互呼应。整个建筑群浑然一体，令人过目不忘。

JIANGSU TIANYING CHARACTERISTIC INDUSTRIAL PARK

江苏天楹特色产业园

项目业主：江苏天楹环保能源有限公司
建设地点：江苏 南通
建筑功能：办公、研发中心、车间
用地面积：413 333平方米
建筑面积：327 500平方米
设计时间：2009年
项目状态：建成
设计单位：华凯建筑设计（上海）有限公司
主创设计：高山兴
参与设计：常琦、温一康、阎凯

项目位于江苏南通海安镇工业园区。

按照高起点规划、高档次设计、高质量建设、高水平管理的发展思路，本项目是南通地区首个倡导生态理念的产业园区。

在保证用地容积率和产业用房需求的前提下，设计师最大限度地增大景观绿化面积（生态公园和全方位绿化），通过人工生态系统措施，实现园区环境合理再生和持续利用；办公研发、生产车间、配套服务相对独立、各自成区，降低了相互干扰，但同时通过交通、景观等手段将它们有机地连为一个整体。

建筑形体顺应生态特征，蜿蜒流畅。通过将柱体、墙体和条形长窗在室内外层次上的分离与叠合，形成类型学意义上的透明性，减轻体量感。象征企业的生态感、科技感和轻盈感。

TIANJIN WANDA CENTER

天津万达中心

项目业主：天津万达中心投资有限公司
建设地点：天津
建筑功能：商业综合体
用地面积：73 000平方米
建筑面积：349 000平方米
设计时间：2011年
项目状态：建成
设计单位：华凯建筑设计（上海）有限公司
主创设计：高山兴
参与设计：常琦、王祥、阎凯

设计者从历史的角度出发，将Art-deco这一传统建筑、装饰风格进行了转译和重构，运用当代新的材料、技术与工艺将传统与现代完美结合。从而达到从城市层面上对城市性格特点完整体现的目的。在满足使用功能的同时以人为本，丰富文化内涵。整个立面的设计中都贯穿了“中西”的调和，传统与现代的调和。该立面保留了古典建筑横三段的基本格式：底层裙房作为商铺，造型敦实厚重，具有独立、完整的形态构成。连续的壁柱尺度适宜，线脚丰富，并于凹槽中放置灯带，光影变化无穷。柱头部分造型进行了重点处理，作为垂直线条的收束端以及裙房处重要的立面节点，设计者将古典与浪漫主义元素进行抽象与简化，并符合各体块部分之间和谐的比例尺度关系，高低错落叠置，形成极富现代感又颇具纪念性的造型。

ARCHITECTS

中信建筑设计研究总院有限公司
CITIC General Institute of Architectural Design and Research Co. Ltd.
CADI

高安亭

1999年毕业于华中理工大学建筑学系，获建筑学学士学位，同年就职于中信建筑设计研究总院有限公司（原武汉市建筑设计院），现任中信建筑设计研究总院有限公司副总建筑师、第四设计院首席建筑师、国家一级注册建筑师、高级建筑师。主持方案创作、投标工作，兼任重点项目设计总负责人。坚持方案原创，追求技术创新，在交通枢纽、文化会展、科研办公、高校校园等领域积累了较为丰富的实践经验。

个人荣誉
2013年获第九届中国建筑学会青年建筑师奖

主要设计作品
南宁东火车站
贵阳北火车站
鄂尔多斯火车站
四川灾后重建广元火车站
柳州火车站改扩建
湖北省图书馆新馆
武汉新城国际博览中心
湖北省体育局训练竞赛基地场馆
孝感市文化中心
柳州市柳东新区文化广场
国家光电子产品质量监督检验中心
武汉农商行金融后台服务中心
连云港职业技术学院
中农业大学第三实验楼

地址：武汉市江岸区四唯路8号
邮编：430014
电话：027-82743333
传真：027-82726178
网址：www.cadi.citic

中信建筑设计研究总院有限公司（原武汉市建筑设计院）创建于1952年10月1日，是中华人民共和国成立之初诞生的大型国有设计机构之一，是持有甲级工程设计证书、甲级城市规划证书、甲级市政行业（道路工程、桥梁工程、城市隧道工程）设计证书、甲级工程设计审查证书、甲级工程咨询证书、甲级智能建筑系统工程设计证书的大型综合性建筑设计院，是享有对外经营权的商务部援外工程定点设计院。20世纪80年代，中信建筑设计研究总院有限公司成为全国建设系统设计体制改革试点单位和全面质量管理（TQC）试点单位；1992年进入由建设部和国家统计局评定的中国勘察设计单位综合实力百强；1994年成为中国首家实现工程设计手段电脑化的设计单位；2000年通过ISO 9001质量体系认证并获准注册；2002年加入中国中信集团公司。

本院弘扬“设计广厦千万间，人民安居尽欢颜”的企业精神，繁荣建筑文化，致力于技术创新，严格质量管理，为社会奉献优秀设计和优质服务，为大众创造美好的人居环境，创造可持续发展的现代城市与建筑。

THE NEW HUBEI LIBRARY

湖北省图书馆新馆

项目业主：湖北省文化厅
建设地点：湖北 武汉
用地面积：67 200平方米
建筑面积：100 500平方米
建筑功能：藏书借阅、文化宣传、教育培训、展览办公
设计时间：2007年—2008年
竣工时间：2012年12月
设计单位：中信建筑设计研究总院有限公司

荆楚文化的地域性表达、新时期公共图书馆的时代特征、滨湖地段的场所精神，三者交会成“楚天鹤舞，智海翔云”的构思立意。

湖北省图书馆始建于1904年，由张之洞创办，是我国最早建立的省级公共图书馆。新馆面积位居我国中西部地区首位，功能最先进，设施最齐全。

1 000万册藏书涵盖书、刊、报、图各种门类，拥有各类阅览座席6 300个，日接待能力10 000人次。

新馆拥有数字图书馆、4G-LTE网络、WIFI全馆无密码覆盖，其移动阅读功能引领未来阅读趋势。

LIUZHOU LIUDONG NEW AREA CULTURAL SQUARE

柳州市柳东新区文化广场

项目业主：柳州东城投资开发有限公司
建设地点：广西 柳州
用地面积：63 600平方米
建筑面积：121 900平方米
建筑功能：青少年宫、科技馆、群艺馆
设计时间：2013年
设计单位：中信建筑设计研究总院有限公司

THE CULTURAL CENTER OF XIAOGAN

孝感市文化中心

项目业主：孝感市城市建设投资公司
建设地点：湖北 孝感
用地面积：173 600平方米
建筑面积：148 900平方米
建筑功能：大剧院、音乐厅、博物馆、图书馆、档案馆、文化馆、规划展览馆、科技馆、青少年宫、妇儿中心、群艺馆
设计时间：2012年—2013年
设计单位：中信建筑设计研究总院有限公司

方案创意为“大孝无形，血脉相连”，以抽象、现代的细胞式体量之间的裂殖牵绊暗喻家庭亲情关系的联系纽带，以体现孝感城市的孝文化主题。

本项目由大剧院、音乐厅、规划展览馆、科技馆、博物馆、图书馆、方志馆、档案馆、青少年宫、妇儿中心、群艺馆十一大功能模块构成。提倡文商结合、文商互补。减轻文化综合体后期运营负担。

设计师由周边城市关系和现状建筑特征推导出建筑聚落形态，统筹合并十一大功能的重叠部分，进行集约化设计。

ARCHITECTS

LE BUILDER 海创

谷荣亮

职　　务：董事、设计总监

教育背景
2003年—2008年　郑州大学建筑学学士

工作经历
2008年—2010年　CCDI中建国际设计顾问有限公司
2010年至今　　　福州海创联合建筑设计有限公司

主要设计作品
将乐体育中心
孝义市民服务中心
建发商务中心
孝义金晖集团办公楼综合项目

建筑思想
用最简单、最直接的方式回应复杂的设计问题，尽可能切中最本质的思维要害。

地址：福州市鼓楼区芍园壹号文化创意产业园3号楼二层
电话：0591-87985556
传真：0591-87985556
网址：www.hdui.net
电子邮箱：hdui09@163.com

从2010年创立至今，海创致力于建筑方案创作领域，创作团队喜欢在形态和概念之中寻求突破、寻求创作的价值。因为建筑本身蕴含着许多不确定性——不同的场地、不同的客户、不同的风格和手法，会带来截然不同的设计成果。这个过程是一个寻求多解、比选最优的过程。在这样的氛围下，我们努力去尝试一些不一样的东西，往往也会在自我否定中得到成长。

海创人对于设计的坚持，不仅局限在建筑设计本身，更希望能通过设计，为项目创造更大的价值。为客户创造更大的价值，这是海创人不变的执着。但愿这份坚持和执着能够感染更多的建筑师在自己的职业生涯上努力前行。我们始终奉行用打造作品的虔诚，去对待每一个项目！

CHIEN-FA BUSINESS CENTER

建发商务中心

项目业主：福州建设发展集团有限公司
建设地点：福建 福州
建筑功能：商业办公
用地面积：36 164平方米
建筑面积：165 556平方米
设计时间：2014年
项目状态：设计中
设计单位：福州海创联合建筑设计有限公司
主创设计：谷荣亮
参与设计：李光练、林鹏飞、郑维辉、柯张亚

厌倦了都市的拥挤与木讷，经受了环境的喧嚣与浑浊，看惯了楼宇的粗糙与均质，逛遍了商场的庸俗与雷同。很久没有感动了，渴望一扇绿色的窗户，画出一道久违的彩虹。

纵观福州现有办公建筑类型，高层建筑孤立于场地，缺乏共享的配套设施，冷峻的外表几乎与外界隔绝，室外空间寥寥无几。设计师应该有一个怎样的设计策略，既能集各种办公类型之大成，又能体现现代办公开放和绿色的理念，使本案突出于福州金融商务区之中。本项目应该同时具备以下特质，即IGA模式，ICON——塔楼的标志性；GREEN——绿色环保；ACTIVITY——多样化的室外活动空间。设计师不单独追求高效率的塔楼，希望提供合作共享、灵活多变的办公环境，服务多样化的客户，成为地区标志性建筑。

THE OFFICE BUILDING INTEGRATED PROJECT OF XIAOYI JINHUI GROUP

孝义金晖集团办公楼综合项目

项目业主：金晖集团
建筑功能：办公、酒店、居住
建筑面积：189 787平方米
项目状态：设计中
主创设计：谷荣亮
参与设计：李光练、林鹏飞、郑维辉、曾超静

建设地点：山西 孝义
用地面积：90 813平方米
设计时间：2014年
设计单位：福州海创联合建筑设计有限公司

设计师提出“城园相融”的概念，西北侧用地为“城”，与城市主干道相邻，引入城市的繁华，打造界面开放、充满活力的街区，将交通、城市绿化交织编入。街区内可以出现不同的空间与事件体验，使之成为融入城市生活的活力引擎。东南侧用地为“园”，通过西北侧用地过滤城市的喧嚣，闹中取静，造园于其中，节奏舒缓，悠然天地。城园之间景观相融，空间渗透，相互提升各自的地块品质，成为区域的崭新亮点。

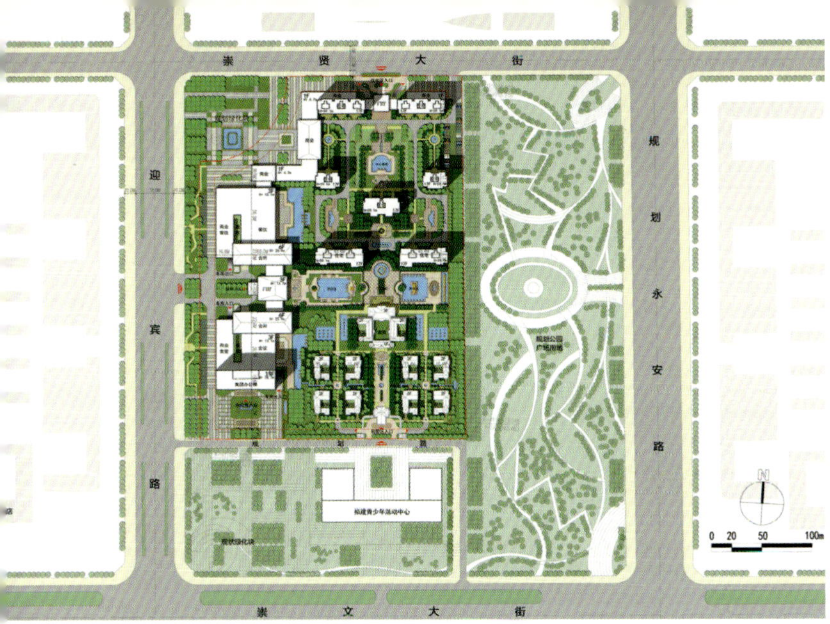

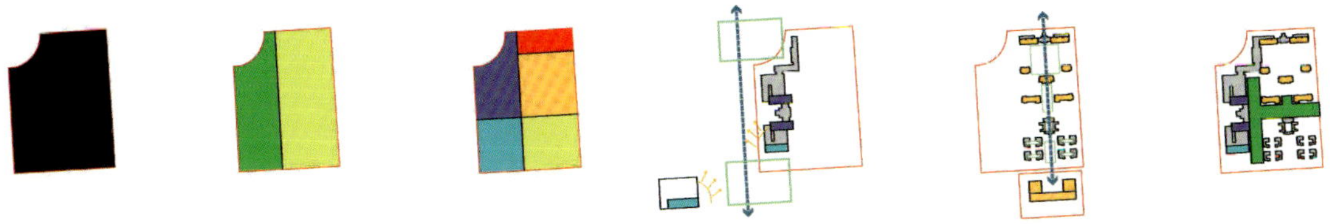

01
思考复合多功能分区难题
本案是集总部办公、商务接待、休闲娱乐、居住休息等多功能为一体的生态型总部基地。如何将原本不同属性的城市功能有机结合、科学合理地规划设计？

02
组织开放空间与私密空间
根据公共与住宅功能属性，将公共建筑与居住建筑按私密分区布局。在城市主干道迎宾路一侧布局公共建筑，营造特色城市开放空间。在靠近城市公园一侧布局居住建筑，合理的动静分区满足居住需求。

03
深化各个功能区
研究各个功能属性及城市界面，合理规划各个功能分区。沿城市主干道布局对外开放性质功能，居住功能布局在东侧临近城市公园，以"南低北高"原则形成良好的空间形态。

04
整合开放空间与周边关系
延续北环路低矮建筑群的建筑形态，构筑迎宾路非压迫性公建化界面，商务接待中心低矮亲和，融入周边。总部办公与帝豪酒店呼应，共同构筑孝义北部门户形象。

05
引入理想居住空间形态
引入传统合院建筑空间形态，借鉴《周礼·考工记》中轴对称、南低北高、逐级布局，营造理想居住空间模式。同时，轴线北承崇贤大街繁华商贸，南拓城市公建配套。

06
植入中央绿化景观
完善总部办公等公共配套设施，构筑人性化办公环境；同时使各个功能区相对独立、互不干扰，营造开放共享的空间，提升办公、商务接待及居住品质。

低密度城市北环路形象
丰邦商业广场将以低矮、低密度的建筑群展现出来，将来有大量新增人员流入，需要有配套的居住、休闲场所。

城市规划的体育场
目前整个片区缺乏运动场所，政府急需提供人性化的健身场地，提高居民生活品质，为基地创造良好资源。

希望有配套的居住社区
为周边工作人员提供优越、良好的居住社区，未来城市居民工作在丰邦，居住在金晖，娱乐在金晖。

对城市充满抱负的企业
该项目的建设是金晖企业战略发展的工程之一，是积淀和传承孝义文化、金晖文化的承载基地。

需要形象呼应的城市北大门
帝豪目前单一坐落于迎宾路一侧，使得孝义市北部门户形象失重，需要金晖大厦携手打造稳重的城市北大门形象。

周边居民对综合配套设施充满期待
随着居民收入提高，对于生活品质要求的提高，单一的社区底商满足不了居民的需求，大众期待有综合型娱乐消费场所的出现。

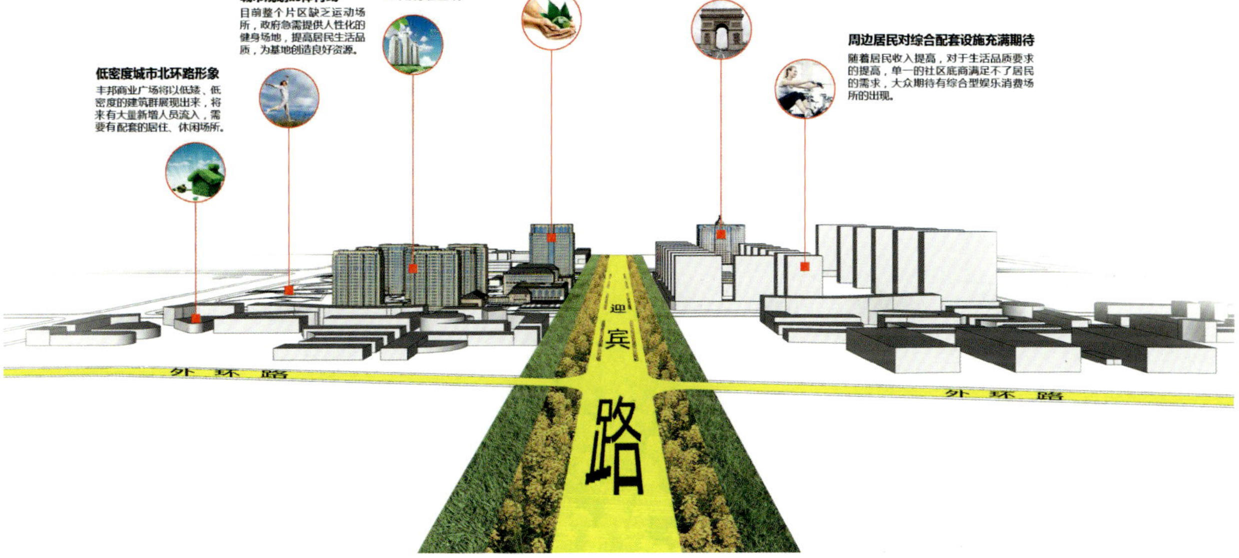

JIANGLE SPORTS CENTER

将乐体育中心

项目业主：将乐建设局
建筑功能：体育设施
建筑面积：25 600平方米
项目状态：在建
设计单位：福州海创联合建筑设计有限公司
主创设计：谷荣亮
参与设计：陈泽森、郑观达、李光练
建设地点：福建 将乐
用地面积：170 788平方米
设计时间：2011年

将乐县境内多山，位于金溪、龙池溪两岸的山间盆地，山环水绕，自然景色温和秀丽。建筑设计以山体的柔美轮廓和溪流的蜿蜒婀娜为灵感，并赋予中国传统文化中“如意”“祥云”两者所蕴含的吉祥如意、国泰民安之意，将体育中心的开放性、公共性和娱乐性与将乐县当地自然风貌和中国传统文化内涵巧妙融合在一起。

体育馆和游泳馆的屋盖设计取义祥云，形态如山间浮动的祥云，飘逸、轻盈、富有动感。屋盖顶部独特的天窗设计依然从中国传统的如意玉器中吸取灵感，运用“雕刻”的手法表达出华夏美学。

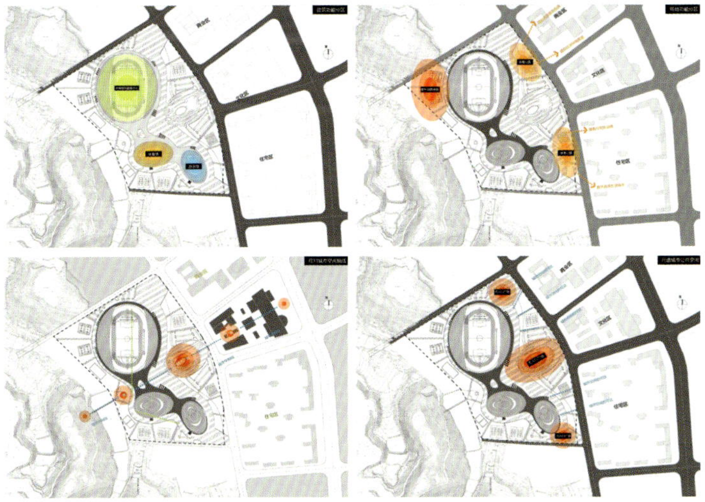

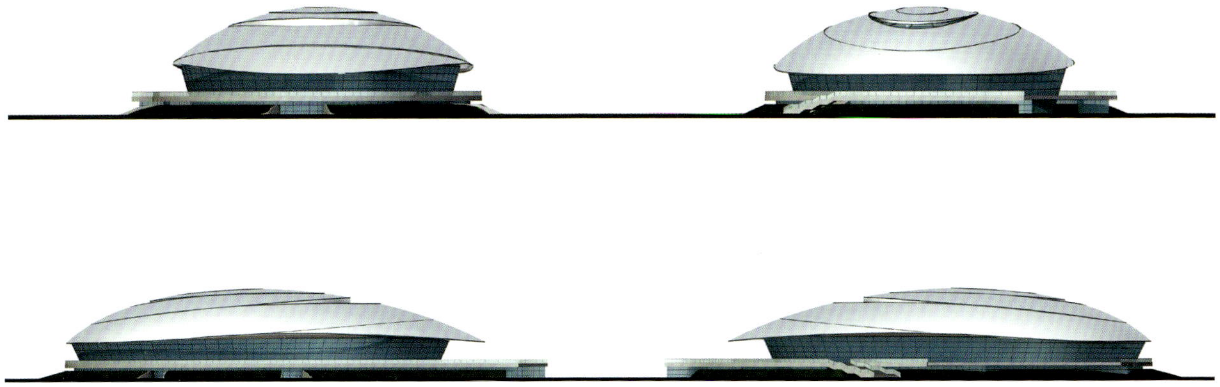

XIAOYI PUBLIC SERVICE CENTER

孝义市民服务中心

项目业主：孝义建设局
建筑功能：文化办公
建筑面积：215 400平方米
项目状态：设计中
主创设计：谷荣亮

建设地点：山西 孝义
用地面积：223 206平方米
设计时间：2013年
设计单位：福州海创联合建筑设计有限公司
参与设计：李光练、林鹏飞、郑维辉、曾超静

用地东侧为完整保留的“孝义古城”，南侧为优美的“森林公园”，北侧为现有城市，一老一新之间形成城市张力。设计师努力将其建设成为完善城市功能、提升城市面貌、弘扬城市文化、促进城市发展的强有力的“城市心脏”。

设计以“文化、人本、生态”为主旨，挖掘地域文化资源，遵循以人为本的思想，以生态和综合技术为依托，通过建设配备成规模的文化设施，使之成为“城市客厅”，达到完善城市文化服务功能、彰显城市文化特色、提升城市文化品位、促进城市长远发展的目标。

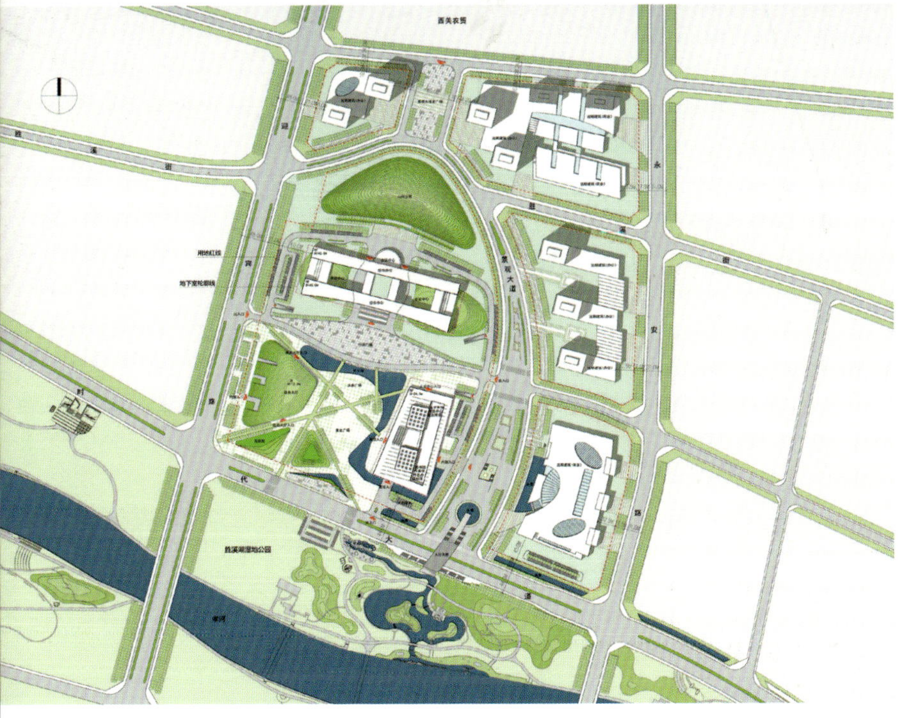

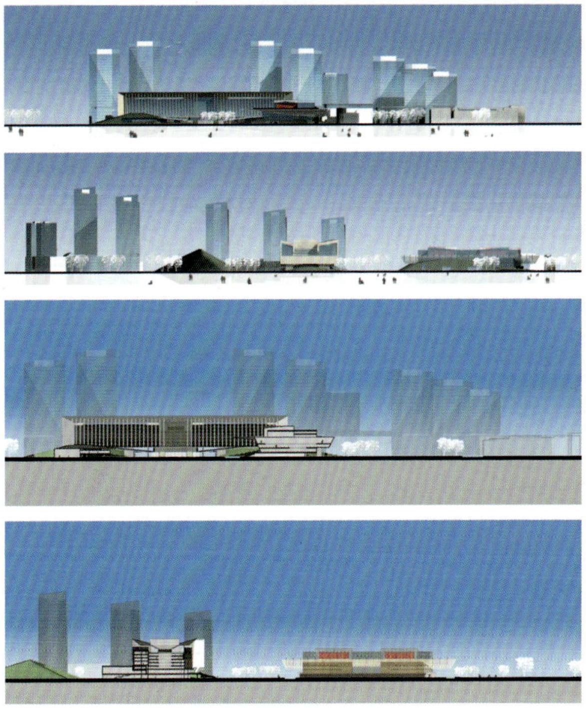

天大建筑
Design changes the world

顾志宏

职　　务：天津大学建筑设计规划研究总院副总建筑师
　　　　　方案创作中心顾志宏工作室总监
职　　称：国家一级注册建筑师
　　　　　国家注册城市规划师

顾志宏，男，满族，硕士学位。多年来，他带领工作室年轻的设计团队，在建筑设计和校园规划两个方面做了大量富有创新精神的工作。在设计实践中形成了“东方的浪漫主义情怀”的设计风格，并创造性地提出了“表意性未知结构”的设计理论和方法，希望通过对人的审美意识中精神因素和经验概念作用的有效引导，利用具有一定文化意义的深层表意性手段，创造一个具有开放性和未知性的大众建筑审美结构，以达到雅俗共赏的审美情趣和富有乐趣的审美体验。2012年，顾志宏荣获第九届中国建筑学会中国青年建筑师奖。

天津大学建筑设计规划研究总院创建于1952年，是隶属于拥有百年历史的天津大学的全资企业。由天津大学建筑设计研究院和天津大学城市规划设计研究院组成，具有建筑设计、城市规划、工程咨询、旅游规划、古建筑修缮和文物保护规划、风景园林设计等9项甲级设计资质。

天津大学建筑设计规划研究总院现有人员814人，其中设计及科研人员占全院总人数的90%。天津大学建筑设计规划研究总院始终坚持“信誉第一、质量第一、用户第一”的原则，依托天津大学的人才优势、学科优势和技术优势，凭借严谨的工作作风和良好的服务意识，在各个建设领域中均有不同凡响的建树，在国内外各类设计竞赛中屡获殊荣，并于2012年荣膺当代中国建筑设计百家名院。

特色鲜明、风格独特的天津大学建筑设计规划研究总院，愿为中国的城市建设精心勾绘更具中国时代精神、更具地方文化特色、更具城市竞争力的发展蓝图。

本院技术力量雄厚，始终坚持“信誉第一、质量第一、用户第一”的原则，使创作质量不断提高，因此多次获得各类优秀设计奖项，其中国家级及省部级奖项240余项（1998年至今）。各类奖项类型如下：

2009年中国建筑学会建筑创作大奖
全国第十一届工程设计项目评选银奖
国家2005年优质工程审定银奖
全国优秀工程勘察设计奖
建设部优秀规划设计奖
教育部优秀规划设计奖
天津市 “海河杯”优秀设计奖

地址：天津市南开区鞍山西道192号1895天大建筑创意大厦
电话：022-27408055
传真：022-27401845
网址：www.aatu.com.cn
电子邮箱：tdjz@vip.163.com

CAOFEIDIAN PERMANENT SITE OF THE INTERNATIONAL FORUM

曹妃甸国际论坛永久会址

项目业主：唐山曹妃甸科教城开发建设有限公司
项目地点：河北 唐山
用地面积：76 000平方米
建筑面积：123 000平方米
设计时间：2010年
设计单位：天津大学建筑设计规划研究总院

曹妃甸国际论坛永久会址建筑包括五星级酒店和会议展览中心。设计中，提出了以“神奇的羽毛”创造的表意性未知结构。整个建筑以白色为基调，轻盈飘逸，与大海相映成趣，利用从小鸟羽毛演化成凤凰羽翼的奇妙过程，表达出了曹妃甸荒滩变新城的进程和唐山凤凰涅槃、快速发展的精神面貌。

THE LIBRARY OF XI'AN TECHNOLOGICAL UNIVERSITY

西安工业大学图书馆

项目业主：西安工业大学
项目地点：陕西 西安
用地面积：28 000平方米
建筑面积：43 000平方米
设计时间：2003年
竣工时间：2005年
设计单位：天津大学建筑设计规划研究总院

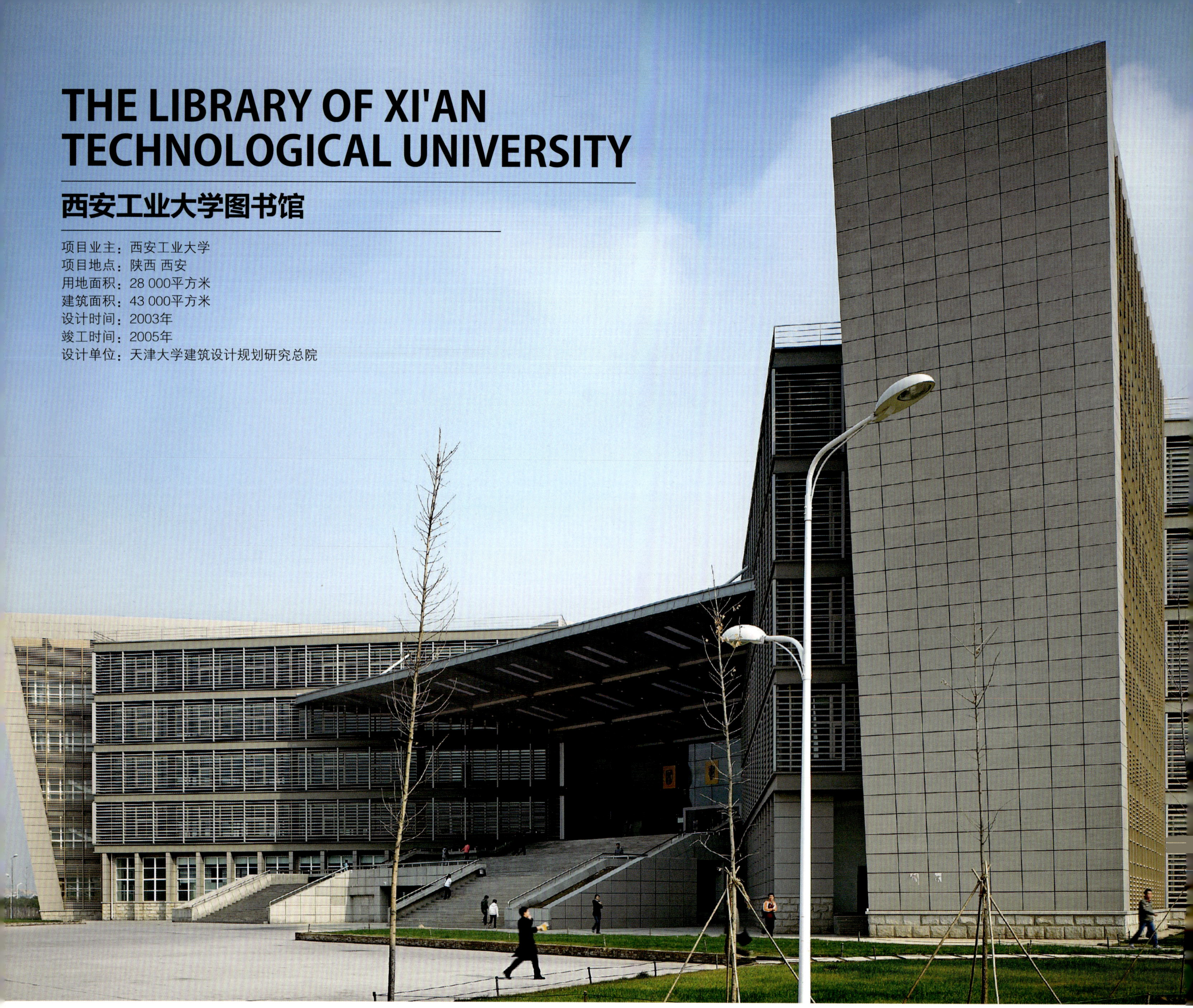

西安工业大学图书馆位于西安工业大学校园中央，是校园内的核心建筑。图书馆周边围绕着绿地和水面，地形开阔。从校园各个方向向校园中间看，图书馆均会成为视觉的中心。

设计采用一种以复杂体量穿插构成一个无明确方向感的“多面体”，以符合校园中央的地理位置赋予建筑的独特个性要求和多侧面观赏要求。具有多重表意性位置结构的建筑体量带给人们特别的视觉感受。建筑像由大大小小的岩石堆砌，“书山有路勤为径”，从正面看又像打开立放的字典，展翅欲飞的雄鹰。蝶形的复杂建筑平面和高低错落、局部微微倾斜的复杂化建筑立面，构成了一个给人多种视觉体验的体量，而利用钢结构节点和玻璃幕墙百叶构件多层次组成的复杂化的建筑立面表皮更强调了该建筑的“多面性”和“复杂性”。

学习师德先进 争当育人楷模 争创一流业绩
向全校教师和教育工作者致以崇高的敬意

SHAANXI NORMAL UNIVERSITY COMPREHENSIVE LABORATORY BUILDING

陕西师范大学综合实验楼

项目业主：陕西师范大学
项目地点：陕西 西安
用地面积：55 000平方米
建筑面积：86 000平方米
设计时间：2007年
竣工时间：2010年
设计单位：天津大学建筑设计规划研究总院

陕西师范大学综合实验楼位于陕西师范大学长安校区，是该校校园中体量最大的教学实验建筑。该建筑是由2号（物理实验楼）和3号（化学实验楼）联建组成的一个整体的大型高层实验楼。7万余平方米的建筑如何布置在这块非常紧张的方形建筑用地上，才能既满足实验楼的功能要求又创造出丰富的校园空间和独特的校园景观呢？天津大学建筑设计规划研究总院利用“表意性未知结构”的设计方法，把“剖析”的概念引进实验楼的设计，力求表达出物理、化学实验探求事物本质、发现内在规律的意义，让建筑体量经切挖形成的绚丽多彩的内表面与完整朦胧的外表皮形成对比，创造趣味；同时借用了陕北的传统民居形式——地坑院窑洞的空间组织方法和建筑细节意象。“丰富的开放式立体院落”是该建筑空间组织的最大特点，立体庭院既解决了建筑通风采光的问题，又创造了丰富的建筑内部和外部空间，同时把先进、简洁、现代的高科技实验建筑与富有淡淡乡土气息的传统地方民居的建筑形式巧妙地联系在一起。

NATIONAL ART MUSEUM OF CHINA SCHEME COMPETITION

中国国家美术馆方案竞赛

项目业主：中国国家美术馆
项目地点：北京
用地面积：30 000平方米
建筑面积：129 000平方米
设计时间：2011年
设计单位：天津大学建筑设计规划研究总院

一个建筑承载着一段辉煌的历史，一个建筑展现着一个充满希望的未来。

中国国家美术馆是艺术展示的最高殿堂，天津大学建筑设计规划研究总院希望她能够体现神圣的艺术并召唤着大众的参与，体现人类永不停息地发现美、寻找美的心灵冲动，体现当人类欣赏美术作品时从视觉冲击到心灵沟通的感知过程，更能体现拥有充分自信的中国美术植根传统、着眼未来的博大胸怀。

后奥运时代的中国，文化艺术将成为新的国力展示的载体，作为奥林匹克公园文化建筑群核心凝聚点的中国国家美术馆，应该具有明确的引导性、地标性，并且主动与周围互动，真正成为一个看与被看的主体，看与被看的舞台。

眼睛是心灵的窗口，许多卓越的艺术家对此有着精彩的诠释。“黑眼睛”，像一个简单而丰富的“看”的概念，成为中国国家美术馆的鲜明形象。

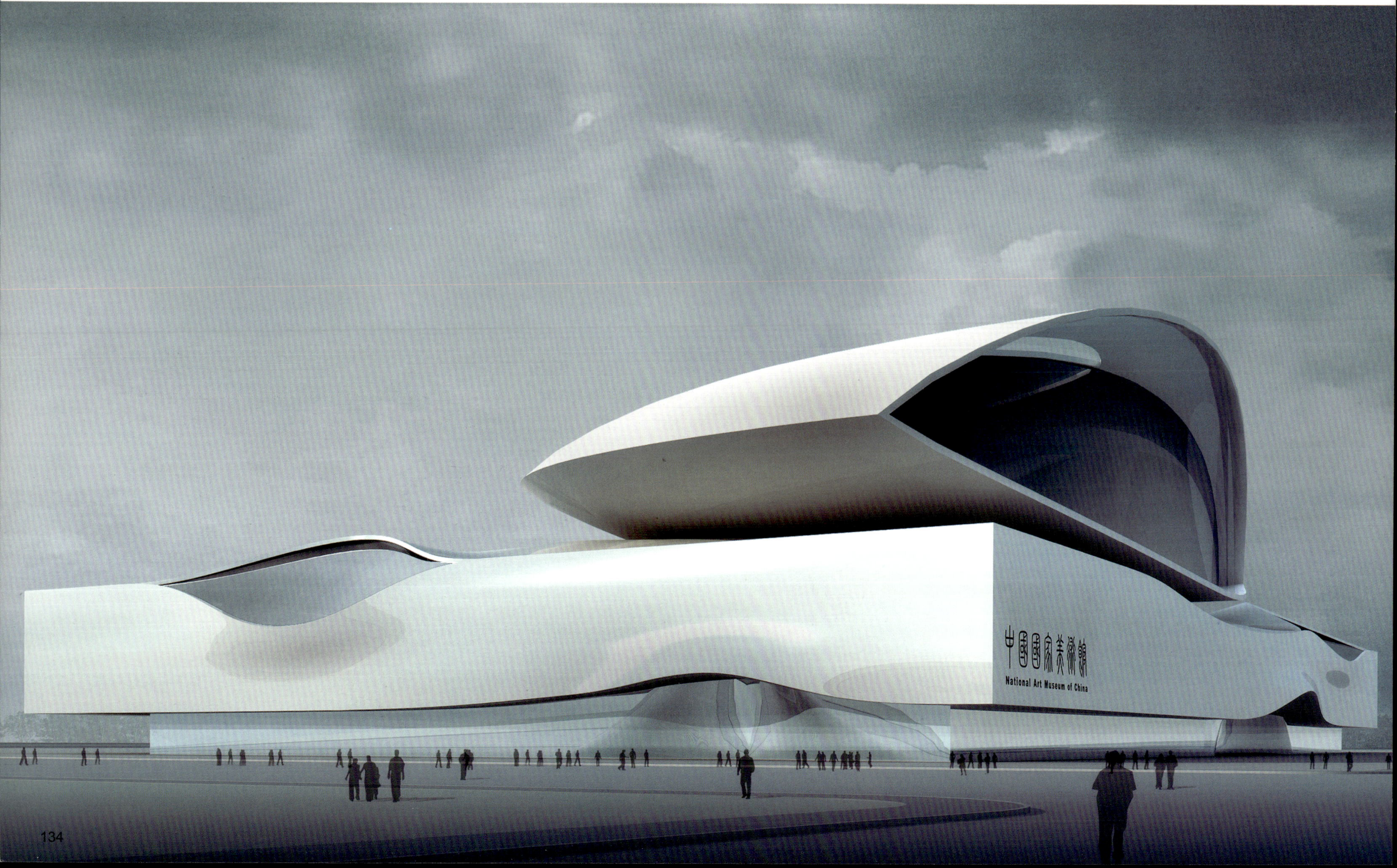

中國國家美術館
National Art Museum of China

中國國家美術館
National Art Museum of China

AN OFFICE BUILDING

某办公楼

项目地点：河北 唐山
用地面积：27 000平方米
建筑面积：45 000平方米
设计时间：2009年
竣工时间：2012年
设计单位：天津大学建筑设计规划研究总院

办公楼的建筑形象，在中国各地建筑中独树一帜、性格鲜明、极具特色。建筑北侧入口大柱廊既让人联想到神圣的大柱廊形象，又充满了现代感、体积感和时代感，同时大柱廊形成的巨大灰空间，给人带来了视觉的冲击力与震撼力，非常符合庄重、大气的建筑气质。

WOMEN'S CULTURAL CENTER IN CHONGQING

重庆妇女文化中心

项目业主：重庆市妇女联合会
项目地点：重庆
用地面积：10 000平方米
建筑面积：19 000平方米
设计时间：2009年
设计单位：天津大学建筑设计规划研究总院

重庆女人有着女人共有的善良、温柔、勤劳，更有着美丽、时尚、自信、泼辣的独特个性，什么样的建筑形态才是最恰当的表现呢？终于，一个充满激情的形态让建筑师心潮澎湃，这就是“绽放”的建筑形态！“绽放”的美是一种动态的美、自由的美、丰富的美。它不仅象征着重庆女人像山茶花一样美丽的外表，更赋予人们一种时代女性特有的动感、自信和激情，一种对自我的超越。

不论是从外观表情，还是从内心感受，我们都相信，“绽放”是每个时代女性都想要的诠释，想要表达的主题。

那么，就让所有的女性都能从各个角度去发现自己独特的魅力，去尽情地绽放吧！让美丽绽放，让智慧绽放，让快乐绽放，让自由绽放，让幸福如花儿般在阳光下尽情绽放！

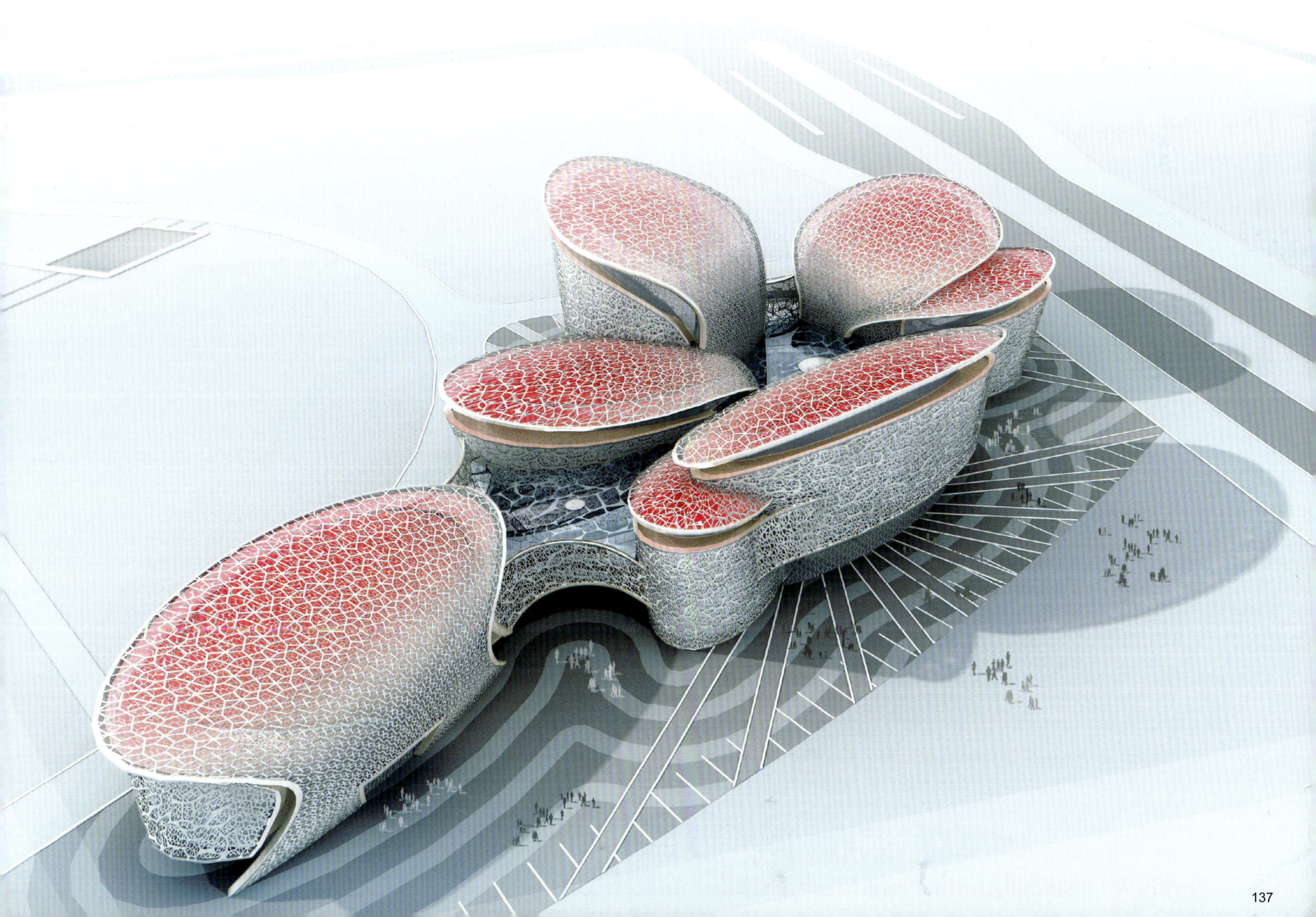

ARCHITECTS

弓箭

职　　务：历史与文化建筑研究所所长
职　　称：国家一级注册建筑师
　　　　　高级工程师

教育背景
1995年—2000年　重庆建筑大学建筑学学士
2007年—2010年　清华大学建筑学院建筑系硕士

工作经历
2000年—2003年　中国航空工业规划设计研究院
2003年至今　　　北京华清安地建筑设计事务所有限公司

北京华清安地建筑设计事务所有限公司
AN-DESIGN ARCHITECTS

北京华清安地建筑设计事务所有限公司（以下简称：安地公司），原名北京清华安地建筑设计顾问有限责任公司。作为清华大学建筑学院建筑设计实践的基地以及“产、学、研”相结合的实践平台，公司由清华大学建筑学院主办。1994年经建设部和国家教委特批，公司于1995年3月正式进行工商注册。

安地公司参加了国家大剧院、2008年北京奥运会、2009年北京花博会、2010年上海世博会中国馆等重大建设项目的设计投标，获得了令人瞩目的成绩。清华附小获得2005年国家设计金奖；北京故宫博物院午门博物馆获得联合国教科文组织亚太地区创新大奖；清华附小、九寨沟国际大酒店、金昌文化中心、成都宽窄巷子历史文化保护区4个项目获得中国建筑学会2009年“建筑创作大奖（60年）”。

安地公司现有建筑设计、建筑创作、城市设计、景观设计、历史与文化建筑、规划与建筑创作六个核心设计所，结构、机电两个专业所，工业遗产研究中心，十八个教授工作室，与国外设计公司建立了稳定的合作关系。作为组织完善的设计企业，安地公司构建了教学实践、学术研究、规划设计、配套服务的组织框架。

地址：北京市海淀区学清路8号科技财富中心A座6层
电话：010-82527886
传真：010-82527991
网址：www.anditsinghua.com
电子邮箱：andi_hr@163.com

THE HISTORICAL AND CULTURAL PROTECTION DISTRICT OF KUANZHAIXIANGZI, CHENGDU

成都宽窄巷子历史文化保护区

项目业主：成都少城建设管理有限公司
建设地点：四川 成都
用地面积：66 000平方米
建筑面积：60 000平方米
设计时间：2003年—2008年
设计单位：北京华清安地建筑设计事务所有限公司
获奖情况：2009年教育部优秀勘察设计规划一等奖
2009年中国建筑学会建筑创作大奖(60年)

成都宽窄巷子位于成都市中心区域，天府广场西侧约1 000米处，为青羊区所辖。其中宽巷子、窄巷子、井巷子三条巷子所辖地段为重点保护区。

宽窄巷子为清代少城（满城）兵丁胡同中仅存的两条，区内多为清末民初时期的木结构民居建筑，基本保持了百年前的历史风貌。随着市场经济的快速发展与房地产业的高歌猛进，历史街区的生存环境与生存状态令人担忧。在成都市政府的大力支持下，遵循住建部有关城市历史街区的紫线管理办法，规划设计在严格遵守保护原则的基础上进行详细的测绘、调研，制定保护、维修、复建、更新的办法。

规划、研究与设计力图在三方面有所突破与创新：探寻少城（满城）的历史根源，发掘少城的独特文化内涵；摸索历史街区城市更新的办法，达到均衡社会效益与公平的原则；建立川西木结构建筑的维修、改造模式，为其他地方的木结构建筑在现代功能的使用上提供思路。

INTEGRATED TEACHING BUILDING AND GRADUATE BUILDING OF JINGYUE CAMPUS, CHANGCHUN TAXATI0N COLLEGE

长春税务学院净月校区综合教学楼、研究生楼

项目业主：长春税务学院
建设地点：吉林 长春
建筑功能：教学楼
用地面积：38 450平方米
建筑面积：35 086平方米
建筑高度：21.3米
设计时间：2003年6月—2004年3月
项目状态：建成
设计单位：北京华清安地建筑设计事务所有限公司
获奖情况：2007年教育部优秀建筑设计二等奖

规划和建筑设计的最初灵感来自长春伪满时期以圆形城市广场和轴线为特色的城市总体规划和建筑色彩独特的八大部建筑群。

建筑以现代风格为主，突出税务学院端庄、稳重、气派的特点。设计以方正体形为主，通过构图、虚实变化形成多变灵巧、丰富流畅的室内外空间效果和视觉效果。200人教室的中庭内凹凸面砖肌理组成的墙面和简洁的铺装，既赋予交通空间以新的功能，又把阳光引入室内。入口中庭，阳光照耀时洒满斑驳的光影，为教学区增添了许多活泼的气氛。本工程主体结构为现浇钢筋混凝土框架。中庭、雨篷和连廊为钢结构。所有围护墙、填充墙均采用当地的炉渣空心砌块外加聚苯保温板。外墙为咖啡色面砖，窗口采用氟碳喷涂，外窗采用灰色中空玻璃铝合金窗，局部为铝合金玻璃幕墙。面砖由建筑师亲自挑选，特制的纹理和色彩经过反复试制，表面有丰富的色差和肌理。在面砖的拼贴上，还采用了竖贴和斜贴等手法，在阳光下墙面呈现出丰富的光影和厚重感，既突出学府氛围和传统质感，又达到了经济的目的。

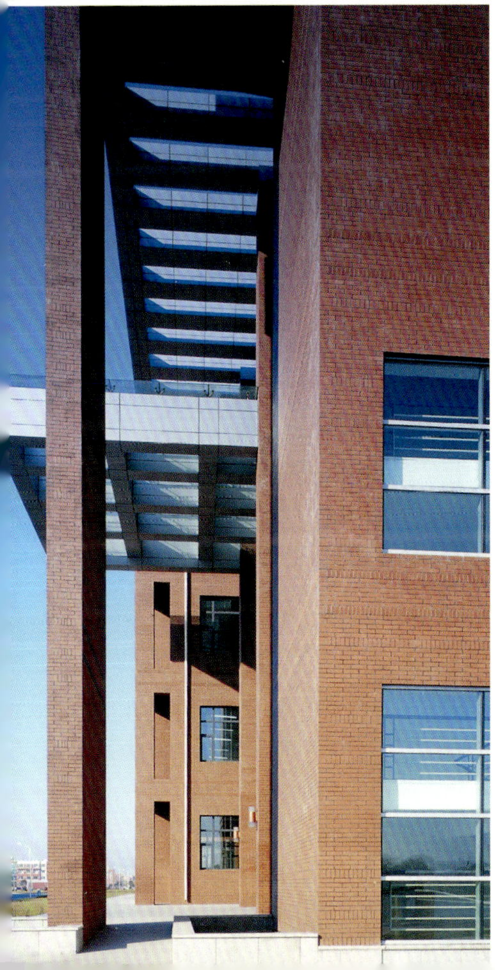

长春税务学院
HANGCHUN TAXATION COLLEGE
教学楼
平面示意图

BLOCK B, AOMEN WEST STREET, SANFANGQIXIANG DISTRICT, FUZHOU

福州三坊七巷澳门西路B地块

项目业主：福州三合房地产开发有限公司
建设地点：福建 福州
用地面积：2 505平方米
建筑面积：5 360平方米
设计时间：2007年—2009年
设计单位：北京华清安地建筑设计事务所有限公司
获奖情况：2011年教育部优秀工程勘察设计优秀建筑工程设计
中国建筑学会第四届中国威海国际建筑设计大奖赛优秀奖

澳门西路B地块位于“三坊七巷”主轴南后街南端的乌山脚下，是联系福州市内重要的历史人文景观和自然景观的关键地段，是“三坊七巷”历史街区的主要控制地段与主发展轴，区块内部有“林则徐纪念馆”“张天福旧居”“老佛殿”等具有很高历史文化价值的建筑。

本工程整体以“保护、民俗、整合、创新”为前提，建筑东西长约63米，南北宽约40米。建筑北侧紧临安泰河，为主要风貌控制面，担负着片区整个发展主轴的建筑形态及民俗文化展示的重任。故以传统风貌建筑形式对沿河方向及东、西侧街巷进行设计，即采用福州特有的临街建筑形式——柴栏厝进行空间设计组合。张天福旧居为迁建保护项目，本着尊重历史、保护与更新相协调的原则，设计师对张天福旧址进行了详细的建筑测绘、记录与调研，并对迁建及修复方案进行了深入、细致的设计，力求落成后的旧居保留原始风貌特点及厚重的文化内涵。

CHINA QIANG MUSUEM

中国羌族博物馆

项目业主：茂县文化体育局
建筑功能：博物馆
建筑面积：10 653平方米
设计时间：2009年5月—2009年9月
设计单位：北京华清安地建筑设计事务所有限公司
获奖情况：2013年建筑学会建筑创作金奖
　　　　　2013年教育部勘察设计一等奖

建设地点：四川 茂县
用地面积：40 000平方米
建筑高度：22.7米，局部构筑物37.05米
项目状态：建成

中国羌族博物馆的设计在建筑体量、形体上气势恢宏，而在细部处理与空间构成上又体现了羌寨民居的巧妙与灵动，于大气中更得精致，于恢宏中兼有隽永文质，达到了对传统的继承创新，是一种延续的生命力。

建筑形逸而神聚，宁静而不沉重，脱俗而不张扬，展现了羌族传统文化的悠久历史与厚重底蕴。

CLIEC 中国中轻国际工程有限公司
CHINA LIGHT INDUSTRY INTERNATIONAL ENGINEERING CO.,LTD.

何嘉欣

职　　务： 中国中轻国际建筑设计研究院总建筑师
建筑设计一所副所长

职　　称： 教授级高级工程师、国家一级注册建筑师、
中国建筑学会会员、中国医院协会会员

教育背景

1991年—1995年　大连理工大学建筑系建筑学学士

工作经历

1995年至今　中国中轻国际工程有限公司

主要设计作品

医疗建筑：
北京顺义妇幼老年保健医院
北京美中宜和妇儿医院
北京万柳医院
北京儿童医院顺义妇儿医院
北京北苑医院
乌兰察布市蒙中医院
深圳福田区中医院
塔吉克斯坦杜尚别肿瘤医院
加纳大学附属医院

居住建筑：
五矿集团长阳五矿铭品住宅区
益海嘉里佳木斯住宅区
永泰银川城
宁夏电投钢铁有限公司居住区
重庆李渡新区大鹅公租房及配套廉租房工程

其他公共建筑：
西藏革命建设改革纪念馆
北京工商大学良乡校区
农业部热带产业园区文昌酒店及公寓
北京经济技术开发区某高尔夫俱乐部
北京张裕爱斐堡酒庄小镇
西宁建国商务酒店
北京经济技术开发区电子产业园区

主要思想

何嘉欣建筑师致力于建筑创作工作二十年，在大量的工程实践中，她坚守原创作品，以细腻、务实、独特的女性视角诠释对建筑设计的理解。近十年来她专注于医疗建筑设计领域的研究和实践，将医疗流程、建筑空间、室内艺术完美结合，创作出大量高效、舒适、美观的医院建筑作品。她崇尚设计源于生活，设计高于生活。每个建筑作品皆贴近生活、服务大众，具有鲜活的生命力。

地址： 北京市朝阳区白家庄东里42号
座机： 010-65826210/65826019
传真： 010-65826208/65822410
网址： www.cliec.cn
电子邮箱： hejx@cliec.cn/zhoux@cliec.cn

中国中轻国际工程有限公司（CLIEC），原中国轻工业北京设计院，现为国务院国资委监管的中央企业“中国轻工集团公司”的下属企业。

成立“中轻国际建筑设计研究院”是中国中轻国际工程有限公司深化改革、调整结构、整合资源的一项重要举措，目的是为了打造一个在建筑领域有影响力的设计、咨询、工程管理优秀团队。以“和谐、共赢”为核心价值观，以“成为建筑领域的技术、创新和管理专家”为企业愿景。在新的时代站在新的发展高度上，中国中轻国际工程有限公司衷心希望携手社会各界精英，共创中国建筑领域的美好明天！

BEIJING ERGUOTOU CULTURE PARK

北京二锅头文化苑

项目业主：北京顺鑫农业股份有限公司牛栏山酒厂
建设地点：北京
建筑功能：文化建筑
用地面积：12 400平方米
建筑面积：6 400平方米
设计时间：2015年
设计单位：中国中轻国际工程有限公司

北京二锅头文化苑的建筑及功能设定以古典加现代的设计理念为原则，以官式建筑与民居建筑相结合为特色，以牛栏山精神为核心，全面打造一个有艺术品质、有市场价值、有传统意义的地标性项目。

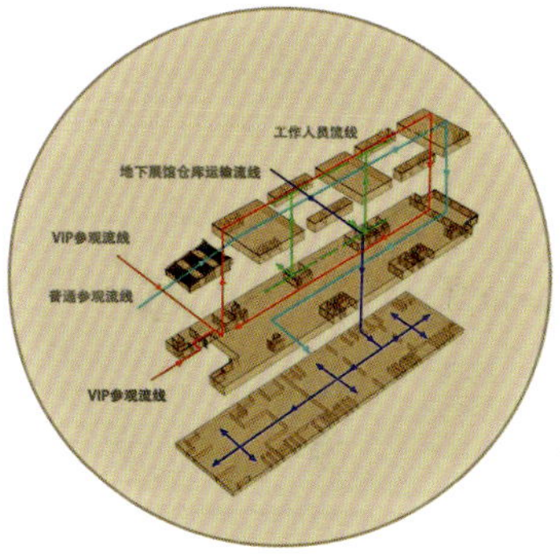

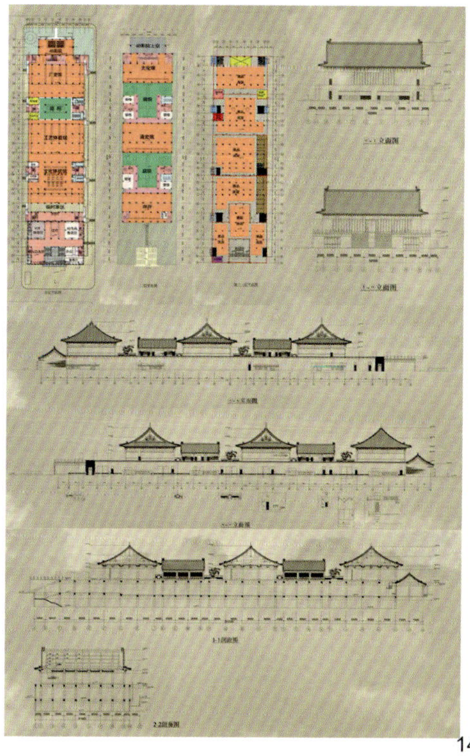

COSL TIANJIN BINHAI INDUSTRIAL PARK

COSL天津滨海产业园

项目业主：中海油田服务股份有限公司天津分公司
建设地点：天津
建筑功能：公共建筑
用地面积：613 100平方米
建筑面积：520 100平方米（地上）、6 000平方米（地下）
设计时间：2008年
设计单位：中国中轻国际工程有限公司

作为一个快速发展的国际化企业，始终保持蓬勃生机是不断面对挑战的前提，我们尝试创作一个森林般生机勃勃的花园式工业区，重新定义工业核心区在城市中扮演的角色。一个绿色生态的工业核心区为城市贡献出宜人的环境正是COSL保护环境、回报社会的企业责任心的体现。

整体规划用大大小小的椭圆构建出一条上百米宽的绿色走廊，跨越南北两个地块，勾勒出两个生产区域，所有的办公沿绿廊两侧带状布置，塑造出中央公园与生产用地之间的优美界线，既强调了规划结构，又避免了相互干扰，强调了绿轴在空间布局上的控制力。居住、文娱、科研等公共建筑点缀其中，椭圆形的轮廓生成了层次丰富的分支，就像在叶脉清晰的绿叶上颤动的清澈水滴。

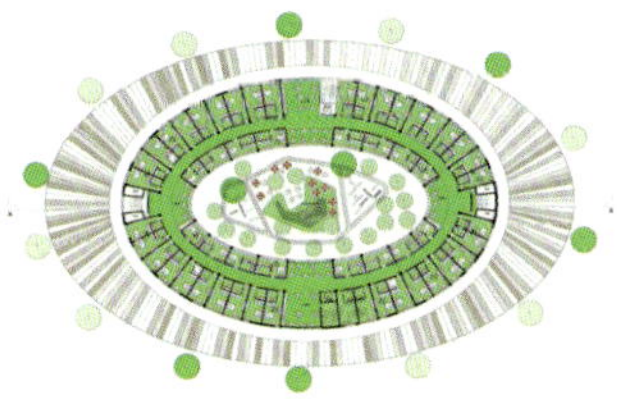

Plan Dormitory 1:400

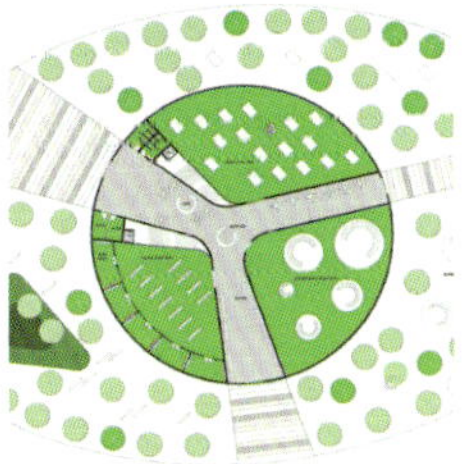

Museum plan 1:250

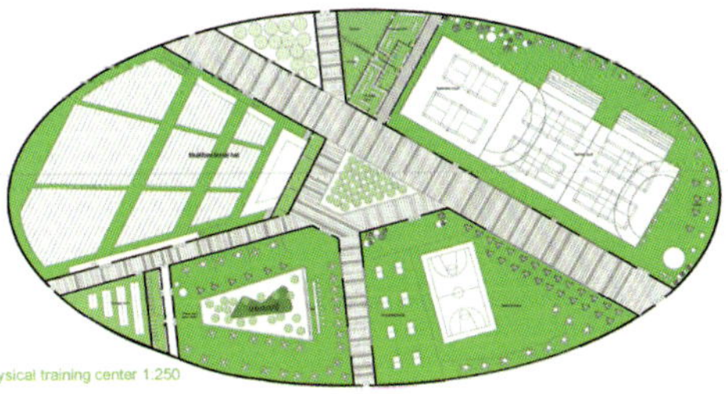

Plan Cultural & physical training center 1:250

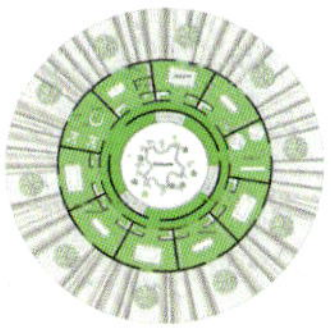

HQ Plan 1:250 1 floor

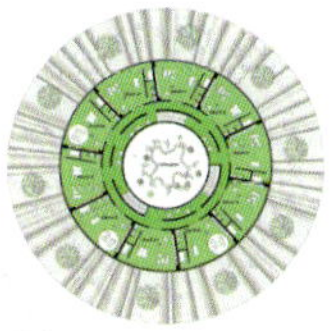

HQ Plan 1:250 2 floor

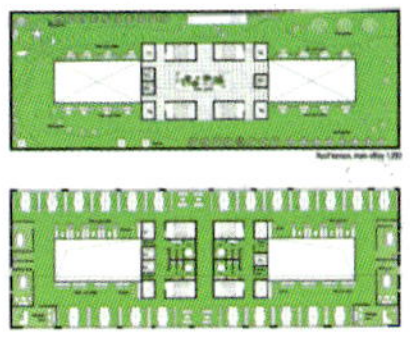

Main office Plan 1:250

Elevation Cultural & physical training center 1:250

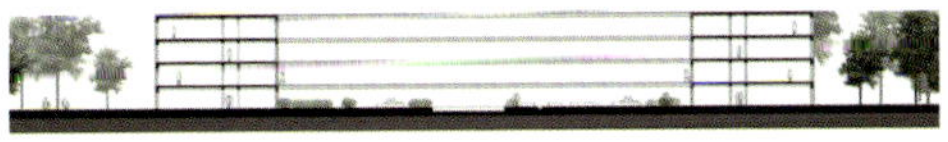

Section and elevation Dormitory 1:400

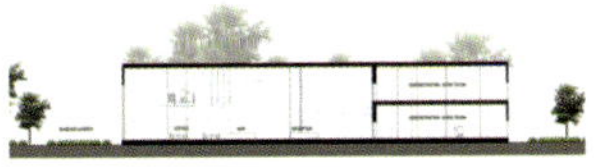

Section and elevation 1:250

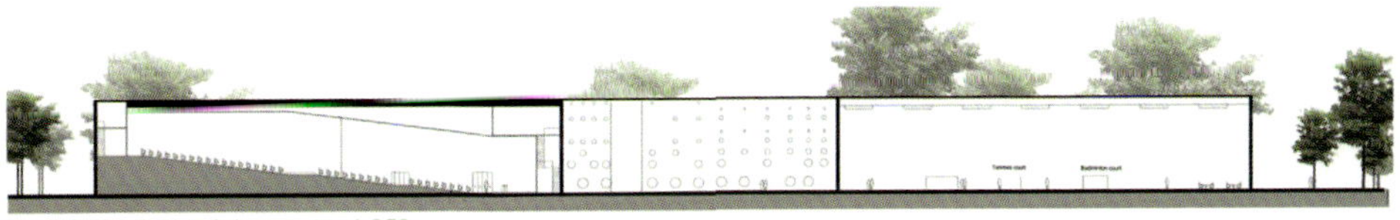

Section Cultural & physical training center 1:250

CHATEAU CHANGYU AFIP CASTLE TOWN

张裕爱斐堡酒庄小镇

建设地点：北京
建筑功能：酒庄、酒店、教堂、休闲等
用地面积：140 000平方米
建筑面积：51 000平方米
设计时间：2010年
项目状态：建成
设计单位：中国中轻国际工程有限公司

在一片冈峦丘陵地带，立于园区，远眺周边，山峦起伏，气象万千。规划设计充分结合现状地形地貌，因势利导。园区划分为：葡萄酒生产展示区、接待休闲区、生态水景区、风景山林区、葡萄园生产区、配套生活区。建筑造型、环境布局、室外景观均围绕“葡萄酒”文化主题展开，注重参观、休闲、活动等动线设计，打造舒适、恬静、内涵丰富的休闲度假园区，体现中西葡萄酒文化特征。

UAN PALACE
Café Magician
Magician

LANGFANG WANDA COLLEGE

廊坊万达学院

项目业主：万达集团
建筑功能：公共建筑
建筑面积：130 000平方米
项目状态：建成

建设地点：河北 廊坊
用地面积：133 333平方米
设计时间：2010年
设计单位：中国中轻国际工程有限公司

项目位于河北省廊坊市，为万达集团员工培训基地。外观效果简洁、时尚，外墙以白色石材为主色调，结合灵活多样的园林、水景营造出清新怡人的学院氛围。园区规划总建筑面积130 000平方米，主要建筑及设施包括教学楼、办公楼、体育馆、展览馆、食堂、宿舍、体育场、运动场等。

UAD 浙江大学建筑设计研究院有限公司
The Architectural Design & Research Institute Of ZheJiang University Co,Ltd

胡慧峰

职　务：院副总建筑师
　　　　建筑创作研究中心主任
职　称：研究员

教育背景
1986年—1991年　浙江大学建筑系建筑学学士
1995年—2000年　浙江大学建筑系建筑学硕士

工作经历
1991年至今　浙江大学建筑设计研究院有限公司

个人荣誉
第九届中国建筑学会青年建筑师奖

主要设计作品
宁波市天一阁博物馆古籍库房扩建工程
中国井冈山干部学院
金华市体育中心
金成竹海水韵南区——荷塘轩、芦花洲组团
嵊泗海洋文化中心
通州区市民中心
宁海县图书馆
杭州江南中学（原杭二中）
杭州安吉路良渚实验学校（原名：杭州良渚劝学里学校）
杭州雅谷泉山庄酒店

王健

职　务：第一建筑设计院院长
　　　　设计总监、副总建筑师
职　称：高级建筑师

教育背景
1989年—1994年　浙江大学建筑系建筑学学士
1998年—2004年　浙江大学建筑系建筑学硕士

工作经历
1994年至今　浙江大学建筑设计研究院有限公司

个人荣誉
第九届中国建筑学会青年建筑师奖
2016年杭州市“131”中青年培养第二层次人才

主要设计作品
苏州沿海国际中心
浙江省疾病预防控制中心
中都青山湖畔·绿野清风组团
青川中学体育馆
万银国际大厦
兰溪人民医院异地扩建工程
杭州国大城市广场
温岭银泰城
台州黄岩客运综合枢纽站

杨易栋

职　务：第七建筑设计院院长
　　　　设计总监、副总建筑师
职　称：高级建筑师

教育背景
1989年—1994年　浙江大学建筑系建筑学学士

工作经历
1994年至今　浙江大学建筑设计研究院有限公司

个人荣誉
中国当代优秀青年建筑师
第五届中国建筑学会青年建筑师奖

主要设计作品
上海大学新校区图书馆
象山丹城教堂
杭州师范大学仓前校区一期工程
中国禄丰侏罗纪世界遗址馆
天凝教堂
唐仲英基金会中国中心
山东师范大学长清湖校区图书馆
杭州新天地E地块
嘉善县博物馆、图书馆
浙江大学紫金港校区西区规划

劳燕青

职　务：建筑专业二所所长
　　　　副总建筑师
职　称：高级建筑师

教育背景
1992年—1999年　大连理工大学建筑系建筑学硕士

工作经历
1999年至今　浙江大学建筑设计研究院有限公司

个人荣誉
中国当代优秀青年建筑师
第十届中国建筑学会青年建筑师奖

主要设计作品
中国井冈山干部学院
浙江加州国际纳米技术研究院大楼
潍坊市委党校
L宅
山东呼叫中心（潍坊）基地
浙江黄龙体育中心室内训练馆
浙江广孚联合国际中心
浙江大学国际联合学院（海宁国际校区）规划
宁波大学科学技术学院迁建工程

地址：浙江省杭州市天目山路148号
　　　浙江大学西溪校区内
电话：0571-85891018
传真：0571-85891080
网址：www.zuadr.com

浙江大学建筑设计研究院有限公司始建于1953年，至今已有六十余年的历史，是国家重点高校中最早成立的六个甲级设计院之一。

设计院现有员工730余名，其中中国工程设计大师1名，享受国务院政府特殊津贴专家1名，中国当代百名建筑师2名，浙江省工程勘察设计大师4名，中国杰出工程师4名，中国建筑学会青年建筑师奖获得者8名。设计院多年来始终坚持走创作路线和精品路线，在各个领域均有大量优秀作品问世，历年来共获得600余项国家、部、省级优秀设计奖、优质工程奖及科技成果奖。

设计院先后获得当代中国建筑设计百家名院、中国勘察设计行业创新型优秀企业、杭州市十佳勘察设计企业、杭州市首批十大产业企业技术创新团队等称号；被认定为浙江省高新技术企业、杭州市十大产业重点企业和杭州市文化和科技融合示范企业(试点)；是第一批国家级工程实践教育中心建设单位；省EPC试点企业，拥有三个院士工作站，取得了较好的社会声誉和经济效益，得到社会各界和建设单位的赞扬和好评。

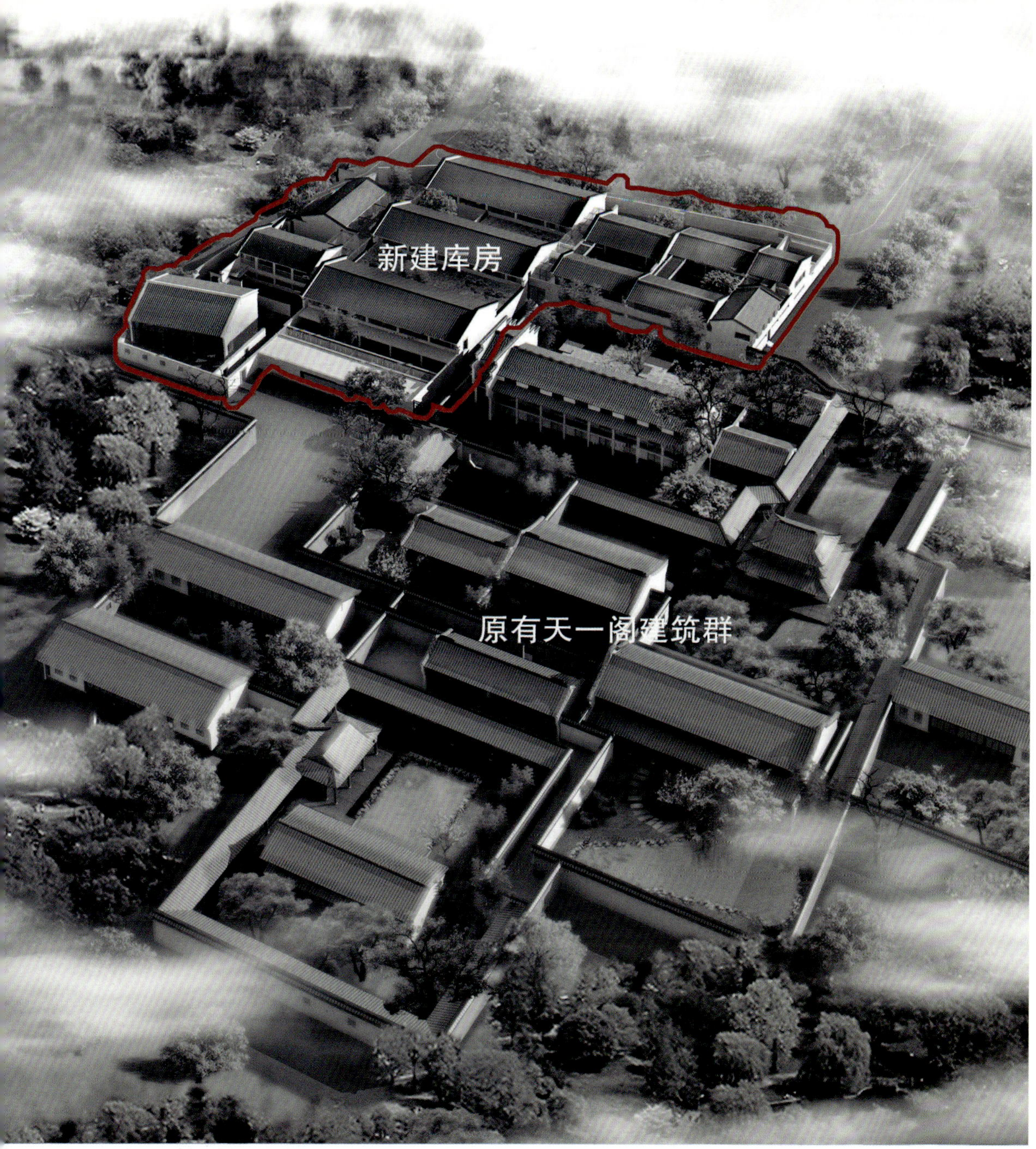

NINGBO TIANYI PAVILION MUSEUM ANCIENT TREASURY EXPANSION PROJECT

宁波市天一阁博物馆古籍库房扩建工程

项目业主：宁波市天一阁博物馆
建设地点：浙江 宁波
建筑功能：古籍库房
用地面积：4 080平方米
建筑面积：3 690平方米
设计时间：2007年
项目状态：建成
设计单位：浙江大学建筑设计研究院
设计团队：胡慧峰、姚冬晖、钱晨
获奖情况：2011年度教育部优秀建筑设计一等奖
第六届中国建筑学会建筑创作奖优秀奖
2013年度全国优秀工程勘察设计行业奖建筑工程二等奖

规划设计承继原天一阁的空间处理手法，以藏书功能为主体，辅助功能、办公功能为两翼，组织三个南北向的院落组合。三个院落平行展开，由“巷道”空间划分出拼贴、并置的空间肌理，作为天一阁建筑群的生长和延续；同时最后一进院落从两侧规划出一条东西向的辅助轴线，与主要的南北向的轴线交错，体现与周边聚落肌理一致的效果。

同时，通过与原博物馆区连接的入口院的缓冲，所有的藏书功能都被安置在中心的主要院落组中，藏书的核心是黄色砂岩的“方城”，立面材料与周边建筑的青砖不同，更加纯净扎实，象征着藏书保护的坚固和安全。“方城”的前端是静谧的水院，呼应了天一阁“天一生水”的主题。

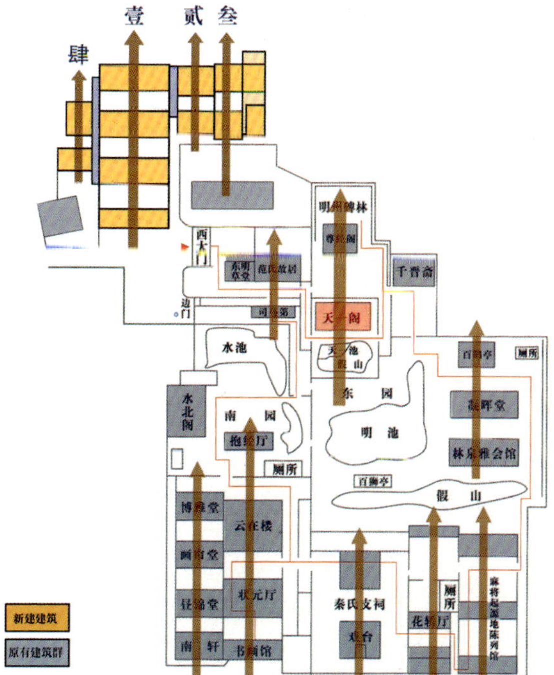

HANGZHOU YAGU RESORT

杭州雅谷泉山庄酒店

项目业主：浙江省旅游集团有限责任公司
建筑功能：五星级酒店
建筑面积：31 363平方米
项目状态：建成
主创设计：胡慧峰、贾中的

建设地点：浙江 杭州
用地面积：68 758平方米
设计时间：2015年3月—2015年11月
设计单位：浙江大学建筑设计研究院有限公司
参与设计：楼正、吕宁、邓悦、吕晓峰等

项目定位为以健康养生为主题的“在地化”精品酒店。

规划设计遵循“尊重自然环境，传承历史文脉”的宗旨，以期达到“自然与人文并重；情景化与合理性共存”。设计从原始地形地貌出发，寻求融于自然环境的平面布局与空间组织方式，运用因借手法，切实做到建筑与景观融为一体。同时，注重研究本土人文和建筑特征，以适宜的构造与技术，表达并传承西湖乃至杭州的地域文化。通过在地化建筑营造手段，实现自然环境与历史人文的连接与共生。

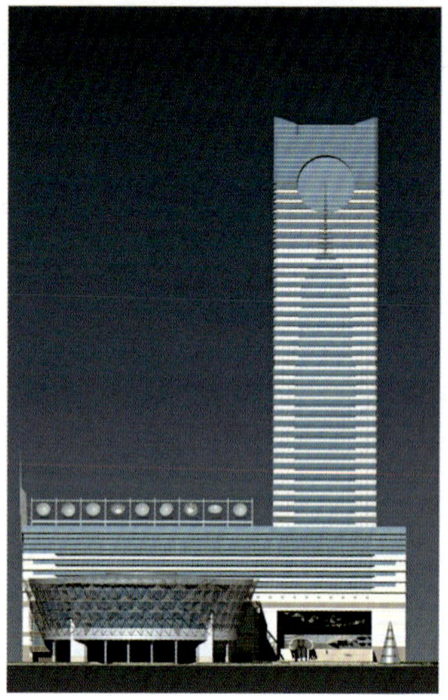

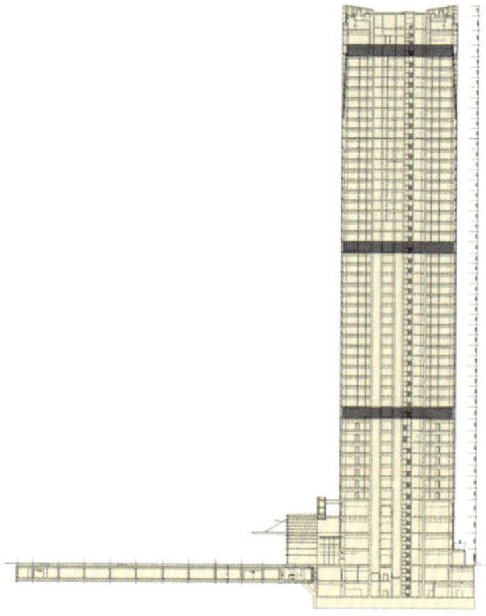

剖面图

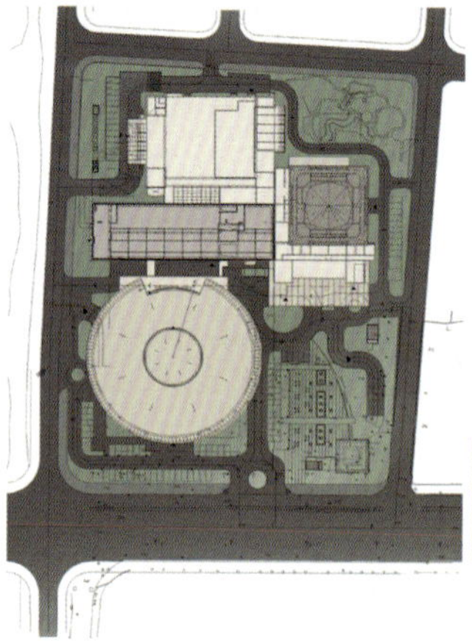

总平面图

SUZHOU COASTAL INTERNATIONAL CENTER

苏州沿海国际中心

项目业主：苏州新发展投资有限公司
建筑功能：酒店、办公、商业
建筑面积：120 000平方米
项目状态：建成
设计单位：浙江大学建筑设计研究院有限公司
设计团队：沈济黄、董丹申、王健、陈帆、陈翔
获奖情况：2011年第六届中国建筑学会创作奖优秀奖
2011年教育部优秀建筑设计二等奖
2011年全国优秀工程勘察设计行业奖建筑工程三等奖

建设地点：江苏 苏州
用地面积：26 000平方米
设计时间：1995年-2007年

苏州沿海国际中心，最初于1995年至2007年按照“苏州商品交易市场”设计，1997年开始建设后因诸多原因在完成部分工程后停建，2007年重新投资并完成修建。

整个项目总建筑面积12万平方米，主要由五星级酒店（万豪酒店）、写字楼、商业相关配套服务设施等组成。

项目设计充分尊重苏州城市的文化传统、场地周边环境的现状与未来发展趋势，合理组织城市空间。运用细部处理手法，含蓄地将最能代表苏州城市形象，亦为苏州人民最为热爱的“虎丘塔”的形影作为传统与地域文化的符号结合到主楼的立面处理中，体现了“月下塔影”的传统文化意境，反映了中国传统文化的神韵。

CENTER FOR DISEASE CONTROL AND PREVENTION, ZHEJIANG

浙江省疾病预防控制中心

项目业主：浙江省疾病预防控制中心
建筑功能：实验、办公
建筑面积：45 000平方米
项目状态：建成
设计单位：浙江大学建筑设计研究院有限公司
设计团队：董丹申、王健、李文驹
获奖情况：2010年浙江省钱江杯优秀建筑设计一等奖
2011年全国优秀工程勘察设计行业奖建筑工程二等奖

建设地点：浙江 杭州
用地面积：26 600平方米
设计时间：2004年—2007年

2003年SARS疫情爆发后，国家对疾控项目进行了重点投入。浙江省疾病预防控制中心是浙江省2004年五大百亿工程之一。

项目主要由实验用房（大量的特殊用途实验室：空气模拟仓、二级生物安全实验室、三级生物安全实验室、洁净动物房、聚合酶链式反应实验室和二恶英实验室等）、综合业务用房等组成。

总体布局体现了节地节能、环境友好的可持续发展理念，单体设计满足了先进高效、功能合理、经济实用、适应未来的需求，在国内省级疾控中心中处于领先地位。

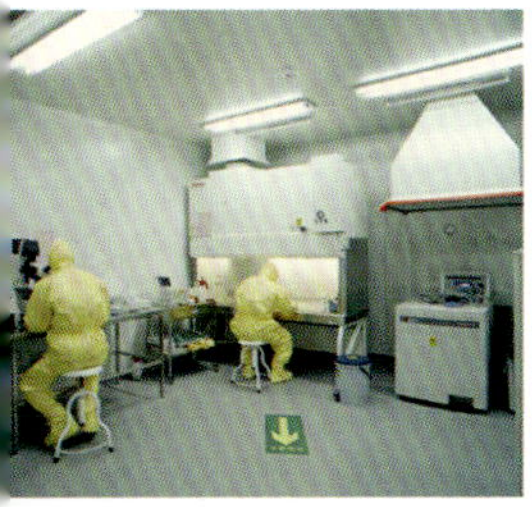

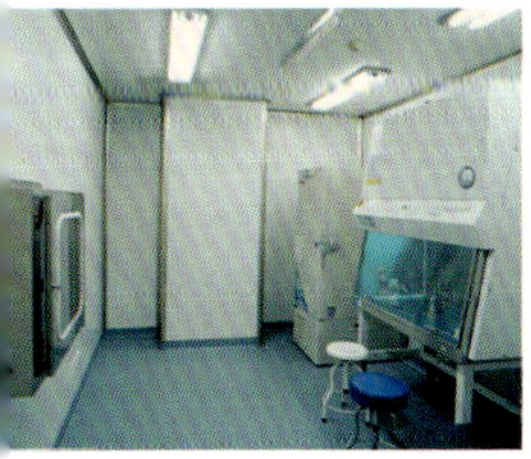

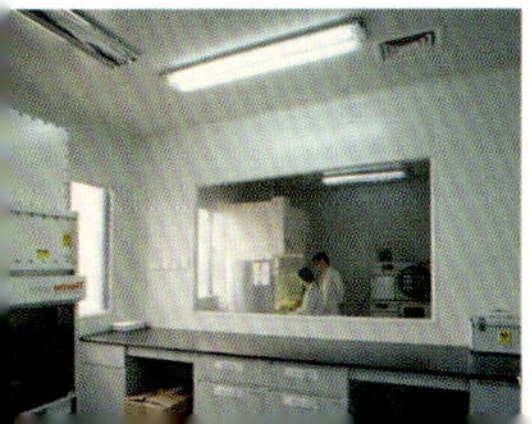

HANGZHOU XINTIANDI E BLOCK

杭州新天地E地块

项目业主：杭州汇庭投资发展有限公司
建设地点：浙江 杭州
建筑功能：办公建筑
用地面积：10 000平方米
建筑面积：69 000平方米
设计时间：2015年4月
项目状态：建成
设计单位：浙江大学建筑设计研究院有限公司
设计团队：杨易栋、滕美芳

项目位于杭州新天地项目北区块，城市主干道石祥路南侧。以两个“L”形平面呼应不规则的用地轮廓，自上而下以退台花园的形式扩出，在五层的高度两个“L”形合拢为一，整体形态如高山深谷，合而不围。

这种立面形态既阻隔了石祥路高架对杭州新天地地块的不利影响，又能使核心区块向北的视线通透开敞，减少了环境的压迫感。从石祥路高架看来，独特的造型既打破了北侧单调平直的围合，也让人印象深刻。

TIANNING CHURCH

天凝教堂

项目业主：天凝基督教堂
建设地点：浙江 嘉善
建筑功能：教堂
用地面积：2 000平方米
建筑面积：1 900平方米
设计时间：2011年
项目状态：建成
设计单位：浙江大学建筑设计研究院有限公司
设计团队：杨易栋、林再国

天凝教堂坐落于浙北的一个小镇，周边是大家熟悉的中国村镇民居。设计的关注点在于如何将西方宗教与东方文化相融合，通俗地说是寻求一个带有东方味道的教堂。

在进入教堂前，设计师精心设计了它的入口流线，原本几步可达的距离被刻意延长，壁、廊、堂等东方传统的空间序列以及行进路线上的光影明暗加深了人们的体验，使得大家对进入教堂充满了期待。

除了传递宗教信息的虚实十字符号，教堂更多地使用当地建筑语言，镂空的砖墙、细腻的砖雕、盈盈的瓦片……这些江南的特征被很好地嫁接起来，教堂似乎原本便生长于此。

SHANDONG CALL CENTER (WEIFANG) BASE OFFICE AREA

山东呼叫中心(潍坊)基地办公区

项目业主：万声信息产业有限公司
建筑功能：办公、餐饮、酒店
建筑面积：122 367平方米（含公寓）
项目状态：建成
设计团队：劳燕青、马迪
获奖情况：2017年教育部优秀建筑工程设计二等奖

建设地点：山东 潍坊
用地面积：66 667平方米
设计时间：2008年9月—2009年6月
设计单位：浙江大学建筑设计研究院有限公司

山东呼叫中心(潍坊)基地是一个包含了办公、生活、住宿、餐饮、休闲等功能的产业综合体。

设计将整个园区整合为办公和生活两大功能区，办公又适当拆分为工作、商务两大综合楼。将相同属性的功能聚集，并沿基地外围分散布置，在中心位置围合成一个约60米×200米的中央绿园。

为了满足运营的灵活性和独立性，设计在办公区建筑体量处理上又“化整为零”，采取了单元“盒子”自由组合的“群构”理念，组成“盒子群”，“盘踞”在底层平台之上。最终形成了八组建筑，有效满足了面积分解的需求，也避免了庞大建筑体量所造成的压迫感与笨重感。

WEIFANG MUNICIPAL PARTY SCHOOL TEACHING ADMINISTRATIVE GROUP

潍坊市委党校教学行政组团

项目业主：潍坊市规划局
建设地点：山东 潍坊
建筑功能：教学
用地面积：476 002平方米
建筑面积：22 883平方米
设计时间：2007年9月—2008年4月
项目状态：建成
设计单位：浙江大学建筑设计研究院有限公司
设计团队：董丹申、劳燕青、颜慧、彭荣斌、吴震陵
获奖情况：2012年浙江省建设工程钱江杯奖（优秀勘察设计）综合工程一等奖
2013年全国优秀工程勘察设计行业奖建筑工程公建二等奖

潍坊市委党校新校区地处潍坊市昌乐县。设计以“宜隐不宜显、宜敞不宜闭、宜庄不宜谐”为理念，意图使建筑以一种谦逊从容的姿态与自然环境相融合。

教学行政组团总体布局均衡而自由。教学区以校前广场为中心，南侧教学楼形成三个内院，东向以敞廊方式与东侧冲沟景观沟通。北侧图书馆两翼45度斜向打开，呼应远处东北方向的三角绿岛。教学服务楼游离于教学区，且和图书馆遥相呼应。

建筑朴素而端庄，以二、三层为主，立面对应经典的三段式。屋顶红瓦四坡，形态舒展大方。外墙采用土黄色的砂岩，呼应了此地的黄土地。

安徽省建筑设计研究院股份有限公司
Anhui Provincial Architectural Design and Research Institute Co.,Ltd

黄伟军

职　　务：方案创作所所长
职　　称：高级工程师
　　　　　国家一级注册建筑师

教育背景

1997年—2002年　合肥工业大学建筑系建筑学学士
2002年—2005年　合肥工业大学建筑系建筑学硕士

工作经历

2005年至今　安徽省建筑设计研究院股份有限公司

个人荣誉

中国邮政储蓄银行合肥后台服务基地
后勤服务中心（辅助生产楼）　荣获：2015年安徽省土木建筑学会第一届建筑创作奖公共建筑三等奖
芜湖国际会展中心二期展馆　荣获：2015年安徽省优秀工程勘察设计行业奖建筑工程一等奖
芜湖国际会展中心二期综合会议中心　荣获：2015年安徽省优秀工程勘察设计行业奖建筑工程二等奖
繁昌县青少年活动中心、文化馆　荣获：2015年安徽省优秀工程勘察设计行业奖建筑工程二等奖
繁昌县影剧院　荣获：2015年安徽省优秀工程勘察设计行业奖建筑工程三等奖
繁昌县图书馆　荣获：2015年安徽省优秀工程勘察设计行业奖建筑工程二等奖
金寨县八月桂花遍地开红色歌曲（文化）纪念馆　荣获：2016年方案竞赛专业组金奖
刘铭传纪念馆　荣获：2017年安徽省土木建筑学会第二届建筑创作奖公共建筑一等奖
合肥新四中规划及建筑设计·风雨操场　荣获：2017年安徽省土木建筑学会第二届建筑创作奖公共建筑一等奖
滨湖新区单元六第一小学　荣获：2017年安徽省土木建筑学会第二届建筑创作奖公共建筑二等奖
岳西县四馆一中心工程　荣获：2017年安徽省土木建筑学会第二届建筑创作奖公共建筑三等奖
滨湖新区核心区第二小学　荣获：2017年安徽省土木建筑学会第二届建筑创作奖公共建筑三等奖

主要设计作品

中国五矿合肥基地
中国邮政储蓄银行合肥后台服务基地
岳西县四馆一中心工程
刘铭传纪念馆
朱修力艺术馆
合肥市公安局业务技术用房
合肥滨湖方兴社区中心
六安市第二中学河西校区
合肥滨湖核心区第二小学
合肥新四中
巢湖市第二中学
合肥一六八玫瑰园学校东校区
合肥一六八新桥学校
合肥特殊教育中心北校区
合肥老年大学及老干部活动分中心
新站高新区北航合肥科学城设计
合肥新站区磨店家园住宅小区
合肥滨湖新区书香门第住宅小区

地址：安徽省合肥市九华山路一号
电话：0551-63474931
传真：0551-63446653
网址：www.aadri.com
电子邮箱：46435553@qq.com

安徽省建筑设计研究院股份有限公司(Anhui Provincial Architectural Design and Research Institute Co.,Ltd，简称：AADRI)是由成立于1952年的安徽省建筑设计研究院改制成的国有控股股份有限公司，是安徽省内成立最早、规模最大的国家甲级综合性建筑设计院，具有建筑工程设计甲级、工程咨询甲级、工程监理甲级、一类审图机构、城市规划甲级、电力行业专业及人防工程乙级、工程造价咨询乙级等资质。承接省内外各类民用和工业建筑的设计、工程建设可行性研究、城市设计、控制性详细规划和修建性详细规划、景观设计、工程技术咨询、工程监理等业务。

建院60多年来，公司遵循“适用、经济、安全、美观”的设计方针，精心设计、竭诚服务，创作了一批构思新颖、功能合理、技术先进的优秀勘察设计作品，获省、部级优秀设计奖192项；省、部级科技进步奖、自然科学奖11项；公司在医院、城市综合体、文教体育、居住区规划和住宅单体等专项设计中积累了丰富的经验，形成了自己的特色产品。

YUEXI COUNTY FOUR MUSEUM NO 1 CENTRAL PROJECT

岳西县四馆一中心工程

项目业主：岳西县重点工程建设管理局
建筑功能：文化建筑
建筑面积：34 756平方米
项目状态：在建
设计团队：黄伟军、左玉琅、王博、陈亮
获奖情况：2017年安徽省土木建筑学会第二届建筑创作奖公共建筑三等奖

建设地点：安徽 岳西
用地面积：31 971平方米
设计时间：2014年—2015年
设计单位：安徽省建筑设计研究院股份有限公司

设计从岳西的自然风貌、风土人情、文化历史等方面着手，凝练出山水新韵、红色基石、文化方舟的设计理念，将岳西秀丽山色加以抽象和再现，形成气势恢宏、刚劲稳重、舒展动感的整体形象。交错倾斜的屋面与墙体、厚重的岩石外墙肌理、延续到地面的屋顶草坡，共同构筑一幅起伏的山岚画卷在衙前河畔展开。

博物馆建筑居于建筑群核心位置，极具雕塑感、充满张力和动势的建筑形态象征着岳西县优秀的革命历史传统，谱写了红色新篇章。鲜明的设计理念体现了岳西县秀丽的山水风光、光辉的红色革命传统和绿色的未来发展方向。

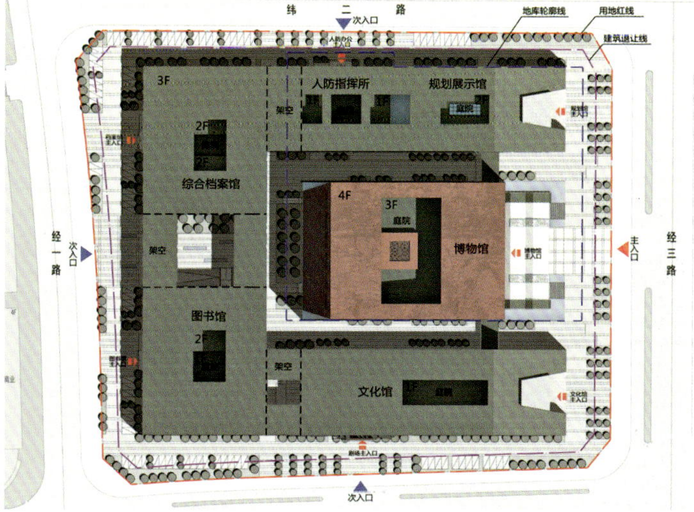

空间构思

空间特色——多级空间，多纬场所

各单位在严谨、精密、内敛的建筑表象内，设置一系列大小不一、高度不一、位置不一的庭院空间，模糊了室内外的空间界限，在室内外交界处营造出清新的自然环境，建筑与自然景色之间随处发生因借转换。

LIU MINGCHUAN MEMORIAL HALL

刘铭传纪念馆

项目业主：肥西县文化广电新闻出版局
建设地点：安徽 合肥
建筑功能：展览展示
用地面积：20 685平方米
建筑面积：6 516平方米
设计时间：2014年—2015年
项目状态：在建
设计单位：安徽省建筑设计研究院股份有限公司
设计团队：黄伟军、左玉琅、姚茂举、曹伟、吴克勤
获奖情况：2017年安徽省土木建筑学会第二届建筑创作奖公共建筑一等奖

建筑“情”寄山水，依势筑台，构筑与地形完美结合的纪念高台，打造渐行渐近的瞻仰空间，提供观看江淮山水、乡间风貌的多重视角。以极具安徽江淮地区特色的纪念馆“水院”空间为中心沟通与刘铭传故居、台湾、墓地三个方向的空间联系，形成串联刘铭传一生的特色缅思空间。

造型设计凸显江淮地域风韵，以名人故里的民居形式为依托，以现代纪念空间需求为内核，形成由表及里的纪念氛围，以表达刘铭传“名”扬江淮，造福两岸的卓越功勋。

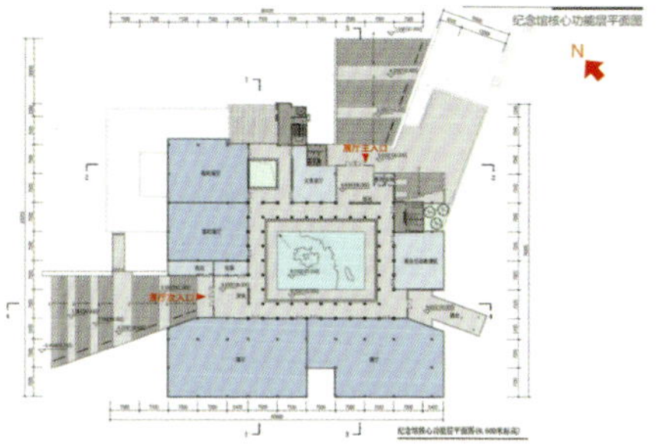

纪念馆核心功能层平面图

东北立面图（主入口立面图）

西北立面图（次入口立面图）

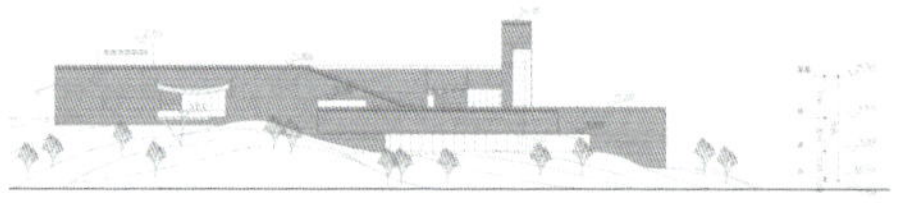

东南立面图

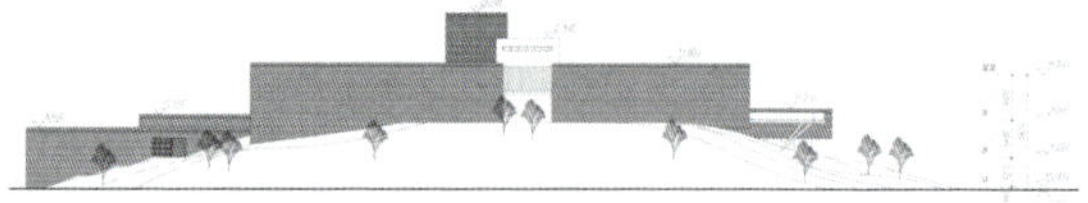

西南立面图

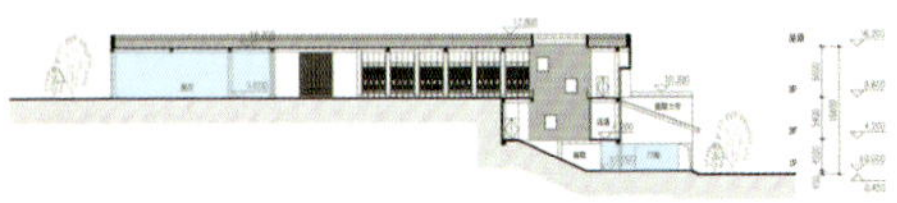

1-1剖面图

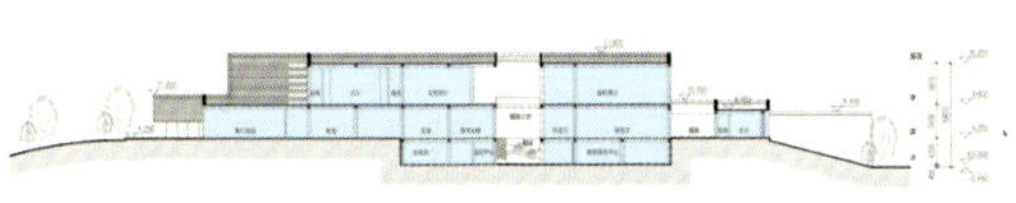

2-2剖面图

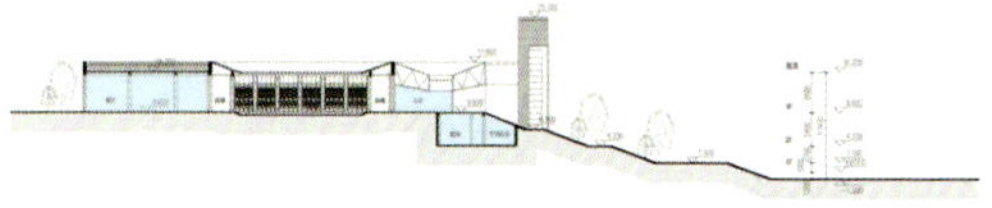

3-3剖面图

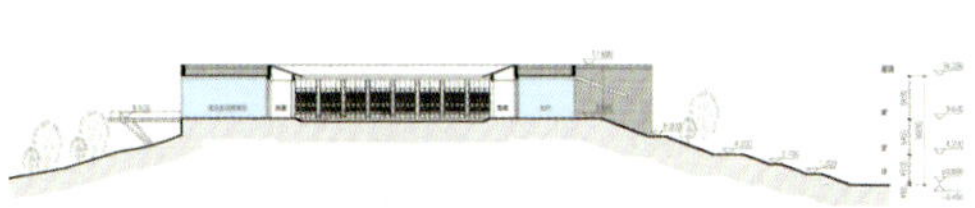

4-4剖面图

"AUGUST SWEET-SCENTED OSMANTHUS EVERYWHERE" RED SONG MEMORIAL HALL

《八月桂花遍地开》红歌纪念馆

项目业主：金寨县政府
建设地点：安徽 金寨
建筑功能：展览展示
用地面积：24 288平方米
建筑面积：4 988平方米
设计时间：2016年
项目状态：方案
设计单位：安徽省建筑设计研究院股份有限公司
设计团队：黄伟军、刘睿、何路路、赵振
获奖情况：2016年方案竞赛专业组金奖

金寨县有“将军县”之称，是《八月桂花遍地开》歌曲的发源地。用地位于已规划的桂花公园西北部，东侧紧邻“桂子月中落”主题广场。

特殊的山地地形及周边环境，以“归隐于环境、突显其主题”为构思出发点，形成“绿色大地、红色乐章”的设计主题，以水平舒展、生动流畅的形体融入环境之中，以连续的叙事性外部空间与公园主题广场构建完整的诠释体系。消解建筑体量，形成几片随山体浮动、富有音乐特质的红色片墙。

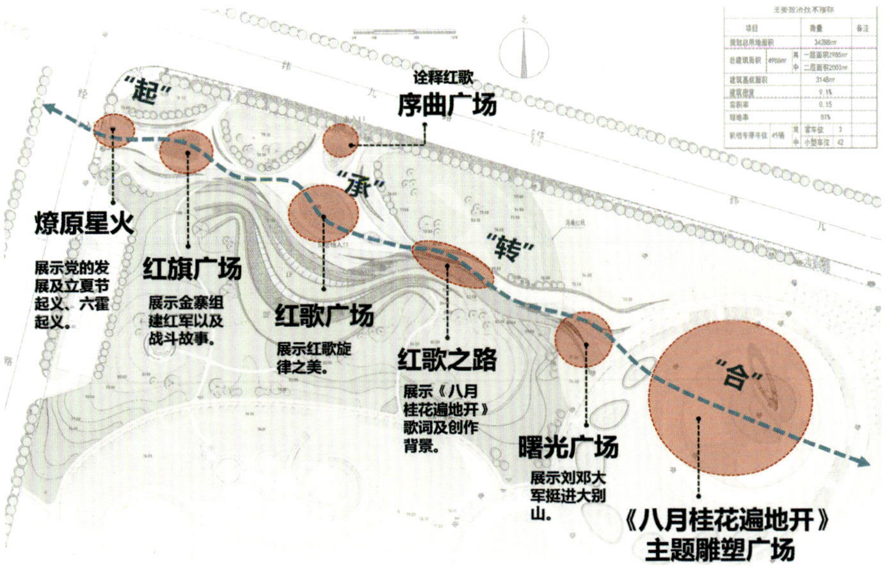

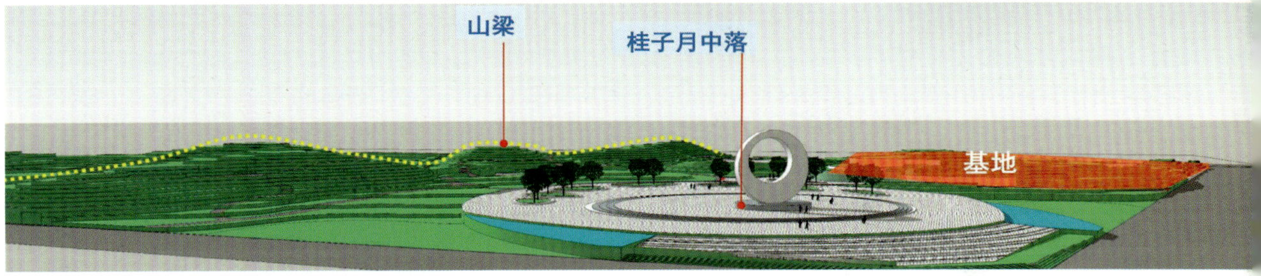

BINHU NEW AREA CORE DISTRICT SECOND PRIMARY SCHOOL

滨湖新区核心区第二小学

项目业主：合肥市滨湖新区建设投资有限公司
建筑功能：教育建筑
建筑面积：24 419平方米
项目状态：建成
设计单位：安徽省建筑设计研究院股份有限公司
设计团队：黄伟军、吴克勤、唐剑
获奖情况：2017年安徽省土木建筑学会第二届建筑创作奖公共建筑三等奖

建设地点：安徽 合肥
用地面积：28 538平方米
设计时间：2014年

学校引入“博雅趣情”的校风，“博”体现在外部空间的多义性，读书不止在教室中进行，每个外部空间都有教学的可能；“雅”体现在建筑的韵律、景观的雅致，增强校园的场所精神；“趣”即趣味，视线的通透性增加了景象的丰富度，建筑进深感强，人与人有水平方向的交流，亦有垂直方向的交流，可以带来无限欢乐；“情”即怡情、情操，借助多维度、多形式的空间设置培养孩子乐观、积极向上的人格魅力。

设计密切结合外部环境与场地条件，以一个开放的公共院落+两个半开放下沉院落为核心，通过底层架空和楼层的公共空间设置形成富有乐趣的校园空间环境。

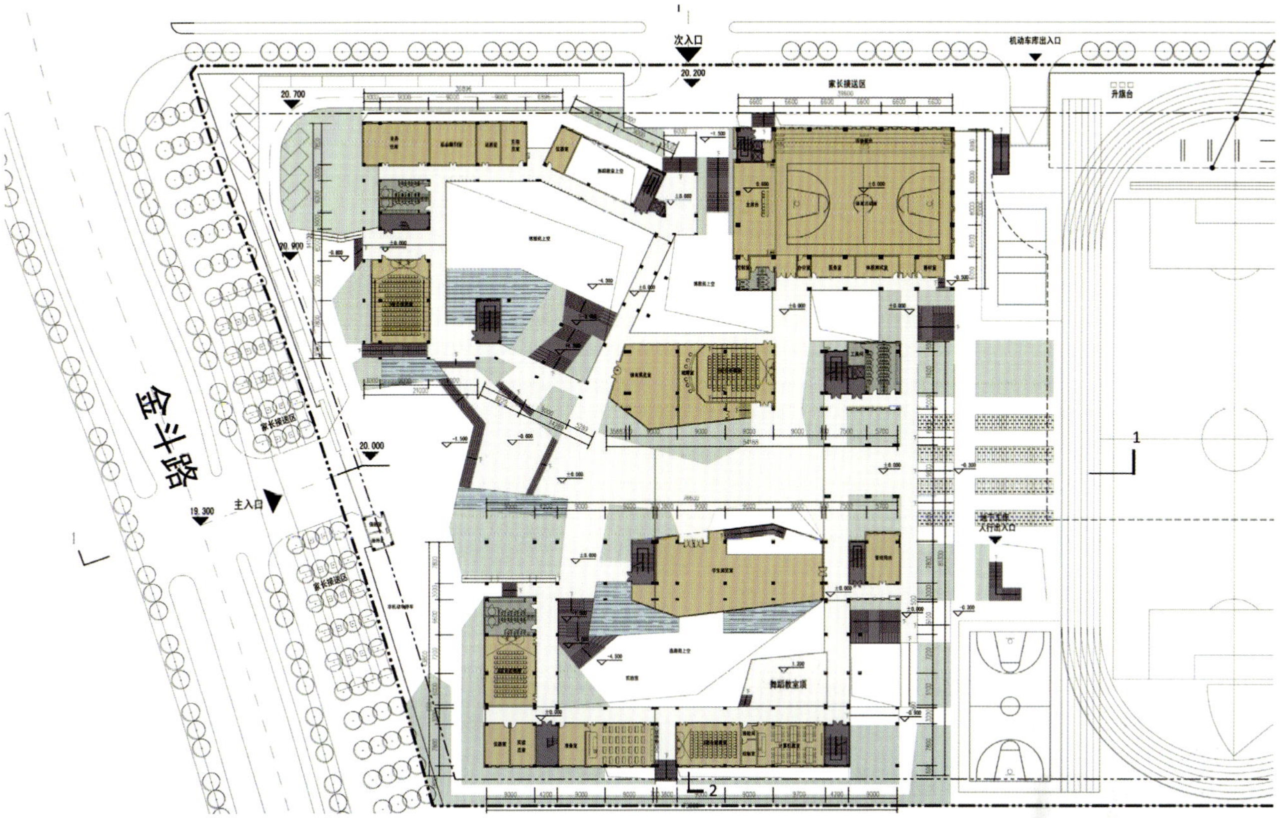

次入口
金斗路
主入口

HEFEI ELDERLY COLLEGE AND VETERAN ACTIVITIES SUB - CENTER

合肥老年大学及老干部活动分中心

项目业主：合肥老年大学
建设地点：安徽 合肥
建筑功能：教育建筑
用地面积：16 043平方米
建筑面积：36 500平方米
设计时间：2017年
项目状态：方案
设计单位：安徽省建筑设计研究院股份有限公司
设计团队：黄伟军、王博、邱永恒、吴克勤、邹凡

设计围绕营造“阳光、绿色、健康”的建筑环境展开。分析基地环境，建筑采用“C”形布局，打开东南街角方向光口，在场地中央获得一处充满阳光的花园。

花园设计符合老年活动的活动类型与行为特征，以舒适的坡道串联各类户外活动场所，满足可亲、可达的安全、舒适的环境；针对老年人寄情社交、静中求闹的心理需求，在建筑内部环绕中心花园的建筑边界设置中庭、边院、屋顶平台等共享空间。

在中心花园以富有安徽地域特色的小体量建筑、镂空片墙，打造“老生活”的闲适生活场景，开启生活记忆，寄托渐逝乡愁，从整体到细节、从自然环境到生活场景处处体现出对老年人的人情关怀，营造一处老年人的专属园地。

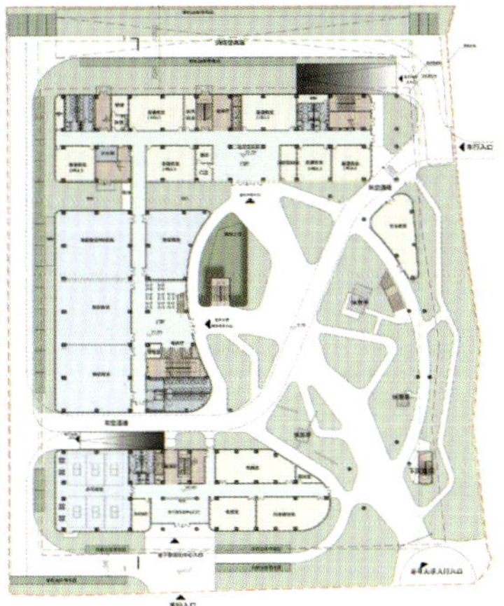

一层平面图

二层平面图

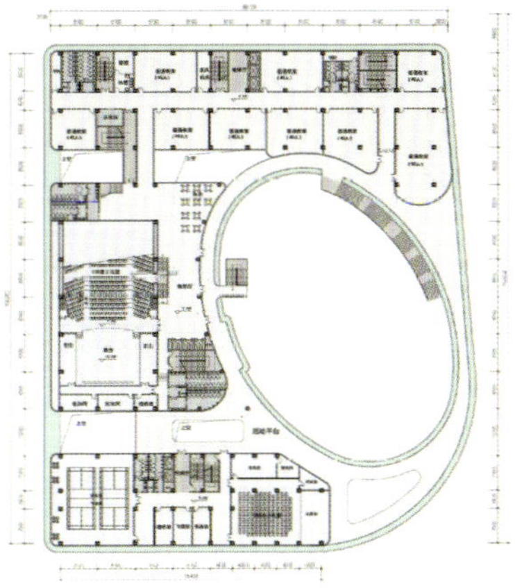

三层平面图

四层平面图

五层平面图

设计构思——总体布局构思：生成过程——结合实际、逻辑明确、富有特色

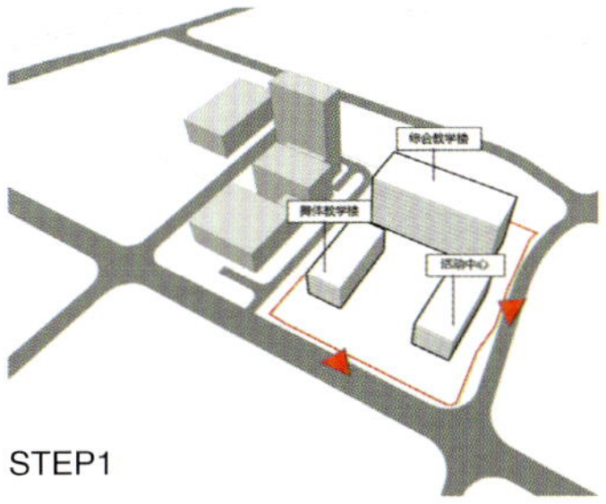

STEP1

根据基地情况和建设要求，确定出入口和建筑体量。

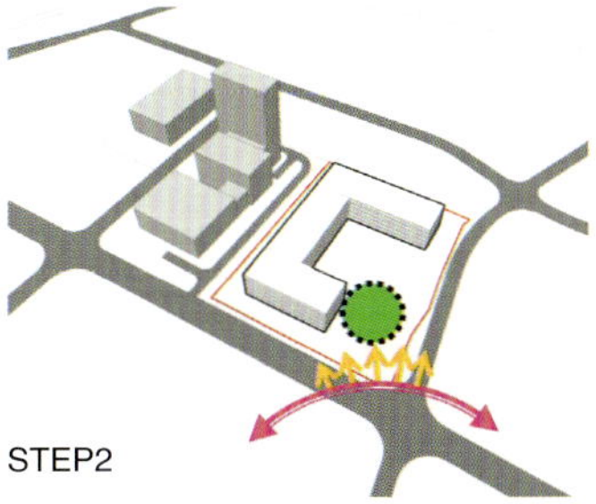

STEP2

采用“C”型布局，释放东南部场地，形成绿色共享花园，在呼应城市空间的同时，将阳光最大化地引入基地内部。

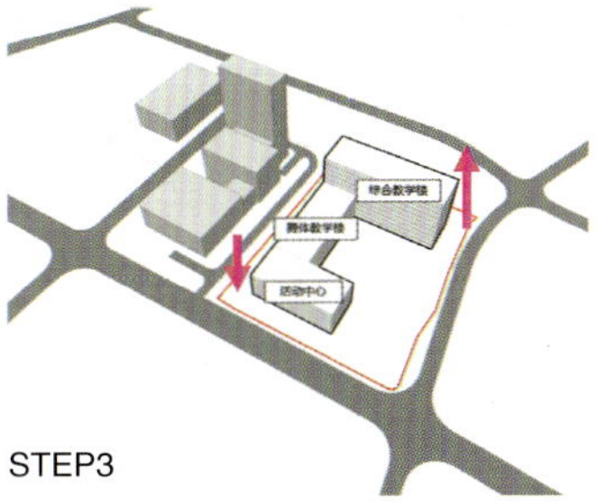

STEP3

根据日照和城市形象的分析，形成南低北高的建筑布局。

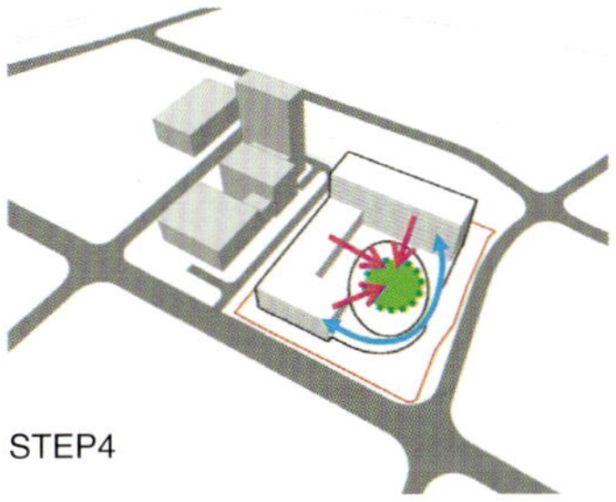

STEP4

通过架空连廊将建筑连为有机体，同时优化庭院形态，形成中心花园。

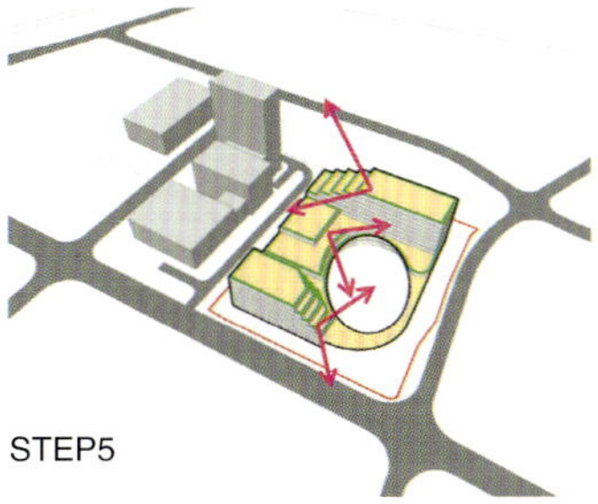

STEP5

进一步优化建筑形体，打造退台式屋顶平台，营造多重阳光活动空间。

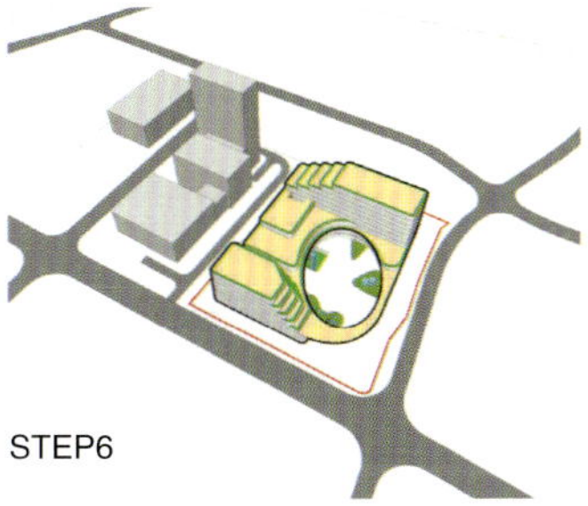

STEP6

结合老年人的精神特性，将建筑柔化处理，呈现优美流畅的建筑造型，植入具有地域特色的下沉庭院及小品建筑。

设计构思——交通设计：人车分流，打造安静、安全、舒适的内部环境

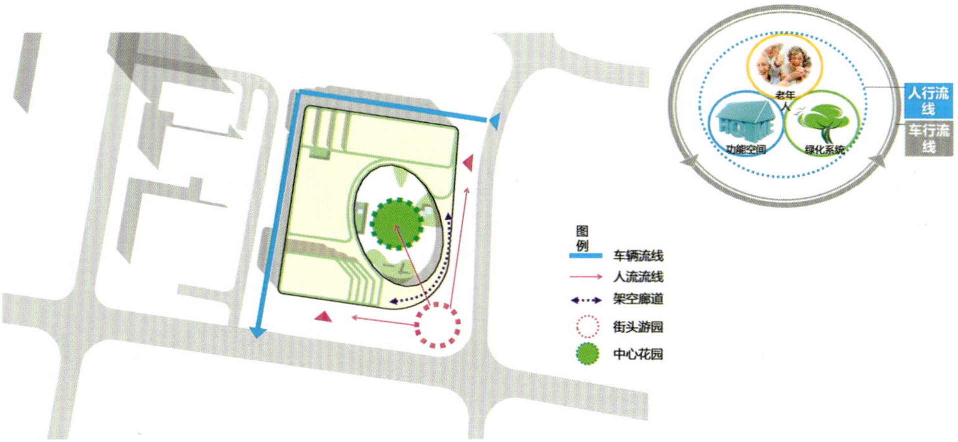

设置在基地南侧和东北部的两个主入口联系西侧和北侧的车道，地面停车、车库出入口、建筑的辅助入口沿车道布置。将车行交通控制在用地外围，场地内部获得安静、安全、舒适的人行空间。

在用地东南部街角设置街头公园，穿过架空廊道与内部中心花园连为一体，打造共享的城市客厅。

设计构思——功能布局：根据使用功能，布局科学高效

设计构思——建筑形体：打造水平舒展、形态丰富，天际线优美的有“爱”的校园建筑

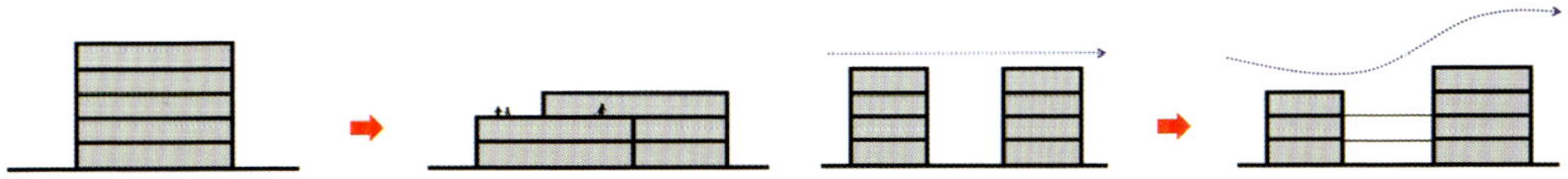

单一的建筑形体，垂直建筑　组合的建筑形体，水平建筑　单调的建筑轮廓　富有变化的建筑轮廓

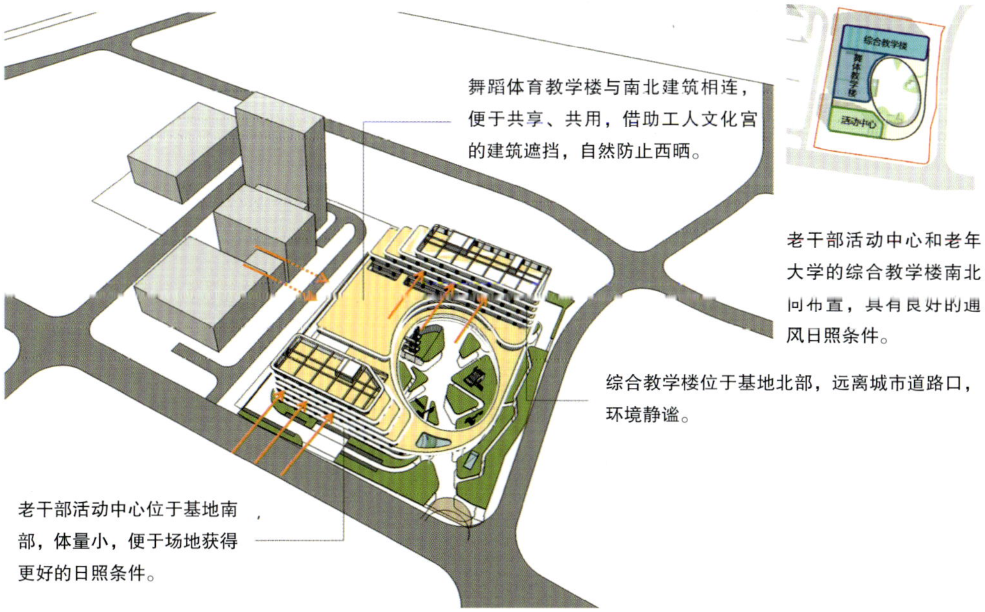

舞蹈体育教学楼与南北建筑相连，便于共享、共用，借助工人文化宫的建筑遮挡，自然防止西晒。

老干部活动中心和老年大学的综合教学楼南北向布置，具有良好的通风日照条件。

综合教学楼位于基地北部，远离城市道路口，环境静谧。

老干部活动中心位于基地南部，体量小，便于场地获得更好的日照条件。

ARCHITECTS

胡曼莹

职务： 广东省建筑设计研究院深圳分院副总建筑师
国际设计中心IDC总建筑师
ITDP中国区城市设计顾问(美国非营利机构)
GPAA广州公共艺术家协会战略发展中心专家成员
广东省留学人员联谊会理事

职称： 高级建筑师

教育背景

2006年毕业于巴黎ENSAPB城市设计硕士，至今从事建筑设计及城市设计。曾就职于巴黎城市规划院（APUR），参与巴黎地区的公共自行车“VELIB”项目及巴黎18区“GARE DES MINES”工业区改造项目的设计。本着“用心设计建筑”的理念担任广州市猎德村旧村改造项目主创建筑师，并主创多个城市综合体和TOD项目。

自2009年加入美国ITDP非营利机构后，除进行城市项目咨询工作和组织可持续理念的公益性学术论坛外，更致力于推行“TOD——以行人和公交导向为发展的模式”的可持续城市设计及发展理念。

2011年游学于英国剑桥，曾被美国Wilson Center邀请到华盛顿讲座，被德国外交部邀请到柏林和汉堡进行可持续建筑交流，被南加州大学作为邀请讲师对广州的城中村进行研究讲座，2017年被Asia Pacific Rail机构邀请到中国香港会展中心就TOD发展项目进行演讲，同年被Mobilize主委会邀请到智利首都圣地亚哥参加国际性可持续发展会议，并以“从保障性用房到包容性发展”为主题进行演讲，宣传珠三角城市的优秀案例和先进政策理念。

个人荣誉

被《房地产导刊》评为2015年中国城市可持续发展动力“金钻奖”年度最具影响力十大创新卓越贡献设计师

被《a+u》杂志评为“当代华人建筑师英杰”

华润小径湾花园一期（观海轩11-19号）荣获：全国优秀工程勘察设计行业奖住宅与住宅小区一等奖

招商地产金山谷（The Hills）荣获：联合国人居署颁发的“可持续人居奖最佳范例”、全国优秀工程勘察设计行业奖住宅与住宅小区二等奖、全国人居经典建筑规划设计方案竞赛综合大奖、最佳低碳社区奖

猎德村旧村改造项目荣获：全国优秀城乡规划设计三等奖

GDAD　IDC 國際設計中心 INTERNATIONAL DESIGN CENTER

广东省建筑设计研究院深圳分院，是广东省建筑设计研究院规模最大、绩效最好的全资分支机构，以“一流技术、一流质量和全方位的技术服务”为宗旨，以“设计增创价值”为使命，力求在客户、员工与社会之间建立和谐及可持续发展的关系。

地址： 广东省广州市天河区珠江新城金穗路3号
汇美大厦9楼901
电话： 020-28062868
传真： 020-28062869
网址： www.gdadri.com
电子邮箱： szgdadri@163.vip.com

国际设计中心（IDC-International Design Center），拥有来自中国、法国、英国、美国、西班牙、澳洲等海内外的创意建筑师及城市设计师，设计团队拥有深刻的建筑情怀，本着用心设计的理念，希望以国外的教育背景和视野结合国内的国情和地域文化，创作属于中国的建筑。多年来，胡曼莹带领IDC团队从事中高端项目的前期策划和方案创作，并有多个项目从方案概念设计到实施完成全过程设计并投入使用，涉及的建筑类型包括：生态及人文居住小区项目，大型TOD综合体项目（包括星级酒店、办公、公寓、商业街、Shopping Mall等），TOD模式交通枢纽商业综合体，结合城市空间创造人性化尺度的旧城、旧村改造项目等。

国际设计中心（IDC）成员

胡曼莹：副总建筑师、城市设计咨询专家、IDC总建筑师
2006年 法国巴黎美丽城国立高等建筑学院城市设计硕士
曾任职于巴黎城市规划院（APUR）

林贝贝：总建筑师助理
2010年 新南威尔士大学建筑学硕士

IVAN BLASCO GRANDE：主创建筑师（西班牙国籍）
2012年 法国巴黎美丽城国立高等建筑学院城市设计硕士

罗洁莹：主创建筑师
2013年 英国利物浦大学城市设计硕士

吴佳琪：主创建筑师
2013年 英国斯克莱德大学高级建筑研究硕士

刘　超：主创建筑师
2013年 安徽理工大学建筑学学士

杨借鉴：创意建筑师
2014年 英国诺丁汉大学建筑学硕士

谈　桢：创意建筑师
2013年 南昌大学建筑学学士

邹天航：主创建筑师、IDC组长助理
2014年 英国谢菲尔德大学城市设计硕士

马千程：主创建筑师、副主任建筑师
2014年 哥伦比亚大学高级建筑设计硕士

李惠子：主创建筑师
2014年 中国矿业大学建筑学学士

黄维宇：创意建筑师
2015年 英国斯克莱德大学高级建筑研究专业研究生

THE HILLS

金山谷

项目业主：招商地产
建筑功能：居住建筑
建筑面积：667 000平方米
项目状态：建成
设计团队：国际设计中心
获奖情况：全国优秀工程勘察设计行业奖住宅与住宅小区二等奖
联合国人居署颁发的“可持续人居最佳范例奖”（国内第一次获此国际大奖）
全国人居经典建筑规划设计方案竞赛综合大奖
最佳低碳社区奖

建设地点：广东 广州
用地面积：600 000平方米
设计时间：2005年
设计单位：广东省建筑设计研究院深圳分院

金山谷花园致力于生态建筑设计，在规划设计中，充分利用山体及基地外丰富的湿地系统、森林生态系统，并结合其他地块的生态设计，使地形、溪流、植被、鸟类与其他野生态的活动路径及栖息地等都有连续性，旨在创造一条整合三块地的“生态走廊”。

项目同时结合“OPL”(One Planet Living)的十项原则进行规划设计。以绿色生态小区来赢得市场的认同，进一步延续招商“绿色地产”的品牌。小区规划尽量保留山顶的原始植被，形成原生态的山顶森林，同时保护用地中有价值的树木，形成林中小屋和树下人家的写意生活。

设计中在以下7个方面体现了OPL理念的10大原则：

①零碳排放；②零废物和持续水资源利用；③可持续的交通系统；④本地、可持续的材料；⑤保护生物资源；⑥传承文化；⑦公平贸易及健康愉快地生活。

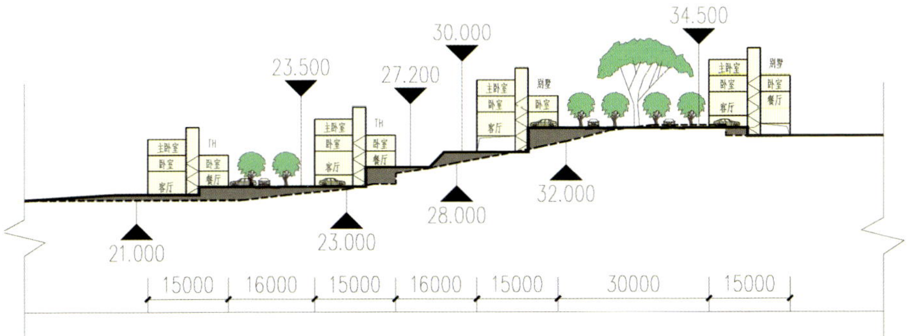

剖面示意图

NO.11-19 PARK LANE HARBOR HOUSE

华润小径湾花园一期（观海轩11-19号）

项目业主：华润置地
建设地点：广东 惠州
建筑功能：居住建筑
用地面积：24 000平方米
建筑面积：28 000平方米
设计时间：2012年
项目状态：建成
设计单位：广东省建筑设计研究院深圳分院
设计团队：国际设计中心
获奖情况：全国优秀工程勘察设计行业奖住宅与住宅小区一等奖

项目位于广东惠州小径湾，超长的海岸线让沿线布置的建筑拥有得天独厚的无敌海景。设计旨在通过连续的曲线和大量的窗户达到新颖时尚的造型效果，为加强室内与大海的交流，所有的居住空间沿着连续的线性阳台布置。

客厅、餐厅、厨房、书房按顺序排列以达到获得一线海景的最大化的效果，主要生活空间层层退台形成连续的线性阳台布置，增大每户的活动空间，而且将每个房间有序地连接一起，形成丰富、有趣的微循环空间。另一方面，宽敞的阳台能充当环境的过滤器，起到为房间遮阳挡雨的效果。

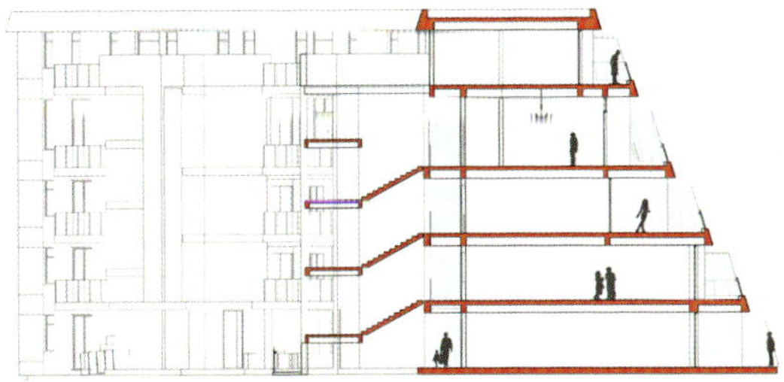

立面分析（图二）

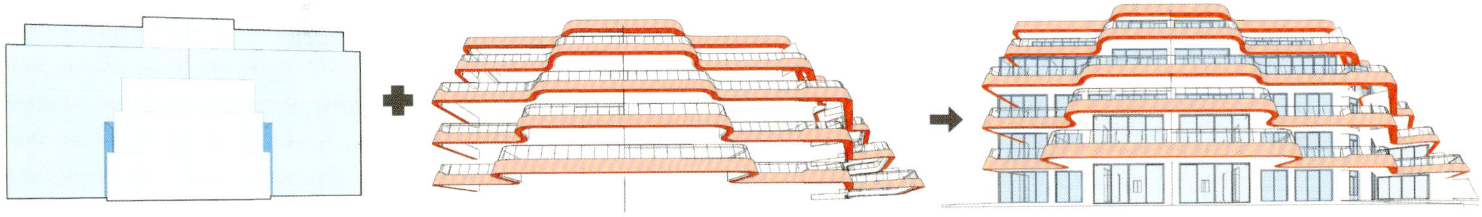

立面分析（图一）

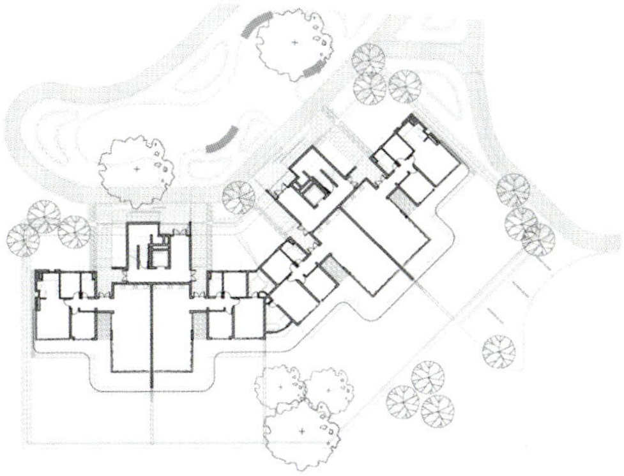

总图＋首层图

MIXED USE TRANSPORT HUB

金融城站交通枢纽综合体

项目业主：广州地铁投资建设集团有限公司
建设地点：广东 广州
建筑功能：TOD模式交通枢纽商业综合体
用地面积：17 000平方米
建筑面积：79 000平方米
设计时间：2017年
项目状态：方案
设计单位：广东省建筑设计研究院深圳分院
设计团队：国际设计中心

项目总体规划的格局取自锦鲤馔玉之意。用地处于翠岛、玉带、方城三轴交会处，玉心与轴心对应，发挥聚玉之心在金融城中的凝聚力，形成地块独有的气场，体现了城市精神和人文思想，结合了自然之美与人工之创。在三个轴带的交会处形成一座交通高效谷、金融活力城。同时引入周边生态，创造金融城热点，同时体现人性化、高效化以及科技化的建筑空间特色。

第五立面引入鱼鳞状外皮的设计理念，呼应锦鲤馔玉的规划格局。利用标准化的三角形模块来构成建筑表皮肌理，同时将岭南建筑满洲窗元素运用于表皮设计中，形成现代艺术与传统文化的对话，结合光伏板的节能可持续的概念，将阳光转化为能源供建筑照明使用。

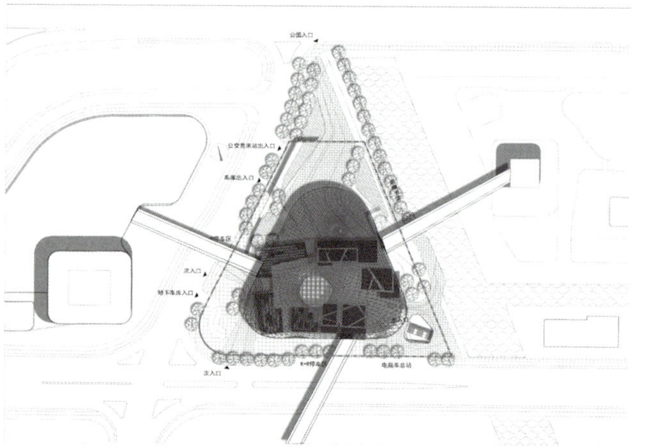

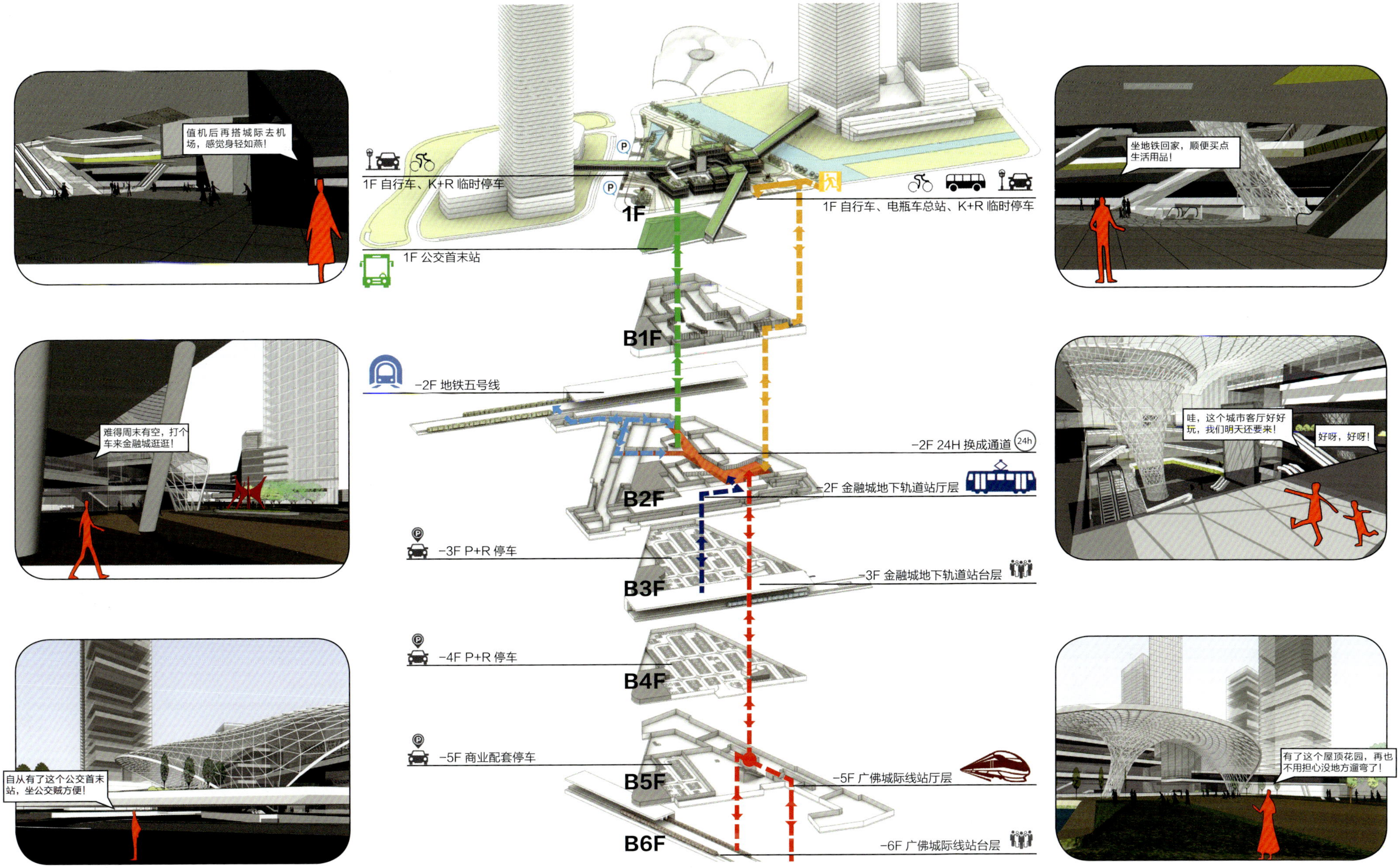

值机后再搭城际去机场，感觉身轻如燕！
1F 自行车、K+R 临时停车
1F 公交首末站
1F
1F 自行车、电瓶车总站、K+R 临时停车
坐地铁回家，顺便买点生活用品！
B1F
-2F 地铁五号线
难得周末有空，打个车来金融城逛逛！
-2F 24H 换成通道
24h
-2F 金融城地下轨道站厅层
B2F
哇，这个城市客厅好好玩，我们明天还要来！
好呀，好呀！
-3F P+R 停车
-3F 金融城地下轨道站台层
B3F
-4F P+R 停车
B4F
-5F 商业配套停车
-5F 广佛城际线站厅层
B5F
自从有了这个公交首末站，坐公交贼方便！
有了这个屋顶花园，再也不用担心没地方遛弯了！
B6F
-6F 广佛城际线站台层

Guangzhou
China
花开广州 盛放世界
Guangzhou
Flower City in Bloom
webster

GUANGSHENG GRAND CITY COMPLEX

广晟万博荟城市综合体

项目业主：广州市万舜投资管理有限公司
建设地点：广东 广州
建筑功能：266米超高层办公楼、五星级酒店（le Meridien艾美酒店）、公寓、Shopping Mall+商业步行街、展览中心
用地面积：35 000平方米
建筑面积：360 000平方米
设计时间：2014年
项目状态：在建
设计单位：广东省建筑设计研究院深圳分院
设计团队：国际设计中心
获奖情况：中国城市可持续发展推动力“金筑奖”年度最具影响力十大旗舰商业综合体
最具创意及人性化设计城市综合体

项目总体体现高容积率集约化用地、高密度多城市公共空间、高效率快速运营、多方位立体交通系统的开发模式，打造总体区域的地标形象。设计以繁星荟萃为概念，打造番禺万博地块最璀璨炫目的核心。融入星际元素，打造最为创新的综合项目。

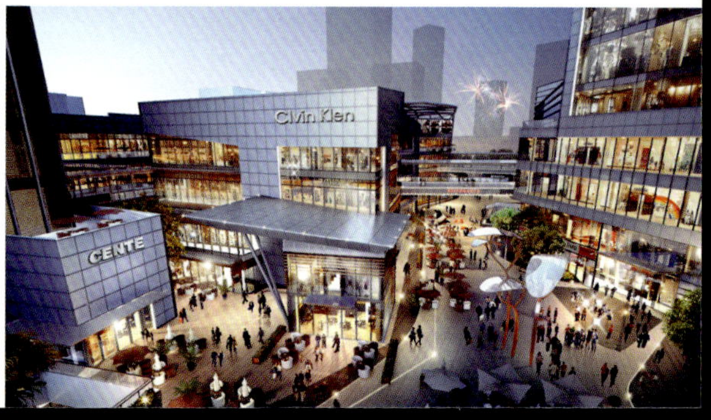

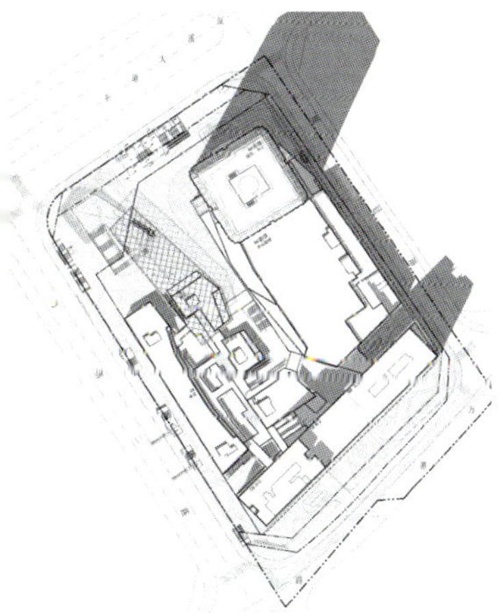

总平面图

TOD 社区原则

步行、自行车、连接、公交、混合、密度、紧凑和转换
Walk, Cycle, Connect, Transit, Mix, Density, Compact and Shift
（资料来自 ITDP）

现场施工图

ARCHITECTS

北京市社会科学界联合会
BEIJING FEDERATION OF SOCIAL SCIENCE CIRCLES
北京燕都中式建筑文化研究院
CAPITAL INSTITUTE OF CHINESE ARCHITECTURAL CULTURE
北京天鸿圆方建筑设计有限责任公司
BEIJING TIANHONG YUANFANG ARCHITECTURAL DESIGN CO., LTD

韩为

职　　称：高级建筑师、注册建筑师
职　　务：院长、经理、主持设计师

所在机构：天鸿圆方——梓人建筑设计工作室
北京燕都中式建筑文化研究院

教育背景
中国人民大学艺术设计专业研究生

工作经历
1991年—2002年　北京房地中天建筑设计研究院
2002年至今　天鸿圆方——梓人建筑设计工作室

主要作品
1994年—2002年　北京后海北沿鸦儿胡同旧城改造，其中该院荣获第五届（2008年度）“精瑞”住宅科学技术奖
1998年—2012年　中南海怀仁堂改造工程及多处中央首长府邸
2000年—2002年　北京大学燕大旧址修缮改造
2002年—2004年　北京鼓楼“皇城私邸”四合院组群，荣获“中国现代优秀民族建筑综合金奖”“首届精瑞科技优秀建筑文化奖”，并应邀参加“首届中国建筑双年展”
2007年—2008年　北京盘古大观空中四合院
2008年—2009年　山西应县木塔文博馆，荣获精瑞科技优秀建筑文化奖
2008年—2010年　北京十渡风景区新世界药业会所
2008年至今　北京玉河片区四合院建筑设计
2010年—2010年　上海世博会最佳实践区北京馆
2010年—2012年　北京玉河四合院旧城改造（部分）
2010年—2012年　北京阿凯笛亚中式别墅区
2010年—2012年　北京东四首开集团会所
2010年—2011年　江苏昆山锦溪“两岸城”建筑规划
2011年—2012年　山东济南天地北湖湾中式住宅区
2013年—2016年　山西大同古城商业区规划建筑设计
2012年—2013年　APEC北京雁栖景观塔建筑设计
2016年至今　英国伦敦MAITREYA MANOR庄园中国文化中心方案设计
2016年至今　美国洛杉矶徐荣祥纪念馆

学术成果
探索现代化建筑与中国式建筑相结合——山西应县木塔文博馆设计回顾（《城市建设理论研究》）
中式别墅设计探讨——阿凯笛亚中式别墅设计回顾（《城市建设理论研究》）
北京前门东区四合院绿色建筑研究（《建筑圆方》）

地址：北京市东城区崇文门外新怡商务楼A座5层
邮编：100062
电话：010-67096366
010-67096356
网址：www.capital-cac.com
邮箱：hwoffice@126.com

追梦燕都

——“圆方中式建筑”之演进

2014年8月，随着圆方“燕都中式建筑研究院”的成立，标志着圆方中式建筑经历几个阶段的成长之后又设立起了新的目标，开始了新的征程。值此时机，我们对圆方中式建筑发展的特点进行回顾，并以“坚守”“实践”“创新”“追寻”为关键词进行解读，恳请读者与我们一起走进圆方中式建筑的世界！

盘古大观空中四合院建筑设计
THE ARCITECTURAL DESIGN OF PANGU COURTYARD IN THE AIR

英国伦敦Maitreya manor庄园中国文化中心
SCHEME DESIGN OF MAITREYA MANOR IN LONDON

美国洛杉矶Lake Elsinore徐荣祥纪念馆
XU RONGXIANG SKY MEMORIAL CENTER

一、坚守：梦之缘起

1. 眼光让我们坚定：在如今越来越寸土寸金的城市，相比于现代建筑，对地皮要求较高的中式建筑无疑是贵族的代名词。但人们总是很难忘记自己的“根”，可以说看到中式建筑就会想起自己是龙的传人，于是仍有许多实力雄厚的业主在关注中式建筑、选择中式建筑来表达信念和情怀，燕都也一直在敏锐地关注这种动向，满足目前市场上存在的这些需求，给自己打造一片更广阔的生存空间。

2. 理想让我们坚持：中式建筑所讲究的“底蕴”绝非一朝一夕之功，发酵得越久才能越见韵味。这就要求中式建筑设计师具备坚定的意志，能在外界的纷纷扰扰中沉淀下来静心钻研。很幸运，燕都中式建筑向来拥有这种人才。

3. 责任让我们坚守：首都北京是一座保存有大量中式建筑的城市。故宫、颐和园、北海、寺庙、古刹等形象时刻跃然眼前，这些是中华民族老祖宗留下来的闪亮瑰宝，在满目高楼大厦中依然占据着一厢重要位置，无可取代！从广义的社会责任感来看，每个人都知道继承、发扬传统文化的重要性，对之不能割弃、难以舍弃，作为一家建筑设计企业，燕都更有责任去将这些技艺发扬光大。

后海片区改造工程项目设计
DESIGN OF RECONSTRUCTION PROJECT IN HOUHAI AREA

二、实践：梦之求索

1. 研读资料：着手设计前，首先要仔细研读项目相关资料，搞明白甲方的最主要诉求，并注重求教专家学者的意见；在重建项目上还要咨询史学者、民族学者的意见，做好前期的调研准备工作，审准题目，在确定方向之前塌下心来研究方向，所谓“磨刀不误砍柴工”，这是燕都中式建筑设计的一贯做法。

2. 确定理念：燕都向来把中式建筑视为艺术品来进行创作，每一个项目都是中华民族文化历史符号的运用和再现。或者更明白地说，中式建筑设计不是单纯的工民建项目，其文化含义更加重要，其修缮、重建、新建是一种文化环境的重塑。有了这种文化品位的意识，就可以较为轻松地在设计过程中把握方向，在遇到难题时不迷惑，仍能够始终回到最原始的出发点上。

3. 建立联动：由于关系人身安全、涉及学科很多，建筑本身就是一门复杂的学问，而中式建筑与现代建筑相比，又在施工、配合等方面有很多独到之处，可以说在严谨、细致方面的要求有过之而无不及，要求设计师特别注意紧密跟踪与配合。对于每个环节的核对都要分外仔细，对于不符合质量要求的坚决不能进行审核，有图纸改动和重新设计之时，还要考虑到原始初衷以及对全局的影响，从而做到准确无误。另外，在设计与施工之间建立起“联动体系”，形成以设计人员为主，甲方项目经理、监理、质检员层层负责的“四联动”质量跟踪联动体。

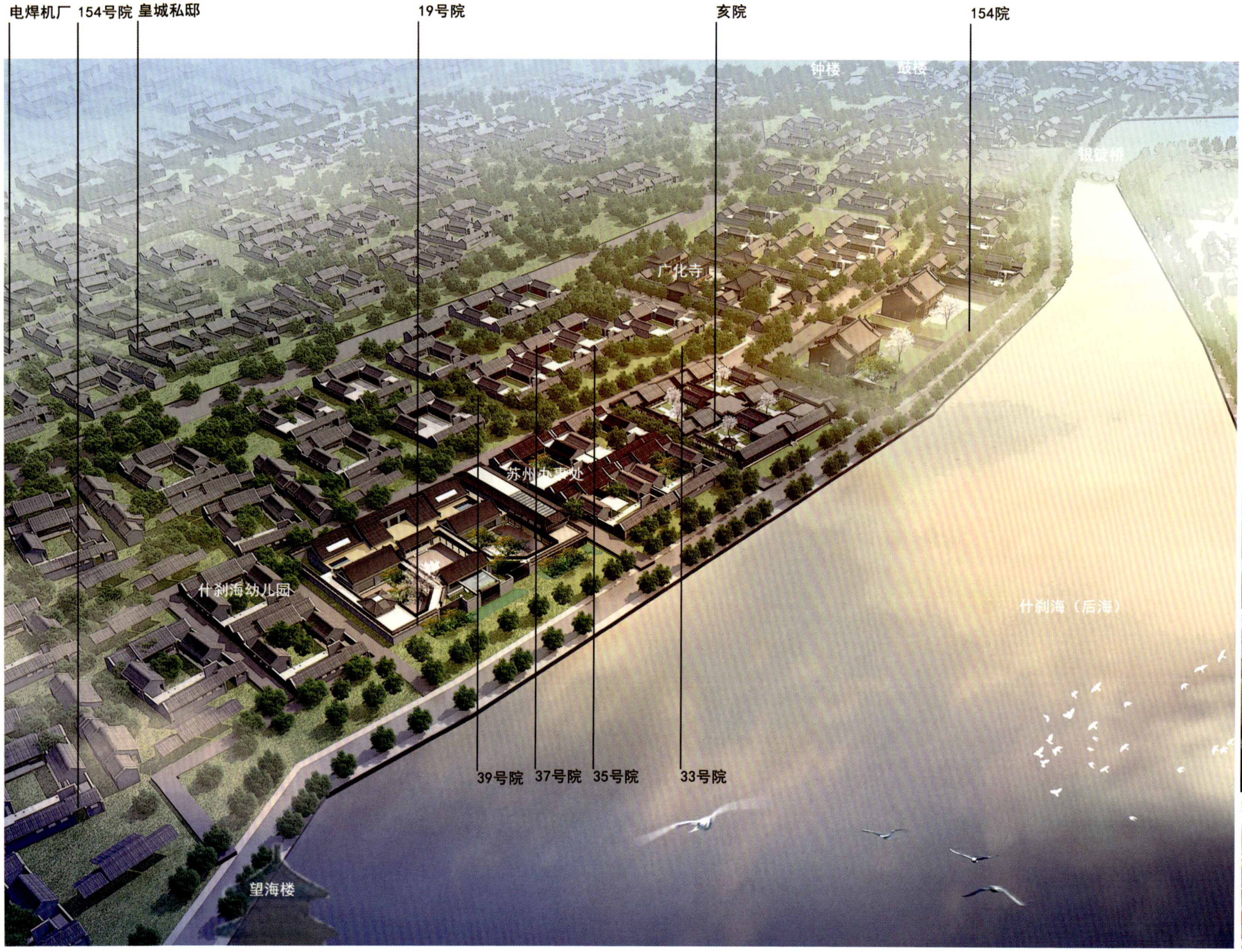

北京玉河片区四合院建筑设计

THE ARCHITECTURAL DESIGN OF BEIJING JADE RIVER AREA COURTYARD

4. 把关细节：与其他工民建项目相比，中式建筑的特殊性是显而易见的。其“活化劳动”投入比例要更大，设计计量的认定、造价的合理界定都没有系统、完善的参照体系。我们的工作最终是服务于甲方的，所以必须做到清楚每项工艺和每种材料的实际价值，进行投资控制、质量控制、进度控制，在进行每道具体的设计程序时作出准确评估。目前我国工民建项目预决算体系中还没有规范合理的定额用于中式建筑的投资管理，所以细部的设计和特殊工艺都只能在现场根据实际工作内容来加以认定，这是燕都特别关注细节的原因所在。

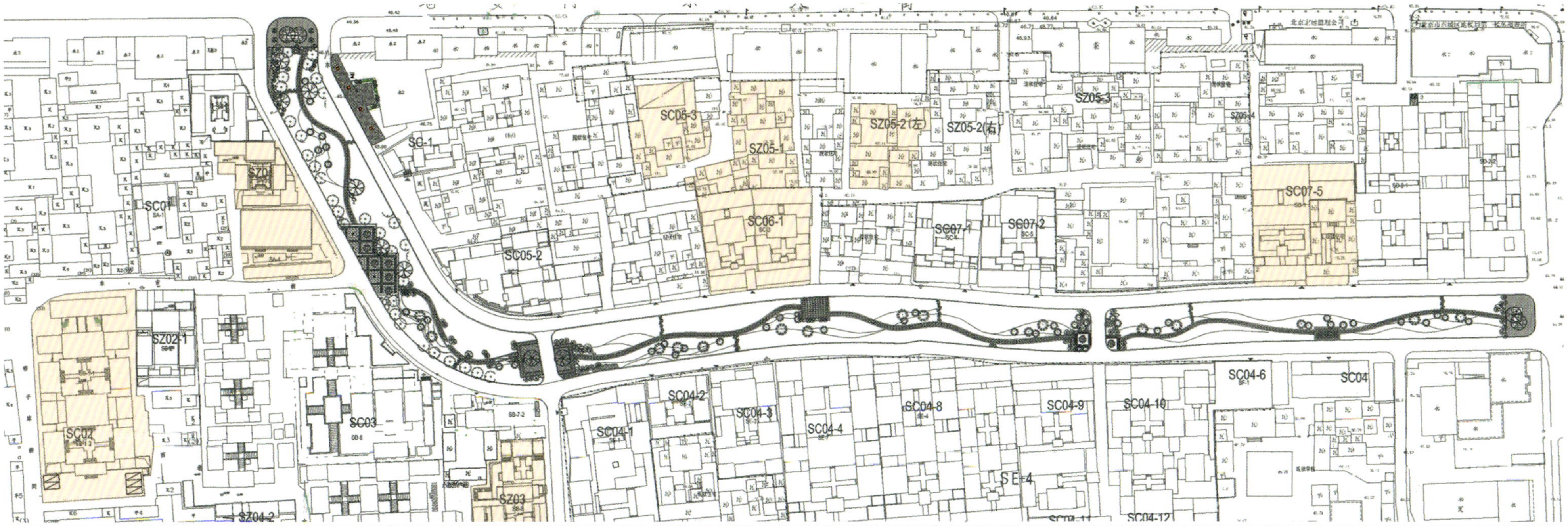

北京东城景山片区改造规划方案设计

JINGSHAN BLOCK REGENERATION, DONGCHENG, BEIJING

综上所述，对于承接的每一个中式建筑设计项目，燕都都力争做到研读资料、确定理念、建立联动、把关细节，踏踏实实走好每一步。不夸张地说，对于建筑品质的自觉与责任感自始至终都贯穿于我们的设计过程中。特别是目前在全国对中式建筑设计工艺要求和设计质量控制措施还没有形成规范性的强制条文，也没有系统的规范文本之时，公司领导特别要求设计师们必须自觉熟悉规则，结合现行规范，把每一个项目都做到位、做到心里有底。

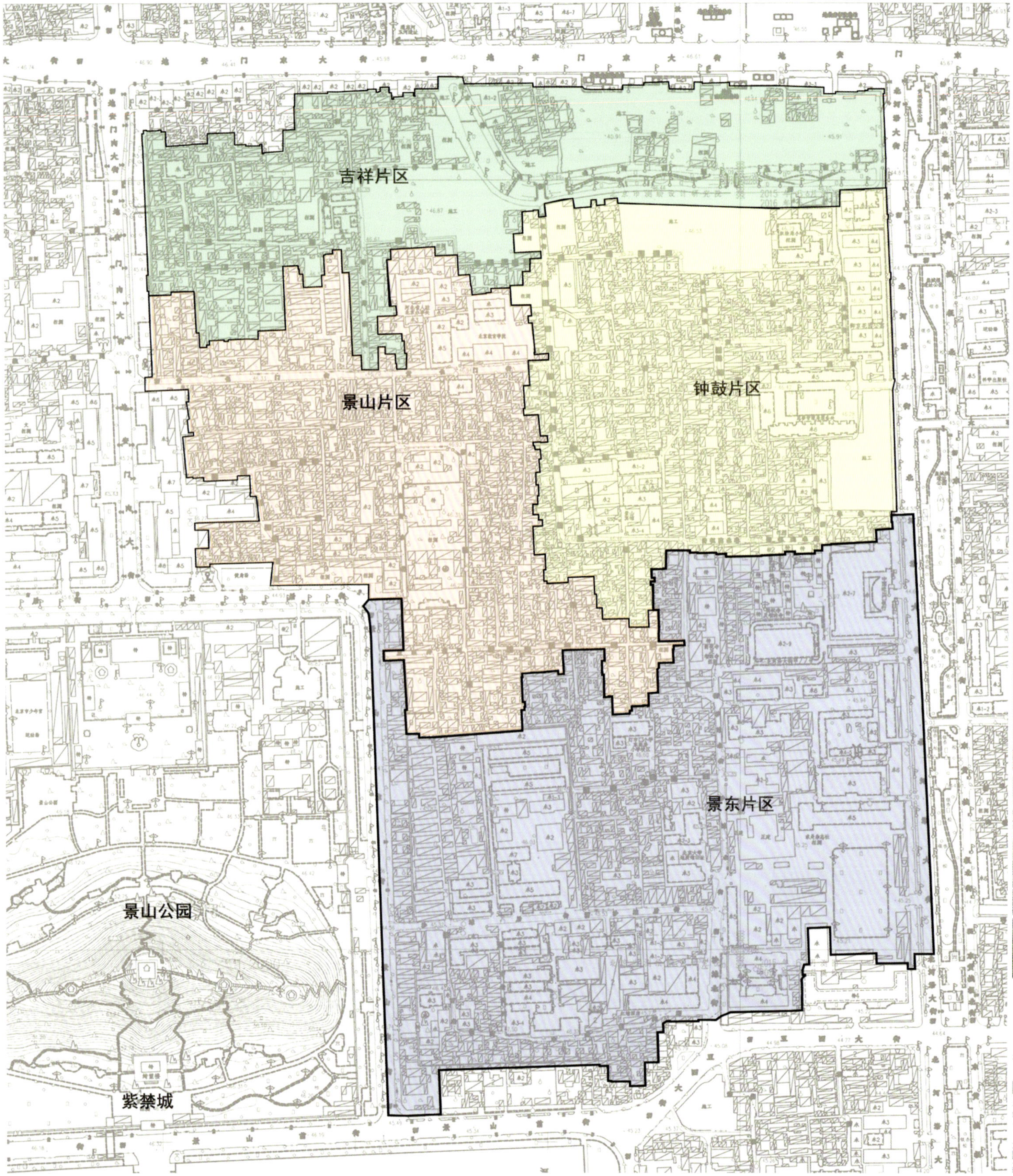

山西大同古城商业区规划建筑设计

THE ARCHITECTURAL DESIGN OF ANCIENT STRUCTURE BUSINESS DISTRICT IN DATONG, SHANXI

三、创新：梦之演进

中式建筑要做到什么程度才能胸有成竹？这些年来，在实施具体项目的过程中，燕都中式建筑设计师们一直在思考，逐渐感觉到项目用到的技术只是最为显性的元素，深层次的根基应该落实到理念和文化层面——这是“燕都中式建筑文化研究院”成立的直接动因，是我们将中式建筑文化研究搬上舞台的动力所在，更是我们未来将要重点投诸力量的创新着力点。

中南海怀仁堂装修改造设计项目

THE RENOVATION DESIGN OF ZHONGNANHAI HUAIREN AUDITORIA

某大礼堂设计项目Ⅰ

AUDITORIUM DESIGN PROJECT NO. I

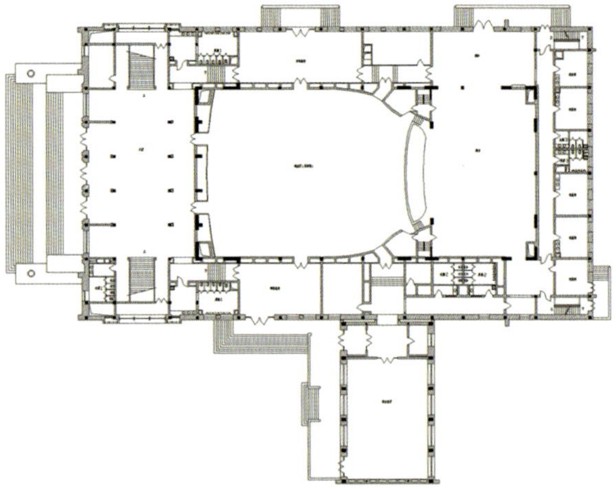

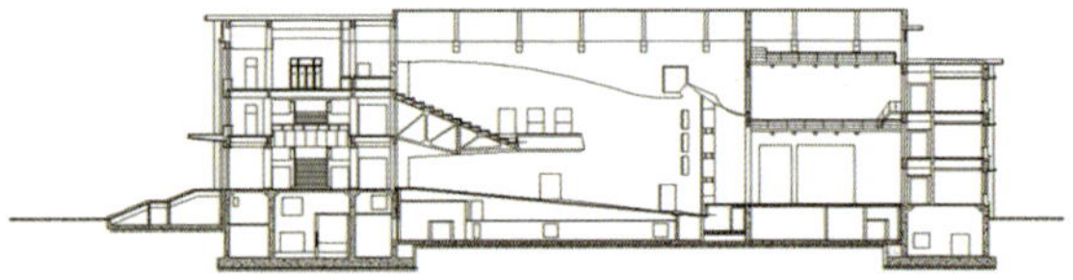

大礼堂设计项目Ⅱ

AUDITORIUM DESIGN PROJECT NO. II

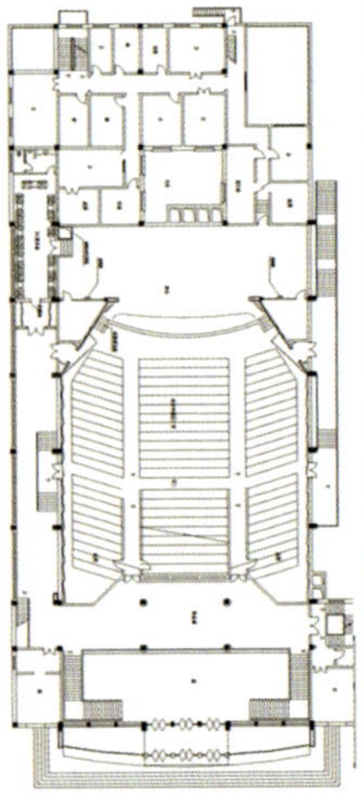

北戴河大礼堂设计项目

THE RENOVATION DESIGN OF BEIDAIHE AUDITORIA

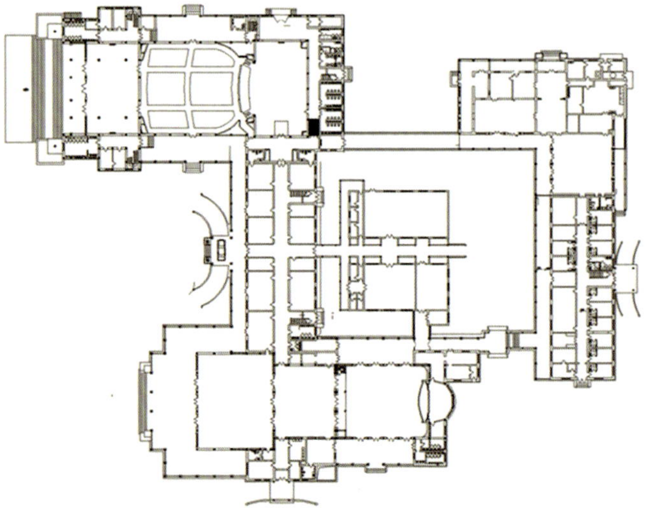

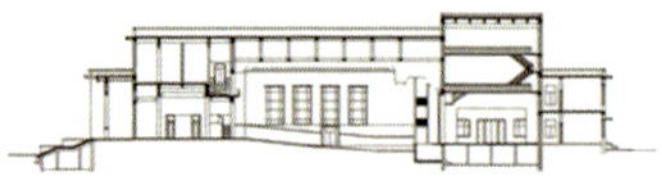

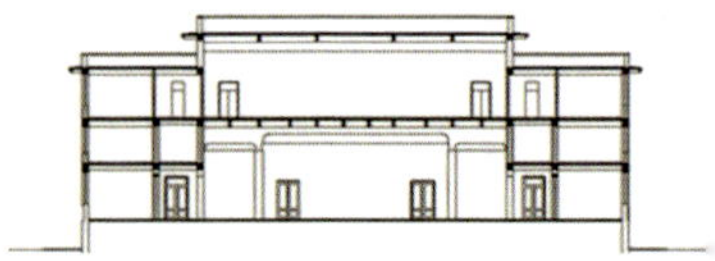

2010上海世博会北京馆入口设计

THE DESIGN OF EXPO 2010 SHANGHAI THAT BEIJING CASE PAVILIONS GATE

2008北京奥运村景观亭设计

2008 OLYMPIC VILLAGE LANDSCAPE DESIGN

2014APEC北京雁栖景观塔优化设计

2014 APEC BEIJING YANQI TOWER LANDSCAPE OPTIMAL DESIGN

中国建筑西北设计研究院有限公司

韩小荣

职　　务： 中国建筑西北设计研究院有限公司第五设计所总建筑师
职　　称： 高级建筑师
国家一级注册建筑师

教育背景
1995年—2000年　西安建筑科技大学建筑学学士

工作经历
2000年至今　中国建筑西北设计研究院有限公司

个人荣誉

宝鸡中学新校区	荣获：2003年省级二等奖
延安供电局生产营业楼	荣获：2013年院级三等奖
中国酵素城核心区项目	荣获：2017年院级一等奖
中交二公局国家级企业技术中心一期工程	荣获：2017年院级三等奖
渭华起义纪念塔	荣获：2017年院级三等奖
榆神工业区清水工业园创业大厦项目	荣获：2013年院级三等奖
乌审旗一中—乌审旗职业中学新校区	荣获：2011年院级三等奖
太原市煤炭运销公司综合大楼	荣获：2004年院级三等奖
论文著作：CBD畅想——政法巷城市设计	荣获：2014年《城市经济导报》刊物论文第一名
悬浮城市的空间探索	荣获：2015年《城市经济导报》刊物论文第一名

主要设计作品
中国酵素城核心区项目
中交二公局国家级企业技术中心一期工程
中国人民银行银川支行新建发行库钞票处理中心
汉中市工人文化宫
渭华起义纪念塔
西安市政法巷CBD城市设计
榆神工业区清水工业园创业大厦
甘肃省庆阳第一中学
乌审旗一中—乌审旗职业中学新校区
乌审旗第二实验小学
乌审旗第三实验小学
乌审旗第三幼儿园
庆阳师范附属小学
延安供电局生产营业楼
宝鸡海棠苑小区
金柳香堤——李家畔地块项目
榆林文景园小区
太原市煤炭运销公司综合大楼
宝鸡中学新校区
渭南初级实验中学

刘刚

董方

魏博

王靖伟

折建荣

陈曦

李婧源

李璐

李倩杰

刘娟

任聪

孙冬伟

吴昊

张鸿

周瑾

第五设计所是直接隶属中国建筑西北设计研究院有限公司，具有甲级设计资质的综合性设计研究所。设有建筑、结构、城市规划、总图等专业。全所共33名职工。现有国家一级注册建筑师7人；国家一级注册结构工程师4人。全所高级技术职称13人（其中1人为教授级高级职称），中级技术职称14人。第五设计所具有一支技术精良、敬业求实、作风过硬的设计人才队伍。

第五设计所可独立承接各类大、中型公共建筑，居住小区规划设计，高层、超高层建筑设计、工业建筑，城市规划设计等。主要擅长大型公建，办公、酒店，综合性高层、超高层建筑，教育、体育建筑、影剧院、医疗建筑、交通建筑等。近几年来第五设计所设计的项目多次获得省部级奖励，项目覆盖全国各省、市、自治区，并且多次向境外派出专家承接援外设计项目。

地址： 西安市文景路98号
电话： 13991127376
传真： 029-68515503
网址： http://www.cscecnwi.com
电子邮箱： xby5s@163.com

YU SHEN INDUSTRIAL PARK VENTURE BUILDING

榆神工业园创业大厦

项目业主：榆神工业区管理委员会
建设地点：陕西 榆林
建筑功能：金融、办公、酒店、会议、餐饮
用地面积：50 000平方米
建筑面积：51 000平方米
设计时间：2011年
项目状态：建成
设计单位：中国建筑西北设计研究院有限公司
主创设计：韩小荣
参与设计：董方、赵美荣、李艳艳
获奖情况：2013年院级三等奖

建筑空间组织

建设项目包含一个26层的主楼、一个8层的次楼及一个4层的裙楼三大部分。三个空间体量由高到低，错落有致，化解了该项目大体量带来的压抑感，形成了丰富的建筑形体。创业大厦外观由底部厚重的石材、中部挺拔的玻璃幕墙及顶部高透明的玻璃楼顶组成，玻璃幕墙内层加设镀银、钛及锡等五层金属镀膜，玻璃之间用惰性气体间隔，具有保温、隔音、防紫外线、防结露、高透明及高采光度的效果。整个大楼由数个高低错落的玻璃盒子组合而成，简洁大方，与项目周边的湖面、绿地、广场形成镜像对话关系，将动态的第五空间引入建筑，形成了大厦丰富的立面景观。建筑整体呈“一”字展开布局，有利于裙楼提供充足的对外服务界面。

CHINA ENZYME CITY CORE AREA PROJECT

中国酵素城核心区项目

项目业主：渭南经开产业投资有限公司
建设地点：陕西 渭南
建筑功能：集成文化、产业、工业旅游相结合的综合酵素产业示范园区
用地面积：221 333平方米
建筑面积：280 000平方米
设计时间：2016年
项目状态：在建
设计单位：中国建筑西北设计研究院有限公司
主创设计：李建广、韩小荣、董方
参与设计：周瑾、折建荣、孙冬伟、
剧欣、陈曦
获奖情况：2017年院级一等奖

总体布局

中国酵素城核心区的规划设计在充分分析以往传统产业园模式弊端及酵素产业的特点后，提出了酵素公园的设计理念。将产业研发与公园景区有机结合起来，使得核心区不仅是一个产业研发的聚集地，更是一个城市绿色健康生活的景区。在功能布局中，将中国酵素馆居中布置，与中心湖面组成一个露天景观博览区，构成了整个“中国酵素城核心区”的中央主题景区。在总平面布局中将关中民居的院落形式叠合到此次设计中，每个“院落”是一个孵化中心，围绕着中心湖面开口，使中心景观与建筑组团能够很好地交互与渗透。而将园区管理办公区与研究检测中心置于用地南侧，与酵素馆相互呼应，围合成生态流动的广场，成为整个核心区的景观式出入口。培训中心位于用地西北角单独区域，便于管理使用。最终形成了一心、一环、两轴、多组团的空间结构。

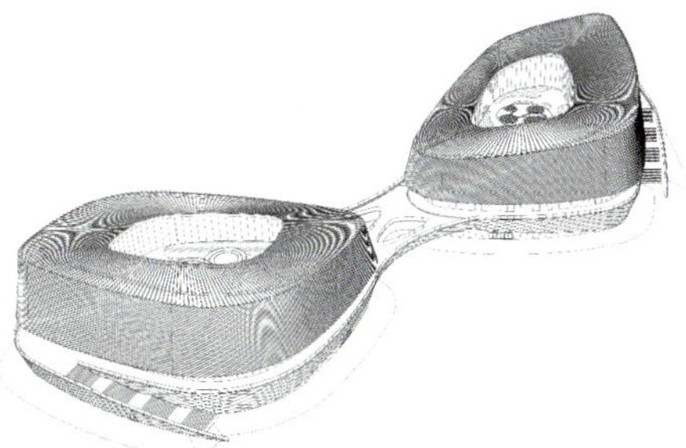

总平面布置图 1:1500

WUSHENQI FIRST MIDDLE SCHOOL—WUSHENQI VOCATIONAL SCHOOL NEW CAMPUS

乌审旗一中——乌审旗职业中学新校区

项目业主：乌审旗教育局
建筑功能：教学
建筑面积：120 000平方米
项目状态：建成

建设地点：内蒙古 乌审旗
用地面积：335 333平方米
设计时间：2009年
设计单位：中国建筑西北设计研究院有限公司
主创设计：韩小荣
参与设计：董方、白天放、钱建军、郑芳、毛坤
获奖情况：2013年院级三等奖

创作理念

由于校园建设基地的特殊现状，设计中必须摆脱传统的校园自我设计模式，参与到整个城市新区的建设当中，积极引导新城区的建设。我们的态度是：校园空间必须为城市空间提供有益的参考。我们的目标是：通过校园新区的建设整合教育园区，与城市发展西向轴线和谐共生。

为了将3块用地有机整合，我们将乌审旗一中的核心区设计成一个没有方向的新的圆形群体，形成一个虚的中心空间，从中心区出发东西向安排城市空间轴线，将2块用地的主体建筑物、广场等组成核心区安排在轴线上，形成虚实相间的城市空间，延续城市西向发展轴。基地地形的限制决定了两所中学校园文化轴呈南北向，校园文化轴与城市空间轴交接处安排各自核心区，将整个教育园区串联成一个有机整体。

主入口的安排依据各自布局特点，乌审旗一中采用南入口与校园文化轴相结合的方式，乌审旗职业中学采用东入口与城市空间轴相结合的方式。西面的预留发展用地可采用西入口，这样可保证各自校园在整体框架下与城市连接的独立性，空间上达到既和谐共生，又独立完整的特性。

THE CONCEPTUAL SCHEME OF PLANNING AND DESIGN OF THE THIRD PHASE OF JIN INDUSTRY

锦业时代三期项目规划设计概念方案

项目业主：陕西南湾房地产开发有限公司
建筑功能：商业、办公、公寓、酒店
建筑面积：175 802平方米
项目状态：方案调整
设计单位：中国建筑西北设计研究院有限公司
主创设计：韩小荣
参与设计：李哲、剧欣、陈曦
建设地点：陕西 西安
用地面积：18 067平方米
设计时间：2015年

悬浮的城市

在密集的城市环境与人们对自由交往空间的诉求的矛盾中，设计师试图探寻解决问题的途径。

为弥补城市生活缺失的随机交往空间，我们希望设置一个高空的街道空间。在满足视野开阔、尺度适宜、无交通干扰等要求之外，较之地面的优势还体现在：空气质量与自然风渗透方面更好；可以减小地面的市政设施负荷；将解放高层中远离地面的人与在高楼峡谷中压抑行走的人。高空街道可承载便利店、茶座、早餐厅、会所、公园等公共服务设施，为常居高空的人们提供物质与精神的补给。感受阳光下的漫步，或许会更加放松，更容易发生随机交往。

高空街道如同悬浮在空中的另一个城市，因此被称为“悬浮的城市”。而西安古城墙的现景则是悬浮城市前景的一个剪影。通过“悬浮的城市”，我们或许将看到更加轻盈的城市、更加自由的城市、更加温暖的城市。

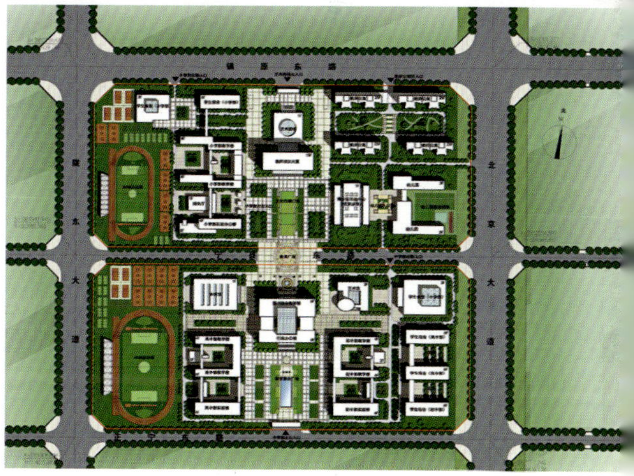

PLANNING AND DESIGN SCHEME OF QINGYANG AFFILIATED SCHOOL IN BEIJING NORMAL UNIVERSITY

北京师范大学庆阳附属学校规划设计方案

项目业主：庆阳市教育局
建设地点：甘肃 庆阳
建筑功能：教学
用地面积：313 333平方米
建筑面积：300 000平方米
设计时间：2015年
项目状态：投标方案
设计单位：中国建筑西北设计研究院有限公司
主创设计：韩小荣
参与设计：折建荣、董方、李璐璐

总体规划设计中将用地分为明确的五区：南侧的中学部区，北侧的小学部区、公共展示区、幼儿园区及教师公寓区。在总平面设计中引入城市设计的方法，加入广场与街巷串接各个分区，形成统一的整体。在整体空间结构上形成一轴（城市空间轴）两心（校园核心）多庭院的布局：在中轴线上安排中学部核心区及教育培训核心区，形成良好的展示面及城市地标。在内部空间上，引入传统书院布局，通过建筑围合庭院来形成丰富的校园空间。

布局中，引入点、线、面结合的设计理念，充分运用大面积广场、绿地、水景，直线型街道空间、楼体间小空间庭院节点相互穿插结合，形成丰富的场所概念和空间体验。

考虑学校建设于具有红色革命传统的庆阳地区，且建设地点位于正新兴发展的高新区，整体造型风格定位为“简洁、大气、现代的地域特色”学校建筑。材质上以红砖体现红色革命文化，以白色和灰色作为点缀，丰富了立面色彩，并以此作为校园整体特色，用于不同造型的各个单体之间的呼应。

WEIHUA UPRISING MONUMENT RENOVATION PROJECT

渭华起义纪念塔改建工程

项目业主：渭南市华县民政局
建筑功能：纪念性构筑物
建筑面积：121平方米
项目状态：建成
设计单位：中国建筑西北设计研究院有限公司
主创设计：韩小荣
参与设计：吴昊、李婧源
获奖情况：2017年院级三等奖
建设地点：陕西 渭南
用地面积：10 000平方米
设计时间：2016年

渭华起义烈士纪念塔为原址重建工程。设计将前区台阶与园区轴线结合，形成具有强烈指向性的空间引导和庄严肃穆的氛围。将塔布置在西北向轴线的中心位置，塔与纪念广场以及陵区形成整个纪念园区的景观轴线，明确其“渭华起义为西北最大的一次武装起义”的含义。新建纪念塔采用传统纪念建筑的风格，彰显质朴、庄重、大气的建筑形态。在纪念塔的风格、用色方面，我们引入了原有纪念塔的风格，在高度上也基本与原塔的32米持平。我们希望以此形成一个与历史空间的呼应和延续，同时表达对先辈们的崇高敬意。

纪念塔为三段式设计，分别为基座、塔身以及塔顶。塔身高度19.28米，寓意革命于1928年发生。正立面为邓小平题字以及中国共产党党徽，侧面为五星装饰。纪念塔用色与原有纪念塔保持一致，延续了纪念园区的历史沿革和文脉。基座部分为双层须弥座，起到了传承塔身与基座的作用。首层为浮雕墙，叙述了渭华起义的事迹。上层为建筑主体，整个纪念塔高耸且不失稳重。塔身截面尺寸为4.6米见方，不做线槽装饰，以突显塔身的浑厚和朴实。塔顶部分为建筑宝顶的营造手法，解构了传统建筑的屋顶、斗拱、立柱，构成了纪念塔的华盖。

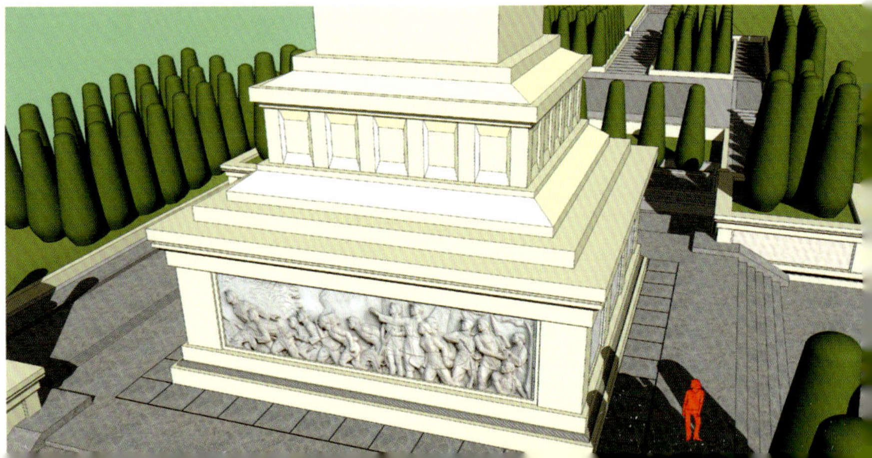

CCCC SECOND DEPARTMENT NATIONAL TECHNOLOGY CENTER

中交二公局国家级技术中心

项目业主：中交二公局五公司　　建设地点：陕西 西安
建筑功能：办公、教育　　用地面积：82 400平方米
建筑面积：156 300平方米　　设计时间：2016年
项目状态：在建
设计单位：中国建筑西北设计研究院有限公司
主创设计：韩小荣
参与设计：董方、孙冬伟、吴昊
获奖情况：2017年院级三等奖

规划设计呼应城市文化肌理，与西安的精神脉络相契合，局部采用轴线（南北）统率全局，建筑物相互围合，将传统城市布局发扬光大。关中地区本土的围合式院落空间理念贯穿其中，建筑之间形成的围合空间和开放空间分布有序，充分表现了空间的使用属性。运用建筑的摆布，凸显了主楼与附属楼之间的功能关系。结合绿化景观精心设计私密空间和半私密空间，极大丰富了空间的层次性。设计中将各个体量分解，形成多个小体量建筑物，用建筑物群体组合关系来表现项目的大气、典雅。符合常宁区绿色、生态的要求。办公主楼采用稳定对称布局并位于中心地势位置，使得办公主楼得以在人视线所到的任何角度都是视觉的焦点，是一个有力、庄严、刚劲、大方的充满理智的形体空间。建筑单体上大实、大虚、简洁、现代。根据建筑的使用性质设计出不同的风格特征。办公楼建筑以黑灰色调为主，折面玻璃幕墙和竖向线条的运用体现了简洁、高效的气质。在建筑的体量上合理控制，强调整体视觉冲击感。裙楼以白色、浅灰为主，立面线条简洁明了，给人以清爽感觉，在和谐中体现个性。

ARCHITECTS

科城设计 KEYCITY DESIGN

胡朝晖

职　　务：董事长
　　　　　主创建筑师
职　　称：高级工程师
　　　　　国家一级注册建筑师
　　　　　副教授

教育背景

1991年—1994年　湖南大学建筑学硕士

主要设计作品

广州·二沙岛国际皮划艇中心	荣获：2004年广州市优秀工程设计二等奖 2005年广东省优秀工程设计三等奖
广州·科学城中心区蓝轴，绿轴方案设计	荣获：2006年广州市城乡规划设计优秀项目一等奖 2007年广东省城乡规划设计优秀项目二等奖
广州·珠江帝景酒店	荣获：2006年广州市优秀工程设计三等奖
广州·科学城第二期用地控制性详细规划	荣获：2005年建设部优秀城市规划设计项目表扬奖
广州·广州开发区联和新村工程修建性详细规划	荣获：2009年广州市优秀城乡规划设计项目二等奖
惠州·惠东县县城文化中心	荣获：2009年中国环境艺术奖——最佳奖
广州·珠江帝景居住区A区住宅	荣获：2010年广州市优秀工程设计一等奖
广州·嘉富广场三期	荣获：2012年广州市优秀工程设计三等奖
合肥·合肥市中心医院	荣获：2012年广州市优秀工程设计一等奖 2013年广东省优秀工程设计二等奖

广州市科城建筑设计有限公司成立于2000年，总部坐落于广州科学城中心区科城大厦，是一家主要从事城市规划设计、建筑设计、园林景观设计、市政工程设计、国土规划、工程测绘、城市开发建设咨询和策划等业务的综合性设计单位。目前拥有广州市科城规划勘测技术有限公司、广州市科城建筑设计有限公司、广州市科城测绘技术有限公司，并在云南、福建、湖北、海南、新疆、北京、四川、重庆、安徽、内蒙古等地设有13家分公司。

公司目前已拥有城市规划甲级、建筑设计甲级、市政道路甲级、风景园林乙级、国土规划乙级、工程测绘乙级、工程咨询丙级等资质，并已全面通过ISO 9001质量管理体系认证，现已发展成为中国华南地区最大的民营设计机构。

科城设计秉承“把每个项目做到最好”的价值理念，不断追求创新，在设计行业中取得了显著成绩，其中产业园区的规划设计在全国处于行业领先地位，多个项目荣获国家、省级优秀奖；医疗建筑设计、酒店建筑设计在行业内也享有较高的声誉。公司市场范围现已遍及广东、广西、云南、福建、江西、湖北、湖南、河北、河南、山西、山东、四川、新疆、内蒙古、青海、西藏等地。

公司总部现有员工400多人，其中高级职称71人、国家注册建筑师24人、国家注册结构师29人、国家注册规划师32人、中级职称104人，专业涉及城市规划、建筑设计、景观园林、市政工程、项目管理、工程经济、计算机应用等多个领域。科城设计与哈尔滨工业大学、中山大学、华南理工大学、广东工业大学、华中科技大学、西安建筑科技大学、长安大学等多所高校建立了良好合作关系，实现产学研一体化发展。

“把每个项目做到最好”是公司的服务宗旨；“以科学精神，创城市精彩”是公司不懈追求的目标。公司将以精湛的设计、优质的服务，竭诚为社会提供技术服务。

地址：广州科学城科学大道中119号科城大厦二期6楼
电话：020-82199185
传真：020-82199193
网址：www.kcdesign.cn
邮箱：gzscad@vip.163.com

HANDAN · THE SMALL AND MEDIUM-SIZED ENTERPRISE ACCELERATOR PARK PHASE II

邯郸·中小企业加速器二期

项目业主：邯郸高新技术创业服务中心有限公司
建筑功能：办公、商业建筑
建筑面积：127 560平方米
项目状态：方案报建

建设地点：河北 邯郸
用地面积：49 350平方米
设计时间：2013年
设计单位：广州市科城建筑设计有限公司

项目是园区东入口的门户标志性建筑。除满足加速器园区内综合办公及展厅、蓝领公寓、配套商业等多种开发建设功能需求外，作为园区的门户，我们提出“创新之门、科技纽带”的设计概念，即连接南北地块建筑的大跨度天桥，跨越园区中轴线，形成了园区东入口的大门形象，体现了“创新之门”的理念；办公楼与商业裙房形成飘带形的外轮廓，以体现“科技纽带”的理念。科技元素的运用和模仿电子线路图的肌理铺装，营造出富有科技感的整体形象。

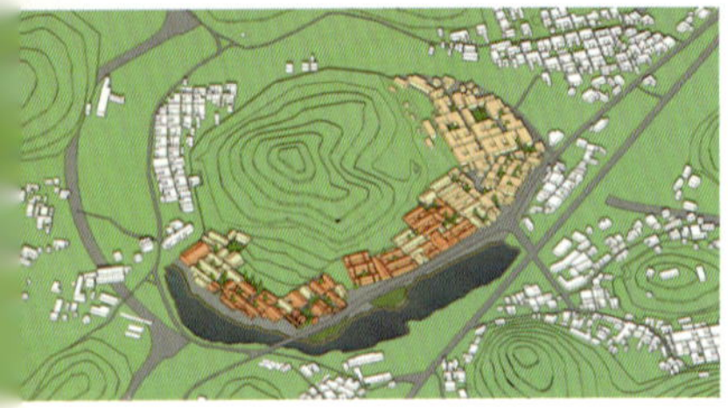

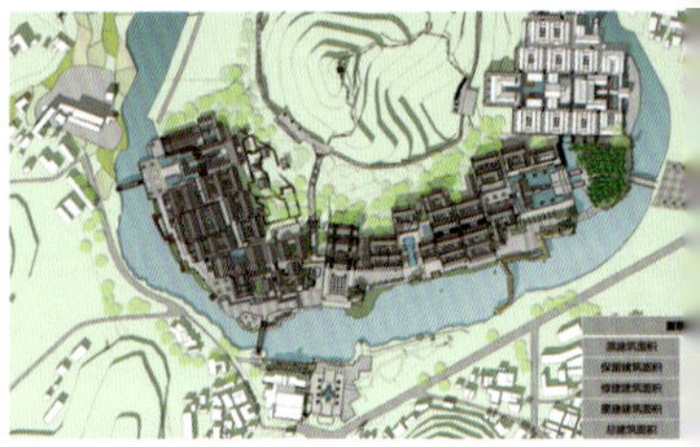

DECORATION PROJECT FOR LINGNAN BUILDINGS IN GUANGZHOU LIANTANG VILLAGE

广州莲塘名村岭南建筑整饰工程设计

项目业主：广州正峰兆业投资有限公司
建设地点：广东 广州
建筑功能：商业、餐饮、酒店建筑(旧村改造）
用地面积：6 552 100平方米
设计时间：2013年
项目状态：方案报建
设计单位：广州市科城建筑设计有限公司

莲塘村位于广东省广州市萝岗区西北部，是萝岗区唯一一个名镇名村建设点，属于广州14个名镇名村建设点之一。项目将保持莲塘村独特的岭南村落肌理，挖掘乡村文化内涵，具体演绎休闲、创意、艺术以及乡村文化体验功能，将其打造成为美丽乡村暨岭南田园文化体验目的地的先行区和示范区。

莲塘村拥有玄武山、荷花塘、白玉森林公园等原生态资源，自然风光优美；建村已有700多年，文化底蕴深厚，拥有陈氏祠堂、鸿佑家塾、友恭书室等具有浓郁岭南特色的人文古建，保留了较完整的岭南特色古村落和古建筑群。

通过分析莲塘村内外部条件、政策背景以及上层规划，探索莲塘村核心竞争力以及对古建筑的现场调研，构想出“观山水—品莲花—修禅道—悟人生”的整体设计思想，总结出“莲塘福地，禅修溪谷”的规划主题思想，进而打造出“以莲塘古村落为核心，以山水田园、莲禅文化为载体，集文化创意、休闲旅游、养生度假于一体的城市度假休闲目的地”。

HUIMIN SQUARE IN DAYAWAN ECONOMIC AND TECHNOLOGICAL DEVELOPMENT ZONE (CENTRAL PARK)

大亚湾经济技术开发区惠民广场（中央公园）

项目业主：惠州大亚湾经济技术开发区住房和规划建设局
建设地点：广东 惠州
建筑功能：公共建筑
用地面积：23 237平方米
建筑面积：40 000平方米
设计时间：2012年
项目状态：项目投标
设计单位：广州市科城建筑设计有限公司
获奖情况：投标第一名

大亚湾经济技术开发区惠民广场位于中心区北区的城市中轴线上，拟为大亚湾区打造一处融合图书阅览、城市展览、市民文化活动于一体，造型精美、功能完善的标识性公共建筑。

作为“海滨新城”的大亚湾区，船舶承载了城市记忆与区域认同感。通过富有雕塑感与力量的形体穿插组合，力求使项目体现出现代标志性、综合性文化建筑的特征。建筑二层架空层部分微向上抬起，由数个巨型“水晶柱”支撑，如蓄势待发的船舶，结合惠民广场“海之韵”的设计构思，建筑师提出了“文化方舟、扬帆起航”的设计概念。

Culture Center

市民文化中心
Culture Center

FIRST PEOPLE'S HOSPITAL CONSTRUCTION PROJECT, ZHAOQING

肇庆市第一人民医院新院建设工程

项目业主：肇庆市第一人民医院
建设地点：广东 肇庆
建筑功能：医疗建筑
用地面积：115 006平方米
建筑面积：191 807平方米
床 位 数：1 800床
设计时间：2009年
项目状态：建成
设计单位：广州市科城建筑设计有限公司

肇庆市第一人民医院新院建设用地位于肇庆市东新区星湖大道东侧，南临东岗东路，东临信安路，西临星湖大道，其中星湖大道和信安路为城市主干道。为应对周边道路和主入口的关系，将本案设计成一环两轴的规划结构。

两条主轴分别为内轴和外轴。其中，内轴连通南面主入口，是门诊、医技、住院等功能区的联系主轴；在医院的内轴，设计了公共空间系统，通过四层高的中央大厅、半开敞的绿化休闲空间、多个形态不同的庭院，塑造医院充满阳光、绿树、清风的诊疗环境，为患者就医过程带来舒适的体验。

第二条轴线为外轴，与医院次入口连接形成环路。由于诊疗活动的特点，行政辅助区和医疗区需相对分离又联系方便。通过这条外轴将医院分为西侧的行政辅助区和东侧的医疗区，在医疗区和行政区之间引入绿化带、水景，形成天然的景观隔离，又在必要的节点设置连廊，保持流线通畅。

肿瘤诊治中心
CENTER OF TUMOR TREATING

肇庆市第一人民医院
医技楼

急诊
门诊
体检中心

门诊

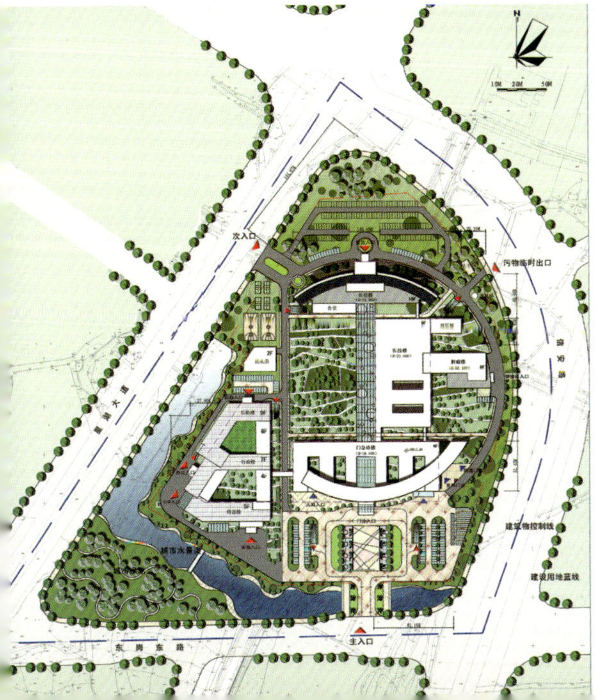

东大国际
TUNDA INTERNATIONAL

金煜峰

职　　务：深圳市东大国际工程设计有限公司董事
　　　　　副总经理
职　　称：高级工程师

教育背景

1994年—1999年　沈阳建筑大学建筑学学士

工作经历

1999年—2001年　深圳左肖思建筑师事务所
2001年—2006年　深圳市建筑设计研究总院一院所长
2006年—2009年　深圳华阳国际工程设计有限公司副总经理
2009年至今　深圳市东大国际工程设计有限公司董事、副总经理

主要设计作品

公建项目

徐州市民活动中心
深圳市国实大厦
西宁新千国际广场
徐州市公安局技术用房
深圳市梦网科技大厦
深圳市宝投航城工业厂房
丰县技术学校
深圳机场新航站区营运管理区
深圳虚拟大学园校产业化综合大楼
深圳市检察院办公大楼
深圳市体育运动学校

住宅项目

宿州华洋商业综合体
龙跃新世纪广场
长春天茂庄园五期
丰县民族风情园
黄山太平湖项目（别墅）
安阳亚龙湾东湖项目
东莞合正上东国际
淮南舜耕华府项目
安顺北门党校武当山片区棚户区改造
卓越龙华大浪上下横朗旧改项目

深圳市东大国际工程设计有限公司由“东南大学建筑设计研究院深圳分院”改制而来,创始院长为孟建民建筑大师、院士，依托东南大学，已立足深圳二十余年。是一家学习型、研究型、创新型的企业。

公司现有员工180余人，拥有业内优秀的设计人才、具有丰富的设计经验；著名建筑设计大师赖聚奎教授为公司总建筑师。

“东大国际”坚持持续不断地营造员工快乐与成长的环境。

“东大国际”也是一家帮助客户实现建筑梦想的设计公司，它立足于设计的创新实效与服务，坚持持续地为客户创造利润与价值，并立志成为全国建筑设计创新服务第一品牌，优质的服务赢得了业内各界的尊敬。

“东大国际”秉承“相信、创新、共赢”之理念，立足深圳，面向全国，完成了一系列地域公建、商业综合体开发、城市公园景观项目的规划设计，服务于万科、振业、卓越、山东鲁能、三亚鲁能等多家专业地产开发商，以创新、服务之美誉获得各界的称赞，赢得了良好的社会效益与企业品牌信誉。

地址：深圳市南山区科技园南区粤兴五道9号北理工创新大厦16层
电话：0755-82996899
微信公众号：DDFY001
企业微信号：dongdaguoji
网址：www.seusz.com
电子邮箱：574385565@qq.com

YINGTAN CULTURAL ARTS CENTER, YOUTH ACTIVITY CENTER AND SCIENCE MUSEUM

鹰潭市文化艺术中心、青少年活动中心和科技馆

项目业主：鹰潭市政府
建设地点：湖南 湘潭
建筑功能：文化建筑
鹰潭市文化艺术中心
用地面积：18 146平方米
建筑面积：32 271平方米
鹰潭市青少年活动中心及市科技馆
用地面积：15 770平方米
建筑面积：43 501平方米
设计时间：2013年
项目状态：方案
设计单位：深圳市东大国际工程设计有限公司
主创设计：金熠峰

项目肩负着进一步完善和提升鹰潭市的城市功能的任务，起到传播先进文化、提升鹰潭市文化品位的重要作用。以“上善若水”的道教处世精神为核心理念，以水的流动形态为设计起源，营造一种天地与建筑并生，万物与建筑合一的环境特质，打造一个归于市民，与城市共享的开放性建筑。起伏变化的带状元素形成优美的曲线表皮形状，巨大的舞台幕形成建筑的主入口，迎接市民和青少年的到来，寓意着鹰潭精彩的城市文化生活由此展开。

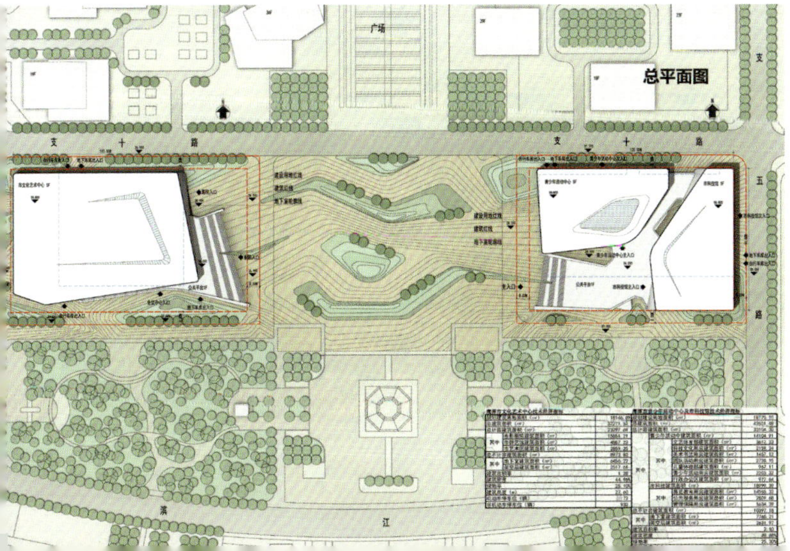

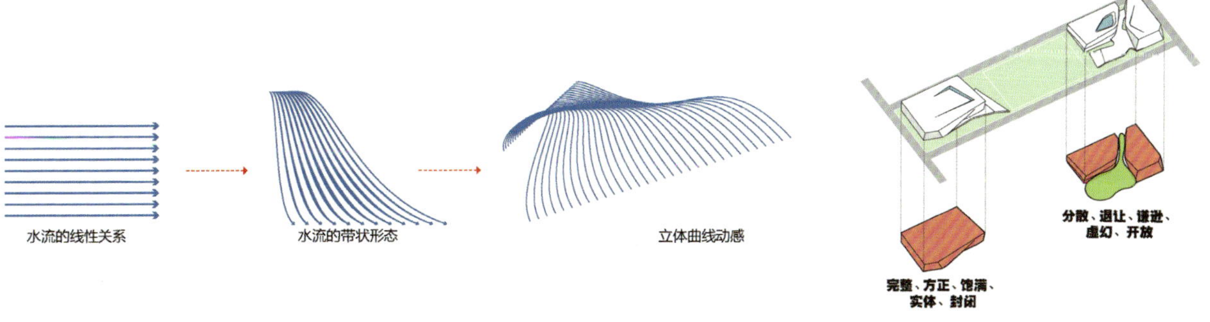

XUZHOU PUBLIC ACTIVITY CENTER

徐州市民活动中心

项目业主：徐州市新盛建设发展投资有限公司
建筑功能：大型城市馆、公共建筑
建筑面积：132 797平方米
设计单位：深圳市东大国际工程设计有限公司
主创设计：金煜峰、陈嘉文、许金华
建设地点：江苏 徐州
用地面积：164 000平方米
设计时间：2012年

项目作为云龙湖边最重要的城市标志之一，以整体、新颖、个性突出的形象，与音乐厅、体育馆和艺术中心形成呼应。建筑主体深厚凝重，博大沉雄，挥洒出书法的韵味，展示出动人的魅力和动感。同时，联合周边乐、艺、体建筑，形成四足鼎立的态势。

项目在功能和交通上分成独立的三个区：中心主题区、影视娱乐区和商业开放区。管理上各自独立、互不干扰。三个区域分区明确、独立，可分可合，按照活动要求，可单独开放或关闭个别区域，便于管理。总之，活动中心为市民提供最大限度的服务，体现活动中心为人民服务的公共意识。

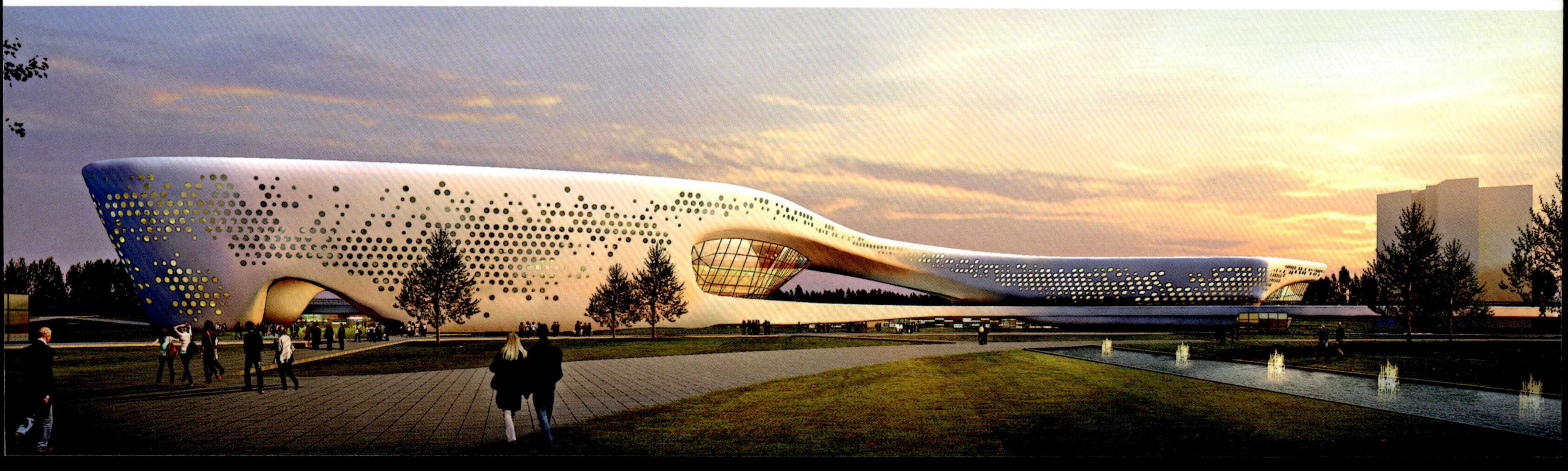

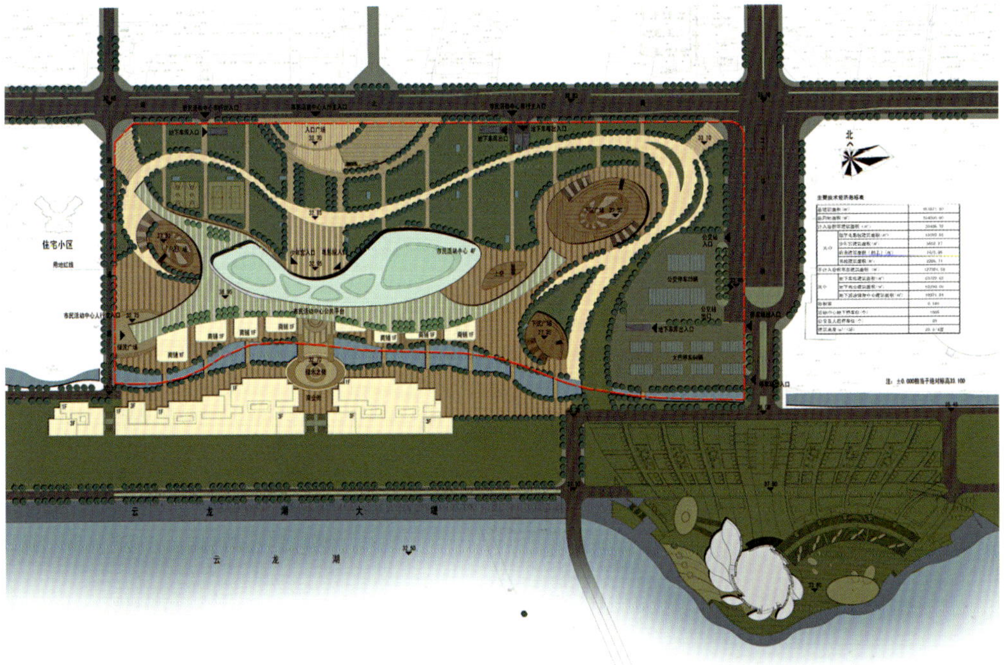

总平面图

一层平面图

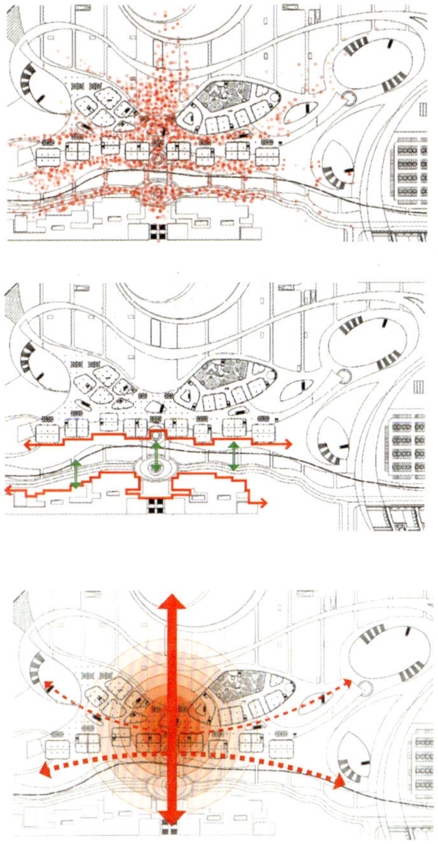

“一个中心，三条轴线”的商业结构

HANSHAN COMMERCIAL PEDESTRIAN STREET

韩山商业步行街

项目业主：徐州市规划局
建设地点：江苏 徐州
建筑功能：商业建筑
用地面积：2652 85平方米
建筑面积：747 300平方米
设计时间：2012年
设计单位：深圳市东大国际工程设计有限公司
主创设计：金煜峰、许金华

韩山商业步行街规划遵循将开发项目中的不同功能在竖向进行混合的设计思路，形成了整体协调的多功能社区，各功能之间形成经济上的互补与社区内的协调发展。

交错起伏的商业公共平台和绿化屋顶与韩山连成一体，使得韩山的自然景观自高处倾斜而下，通过屋面的连廊覆盖商业的公共活动平台，并对住宅形成包围的态势，为整个综合社区塑造独具特色的自然景观和公共活动空间。

总平面图
1:2500
规划用地范围线

BOSCH

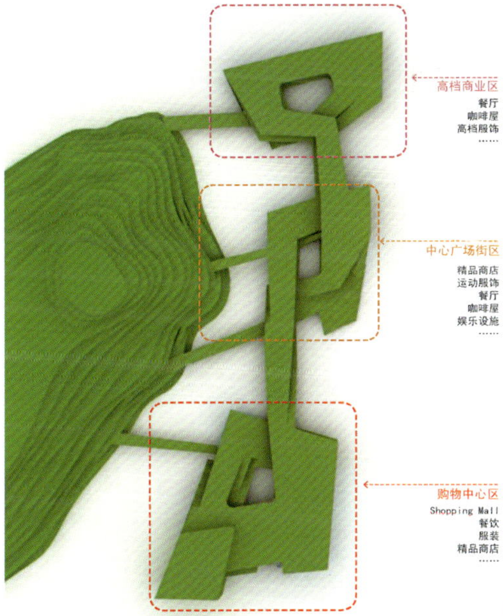
高档商业区
餐厅
咖啡屋
高档服饰
……
中心广场街区
精品商店
运动服饰
餐厅
咖啡屋
娱乐设施
……
购物中心区
Shopping Mall
餐饮
服装
精品商店
……

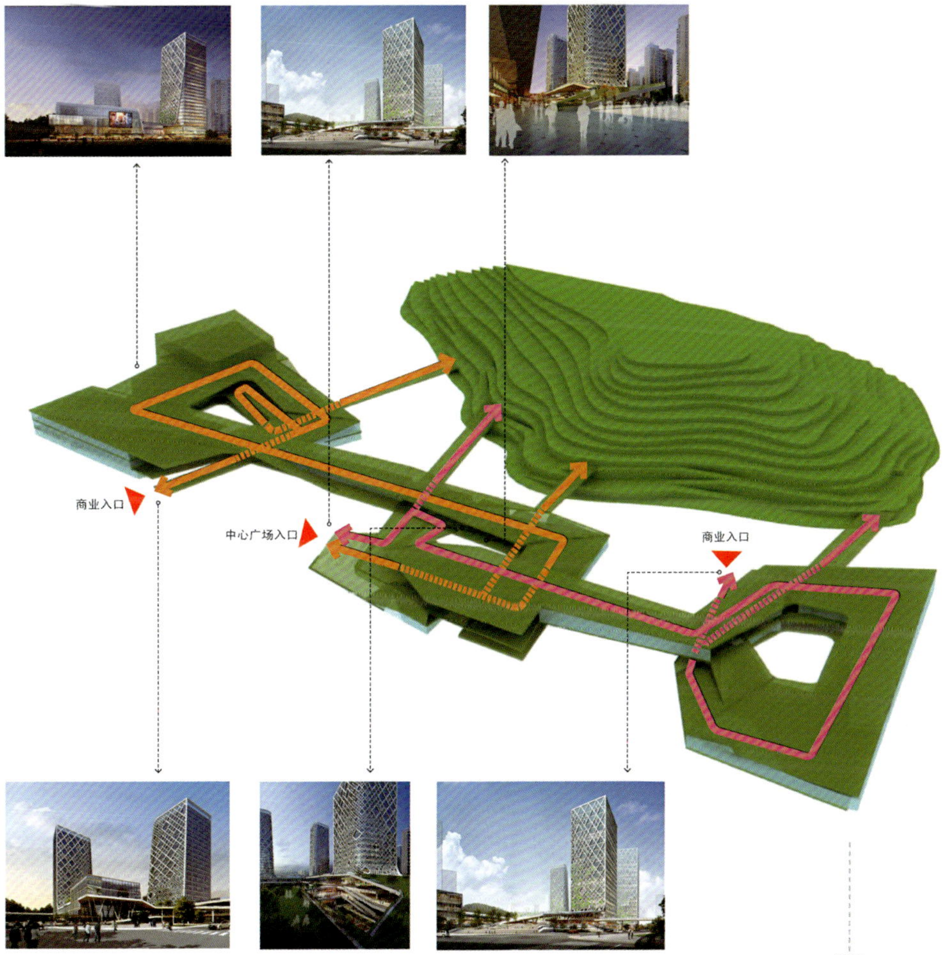
商业入口
中心广场入口
商业入口

SHENZHEN BAOTOU FLIGHTS CITY

深圳市宝投航城

彩色总平面图
Coloured Masterplan

项目业主：深圳市宝安区投资管理集团有限公司
建筑功能：工业建筑
建筑面积：51 268平方米
设计单位：深圳市东大国际工程设计有限公司
主创设计：金煜峰、刘瑞娟、王毅伟
建设地点：广东 深圳
用地面积：20 978平方米
设计时间：2015年7月

项目位于深圳市宝安区固戍片区，属于深圳市总体战略规划片区的西部滨海区，因其重要的产业及交通区位，是珠三角核心功能区之一，未来将发展成为深圳的新城市中心区。将重点发展现代物流业，建设世界先进水平的高端制造业园区，发展信息产业与通信产业等高端制造业。

两栋研发塔楼与一栋宿舍在不规则地块中各占一角，“水平塔楼”形体顺应走势将几栋塔楼紧密联系到一起，形成独特的“人字形”建筑布局。建筑群体以统一整体的建筑形象示人，更具标志性。建筑功能空间彼此紧密相连，人们不仅可以便捷、高效地通达办公室、会议室等，还能悠游于优美的自然环境中——环形曲线路径让人们漫步其中悠然自得。

景观分析图
Landscape Analysis

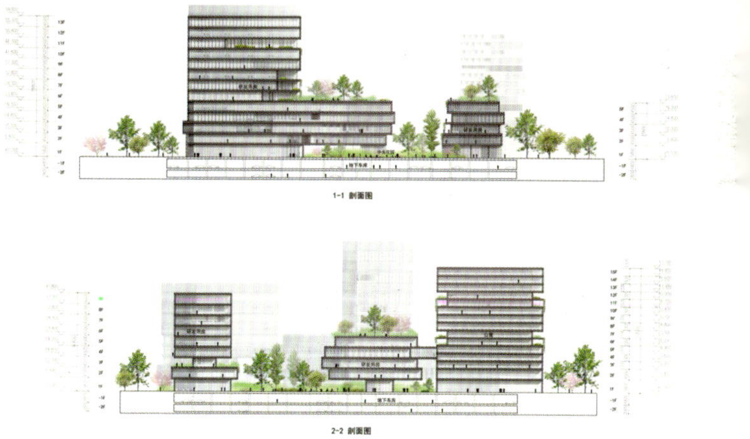

1-1 剖面图

2-2 剖面图

剖面图

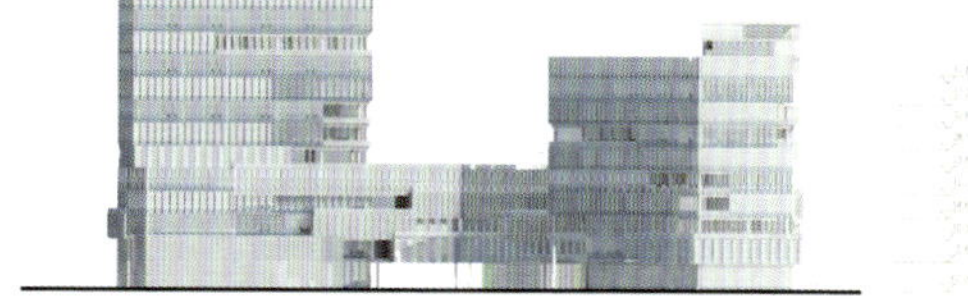

西面图

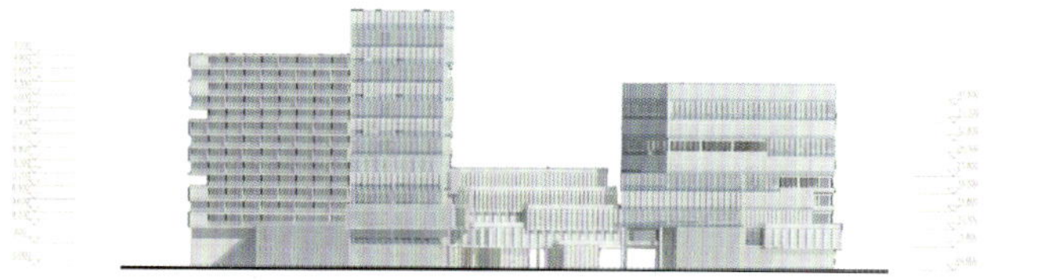

北面图

立面图

B地块二层平面图

B地块三层平面图

B地块四层平面图

SHENZHEN MONTERNET TECHNOLOGY BUILDING

深圳市梦网科技大厦

项目业主：深圳市梦网科技发展有限公司
建设地点：广东 深圳
建筑功能：办公建筑
用地面积：7 251平方米
建筑面积：51 106平方米
设计时间：2016年
设计单位：深圳市东大国际工程设计有限公司
主创设计：金煜峰、陈玲、陈嘉文

项目在布局上形成主次楼两大功能主体，主楼为研发主体，次楼为服务主体。两楼前后错开布局，降低相互之间的对视与干扰。用地西南角为最重要的展示角度，本案的布局在该方向最能突出主楼的形象，并有较为丰富的空间层次。另外，两楼围合形成1 500平方米的前广场，成为气派的主楼入口广场空间，强化了主楼的地位。

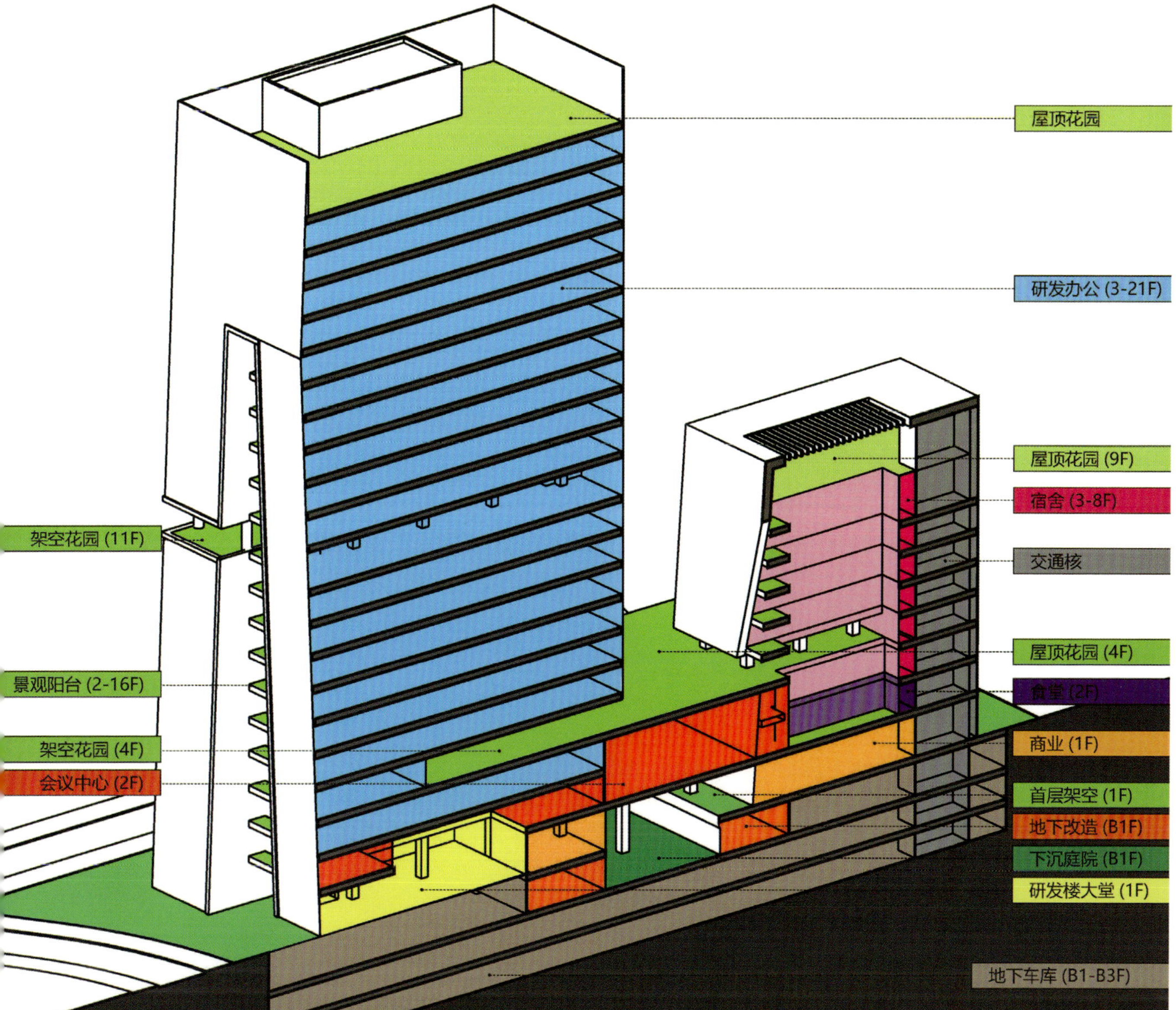

次楼考虑可改为出租办公，因此主次楼之间既要相对独立，也需紧密联系。设计师通过一个架空的裙房把主次楼连接起来，创造出更多的可能性。首层为大堂及商业区，二、三层为会议中心和食堂，通过走道形成主次楼的内部连接，便于所有公共空间服务于两座楼。会议中心包含一个约500平方米的大型多功能厅，为两层通高的大型无柱空间，满足企业举办各类重要会议、企业活动、体育赛事等多种需求。

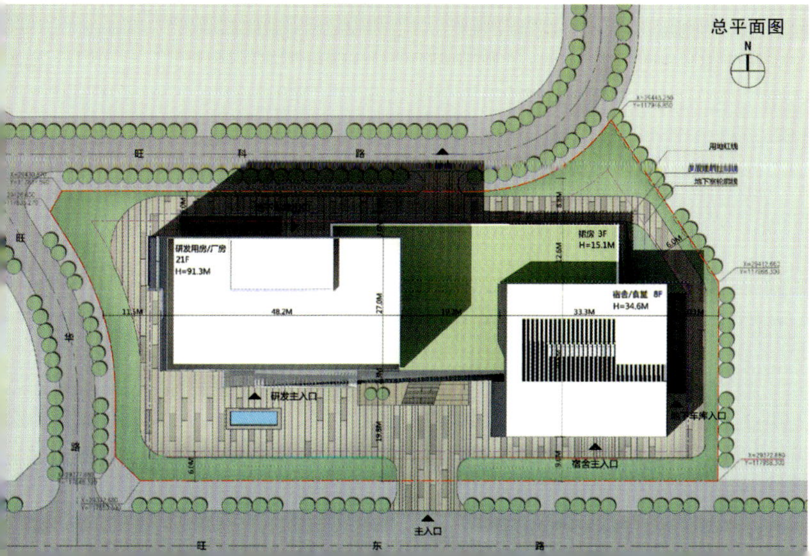

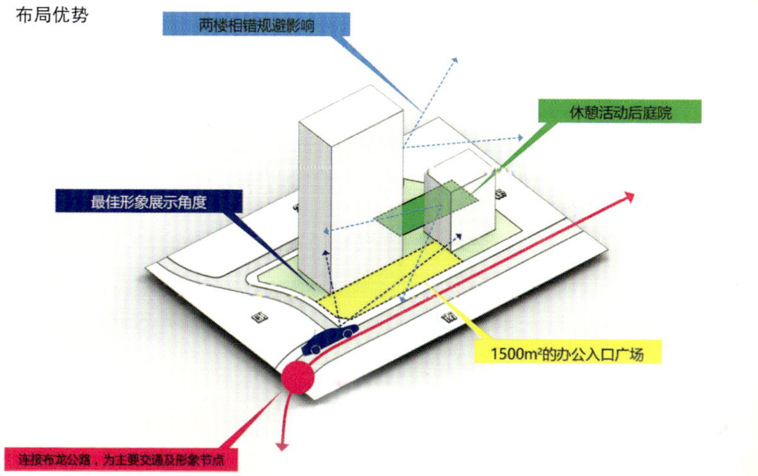

ARCHITECTS

姜都

职　　务：同元设计院建筑所所长
职　　称：国家一级注册建筑师
　　　　　工程师

教育背景
1996年7月　同济大学建筑城规学院建筑学学士
2000年4月　同济大学建筑城规学院建筑学硕士

工作经历
2000年至今　同济大学建筑设计研究院（集团）有限公司

获奖情况
中国勘察设计协会行业奖建筑公建二等奖
教育部优秀勘察设计二等奖
全国优秀工程勘察设计行业奖三等奖
上海市优秀工程设计一等奖
江苏省城乡建设系统优秀勘察设计奖二等奖
上海优秀工程设计三等奖

同济大学建筑设计研究院（集团）有限公司
TONGJI ARCHITECTURAL DESIGN (GROUP) CO., Ltd.

地址：上海杨浦区四平路1230号
电话：021-35375500
传真：021-65989084
网址：www.tjadri.com
电子邮箱：31jd@tjadri.com

同济大学建筑设计研究院成立于1958年，是全国知名的集团化管理的特大型甲级设计单位。持有国家住建部颁发的建筑、市政、桥梁、公路、岩土、地质、风景园林、环境污染防治、人防、文物保护等多项设计资质及国家计委颁发的工程咨询证书，是目前国内设计资质涵盖面最广的设计单位之一。经过50多年的积累和进取，该院拥有了雄厚的设计实力、丰富的人力资源、先进的设计手段。全院现有职工933人，一级注册建筑师112名，一级注册结构工程师146名。自1986年以来共有近200项设计作品获奖。

作为一所国际著名高校设计单位，设计院非常重视建筑教育，培养了一大批硕士生、博士生。此外，设计院具备丰富的对外交流合作经验，曾成功地与来自美国、加拿大、德国、法国、西班牙等国的著名事务所合作，并互派员工交流学习。按ISO 9001标准建立的质量保证体系通过了中国SAC和美国RAB的双重认证。自2001年起，与中国人民保险公司签订了每年累计赔偿一亿元人民币的工程设计险合同，有能力提供顶尖的设计产品和一流的咨询服务。

人才是企业的支柱，人才是企业的未来，同济大学建筑设计研究院把重视人才和营造留住人才的机制作为企业立身之本，把培育员工的市场服务意识和社会责任感作为企业文化的灵魂，为人才提供丰厚的创作沃土、铺开辉煌的职业生涯，致力于让每一个人与同济大学建筑设计研究院一同成长、壮大。

RECONSTRUCTION AND EXTENSION OF CCB WUXI SANATORIUM

中国建设银行无锡疗养院改扩建

项目业主：中国建设银行无锡疗养院
建筑功能：酒店、餐饮、会议
建筑面积：30 702平方米
项目状态：在建
设计单位：同济大学建筑设计研究院（集团）有限公司
建设地点：江苏 无锡
用地面积：43 300平方米
设计时间：2013年

项目位于无锡市滨湖区马山镇，交通便利，地理位置优越，周边旅游资源丰富。

设计采取将规划、景观与建筑一体化的手法，通过对自然环境的充分理解与利用，巧妙地借用地势高差将任务书所要求的功能聚合为相辅相成、不可分割的整体，并且从景观环境的角度出发，使建筑成为景观的组成部分，将地域特色美学与现代建筑理念相结合，同时引入独特的企业文化与时尚元素，打造出一个具有现代创新精神、又充满江南园林意境的作品，体现出景观建筑的文化包容性。

地块位于上海普陀区江宁路以东、澳门路以北、宜昌路以南、河滨围城以西。江宁路为主要的城市干道，近宜昌路口有高架路桥；宜昌路为次级干道，基地隔宜昌路与大型绿地即梦清园相望，景观极佳。

项目由西侧公建和北侧公建两部分组成，塔楼均为15层，高59.85米，其中南侧塔楼为整体出售的办公楼，北侧塔楼为出租办公楼，并提供了多样的办公空间选择，如跃层办公空间、公寓式办公空间、整体租售办公空间，各部分办公空间垂直交通，相互独立。裙房界面沿江宁路保持连续，功能以商业为主，最北端的裙房用作文化中心。

QIANSHUIWAN OFFICE AND COMMERCIAL COMPLEX

浅水湾办公商业综合体

项目业主：上海凯悦投资发展有限公司
建筑功能：办公、商业、文化
建筑面积：59 521平方米
项目状态：建成

建设地点：上海
用地面积：12 998平方米
设计时间：2008年
设计单位：同济大学建筑设计研究院（集团）有限公司
获奖情况：2013年上海市优秀工程设计一等奖
2013年中国勘察设计协会行业奖建筑公建二等奖

RENAISSANCE HOTEL CAOHEJING, SHANGHAI

漕河泾万丽酒店

项目业主：上海漕河泾开发区华港置业有限公司
建设地点：上海
建筑功能：酒店、办公
用地面积：26 141平方米
建筑面积：94 592平方米
设计时间：2008年
项目状态：建成
设计单位：同济大学建筑设计研究院（集团）有限公司
获奖情况：2013年上海市优秀工程设计一等奖

项目用地位于上海漕河泾开发区内的现代服务业集聚区，西临古美路，北临田林路，南面与东面分别是服务集聚区的内部道路横一路与纵一路。周边地块多为各类型的办公园区。项目是一个以五星级酒店为主体，另外包括一栋公寓式办公和一栋写字楼在内的建筑群，总建筑面积近10万平方米。

项目规划条件中要求在用地东南角留出不少于2 500平方米的集中绿地，这也成为用地最大的特点和亮点。考虑到建筑与绿地的关系，三栋塔楼呈U形围合中南部绿化，让建筑与景观环境有最大的界面，以L形展开的酒店裙房也使得这座城市酒店有了花园酒店的景观和氛围。建筑造型强调体块的理性和力度，用材是常用的石材与玻璃，但在细部处理、色彩搭配上精雕细琢、凹凸有致。黑色的金属框料、暖灰色的石材、富有细节的大面积玻璃窗、排风百叶的整体设计……均赋予酒店现代、简约而又高贵、典雅的气质。

R
RENAISSANCE

WUHU FINANCIAL SERVICE PARK

芜湖市金融服务区

项目业主：芜湖宜居置业发展有限公司
建设地点：安徽 芜湖
建筑功能：金融、办公、商业
用地面积：40 500平方米
建筑面积：471 172平方米
设计时间：2010年
项目状态：建成
设计单位：同济大学建筑设计研究院（集团）有限公司

本项目位于芜湖城东新区商务文化中心的核心区块，新区南北中轴线的北端，新区市政府北面。七幢高层塔楼和两幢多层塔楼较为均匀地布置在整个地块内，各塔楼、裙房及中间的高架广场以架空廊道相互连接，使之成为在一、二层标高都能方便联系的有机整体。

建筑造型强调项目的整体性，整个建筑群强烈的标志性能从基地周边不同角度体现出来，给人以深刻的印象。立面以石材、金属、玻璃为主要用材，通过规律而又错动的虚实对比，强化体积感与力量感，传递稳重而又不失时尚的金融建筑气息。

ARCHITECTS

广东省建筑设计研究院
Architectural Design and Research Institute of Guangdong Province

刘伟新

职　务：广东省建筑设计研究院第五建筑设计研究所副总建筑师、所长助理
职　称：国家一级注册建筑师、建筑学高级工程师

教育背景
1995年—1999年　广东工业大学土木系城市规划工学学士

工作经历
2005年至今　广东省建筑设计研究院

个人荣誉
湖南株洲市中心医院　荣获：2014年第八届中国建筑协会优秀建筑结构设计二等奖
2015年广东省优秀勘察设计三等奖
清远市华侨中学艺术楼及科技楼，　荣获：2009年广东省优秀勘察设计三等奖
南沙档案信息规划展览中心（一期）工程可行性研究报告　荣获：2014年—2015年度广东省优秀工程咨询成果三等奖
广州珠江新城D3-2地块项目，　荣获：2015年广东省优秀勘察设计二等奖
成都中医院大学图文信息中心　荣获：2015年广东省优秀勘察设计三等奖

主要设计作品
商业办公建筑：
珠江新城D3-2地块项目
韶关市公安局
佛山市宗德服务中心
工信部电子五所增城总部新区

医疗建筑：
株洲市中心医院
北京中石油医院改扩建项目
中山市古镇医院
新疆哈密市西区医院

教育建筑：
成都中医院大学图文信息中心
湛江市第二中学
清远市新华侨中学
佛山市顺德区李兆基中学

住宅建筑：
广州职业技术院校迁建一期安置区
广州大沙东保障性住房
广州南沙区横沥镇灵山岛安置区
增城碧桂园凤凰城H区二期工程

建筑思想
人可以改变环境，环境可以影响人，而设计则可以改变人和环境。
建筑设计应以人为本，应以使用者的角度去围绕功能进行细节设计。

广东省建筑设计研究院（GDAD）创建于1952年，是中华人民共和国第一批大型综合勘察设计单位之一，是改革开放后最早推行工程总承包业务的现代科技服务型企业，同时是全球低碳城市和建筑发展倡议单位、全国优秀勘察设计企业、当代中国建筑设计百家名院、全国企业文化建设示范单位、广东省高新技术企业、广东省守合同重信用企业、广东省抗震救灾先进集体、广东省重点项目建设先进集体、现代工程建设设计运营服务商。

GDAD现有专业技术人员2 700余名，其中工程院院士1名、全国工程勘察设计大师2名、享受政府津贴专家15名、教授级高工54名、高工498名、工程师635名、各类执业注册人员542名，形成素质优良、结构合理、专业齐备、效能显著的人才梯队。

GDAD现有建筑工程设计、市政行业设计、工程勘察、工程咨询、城乡规划编制、建筑智能化系统工程设计、风景园林工程设计、建筑装饰设计、工程建设监理、招标代理、工程承包、施工图审查等甲级资质，以及轨道交通设计资质，形成以设计为主业，以规划、勘察、咨询、总承包、审图、监理、技术研发等为重要补充的产业格局，立足广东、面向国内外开展现代科技服务。

GDAD现有“广东省现代建筑设计工程技术研究中心”和“广东省水环境与生态工程技术研究中心”2个省级科研中心，同时设有高等结构、BIM技术、建筑智能化、机电工程、地下空间、钢结构、绿色建筑与生态城市等专项研究部门，先后完成一批国家及省市重点科研课题和技术攻关项目，在基础研究、政策研究、国家地方行业标准规范编制、科研成果转化以及行业技术创新等方面作出积极贡献，获得发明专利、实用新型专利及软件著作权多项。

GDAD先后设计完成中国工艺美术馆、北京钓鱼台国宾馆、广东大厦、广州人民路623路高架桥、广东国际大厦、深圳国际金融大厦、北京大学理工教学楼群、深圳华润万象城、广州内环主线桥梁工程、广州白云国际机场、北京2008年奥运自行车馆、广州大坦沙污水处理厂、广州兴丰生活垃圾填埋场、广东省博物馆、广州亚运馆、广州珠江新城核心区地下空间、广州西江引水工程等国家及省市重点工程，同时在城市综合体、地下空间、体育、文教、交通、医疗、高层、住宅、市政工程、城乡规划等领域都屡有建树。“十二五”期间，项目共获国家、部、省级优秀工程勘察设计奖和科技奖350余项。

GDAD将继续秉承“守正鼎新，营造臻品”的核心价值观，发扬“绘雅方寸，筑梦千里”的企业精神，充分利用人才、技术、科研、创新和品牌的综合优势，为广大客户提供高效优质的服务，共同设计未来，成就梦想。

地址：广州市荔湾区流花路97号
电话：020-86681575
传真：020-86677463
网址：www.gdadri.com
电子邮箱：gdadri@gdadri.com

GUANGZHOU DASHADONG AFFORDABLE HOUSING PROJECT

广州大沙东保障性住房

项目业主：广州市住房保障办公室
建筑功能：保障性住房、安置房
建筑面积：501 100平方米
项目状态：建成
设计团队：刘伟新、杨轮祥、梁玉
建设地点：广东 广州
用地面积：153 500 平方米
设计时间：2010年6月
设计单位：广东省建筑设计研究院

设计理念

弘扬民居传统邻里文化为设计理念，提出创造以人为本、融入自然、高科技含量、低成本高质量的特色时代住宅，进而保障中低收入家庭平等的居住权利。

建筑布局采用周边围合布局的规划形态，最大化形成中心共享园林景观，营造亲切、和睦的邻里氛围；既能做到土地利用价值最大化，又能强调友好而私密的邻里空间，同时强调公共区域与私密区域的协调。

ZHUJIANG NEWTOWN D3-2 BLOCK

珠江新城D3-2地块项目

项目业主：广州市天河区猎德经济发展公司
建设地点：广东 广州
建筑功能：商业、办公建筑
用地面积：13 000平方米
建筑面积：120 000平方米
设计时间：2012年11月
项目状态：建成
设计单位：广东省建筑设计研究院
设计团队：黄佳、刘伟新、张晓聪

珠江新城D3–2地块项目坐落在黄埔大道西，位于珠江新城中轴线以东，珠江公园的北面，可谓是一块黄金地段。本项目集商业、办公为一体，以配合广州珠江新城的发展为目标。设计围绕以下三个互相依存的目标来展开。

一、营造独特的视觉焦点及理想空间

项目以露天中庭为中心吸引人流。另外在项目南面提供了宽敞的开放公共空间；而开放空间的合理布局，把室外空间延伸到了室内的建筑布局里。在城市空间以及建筑形象上各有强调和兼顾。

二、创建生动的多功能购物及办公环境

本设计的空间营造强调流线及通透感，同时构造令人愉悦的交互空间。

三、创造价值

全方位的规划和强烈的现代感，给专业商铺提供了独特的购物环境；同时也为关注时尚品质的人士构建了优雅的购物及办公空间。

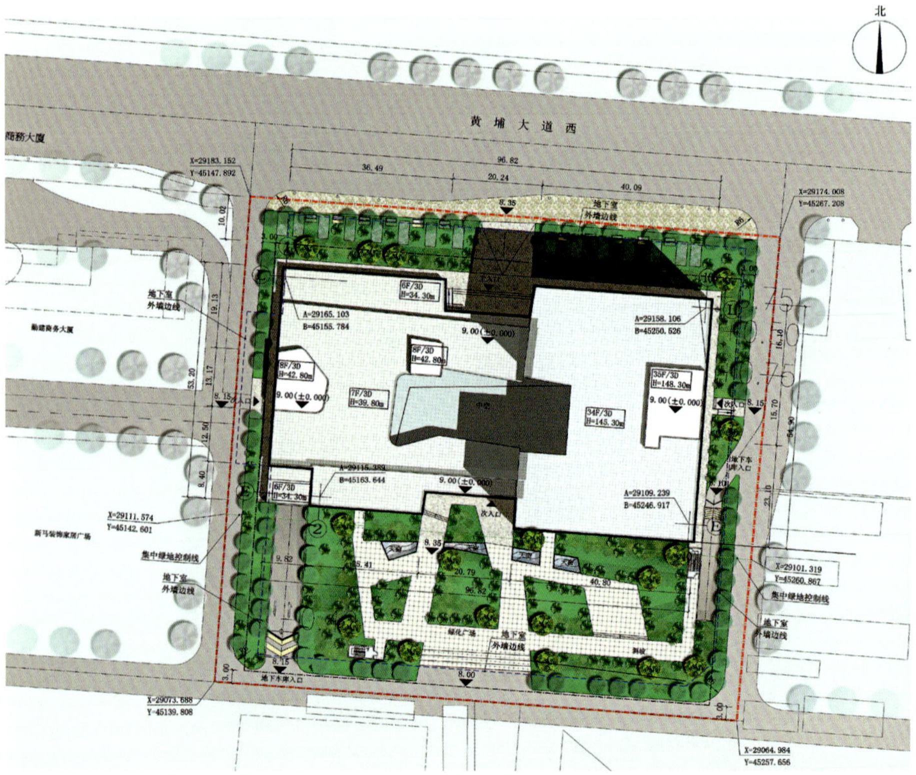

实景图

实景照片

平面与体量

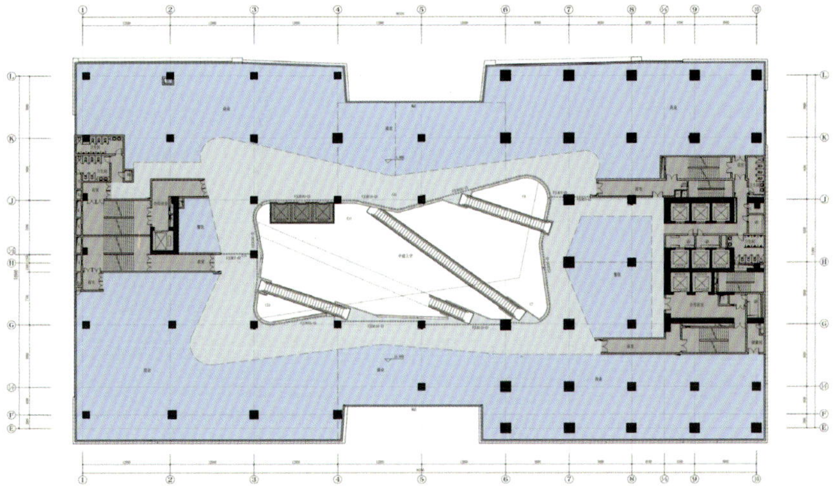
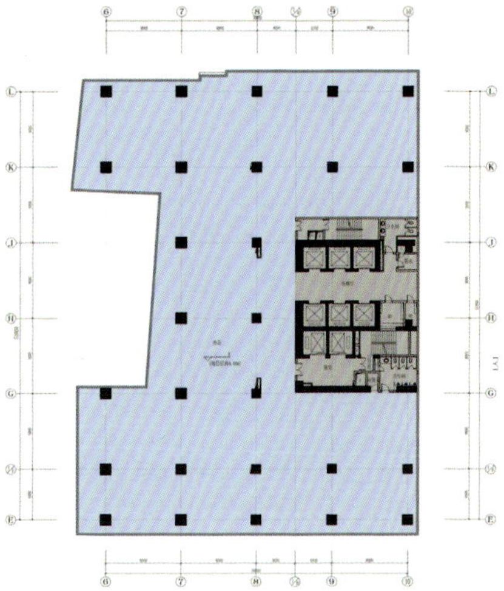

造型设计

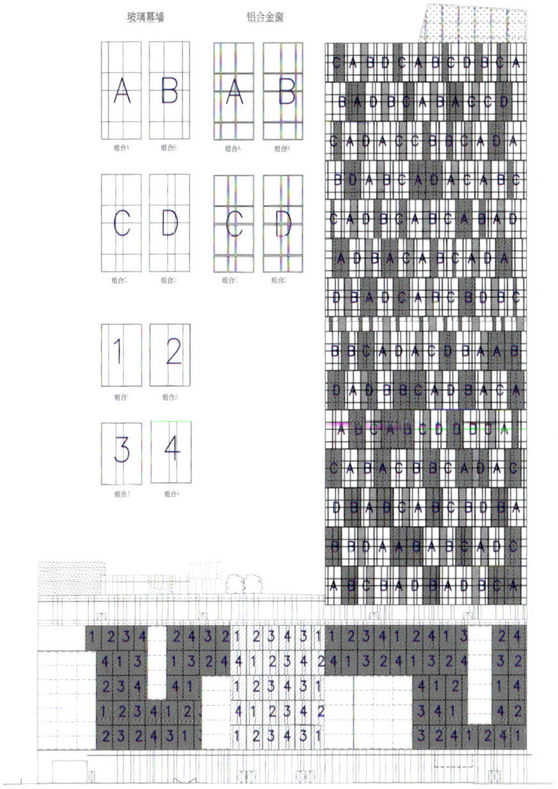

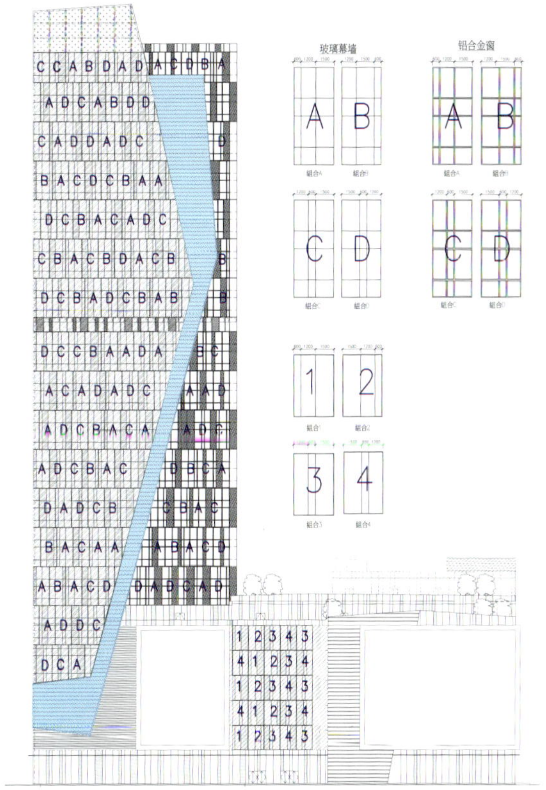

THE LIBRARY OF CHENGDU UNIVERSITY OF TCM

成都中医药大学图文信息中心

项目业主：成都中医药大学
建设地点：四川 成都
建筑功能：文教建筑
用地面积：979 300 平方米（校园规划总用地）
建筑面积：32 000平方米
设计时间：2011年12月
项目状态：建成
设计单位：广东省建筑设计研究院
设计团队：黄佳、刘伟新、张晓聪、秦莹

成都中医药大学温江校区位于科技开发园内，规划总用地面积979 300平方米。本项目位于整个校园规划的中心区域，而整体又分为图书馆和博物馆两部分。图书馆与博物馆通过弧形体量的错位与咬合，形成空间的自由、浪漫；它们之间自然形成一条轴线，与校区的环山体景观长廊相联系；博物馆通过从图书馆延伸出来的文化墙的包围，与图书馆形成一种孕育与衍生的关系。

分析图

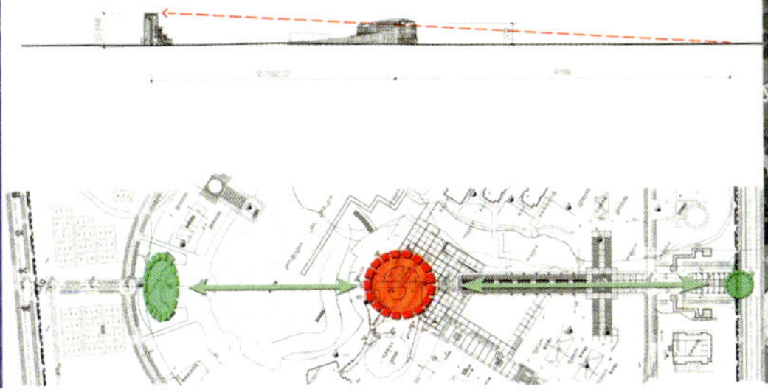

视线分析

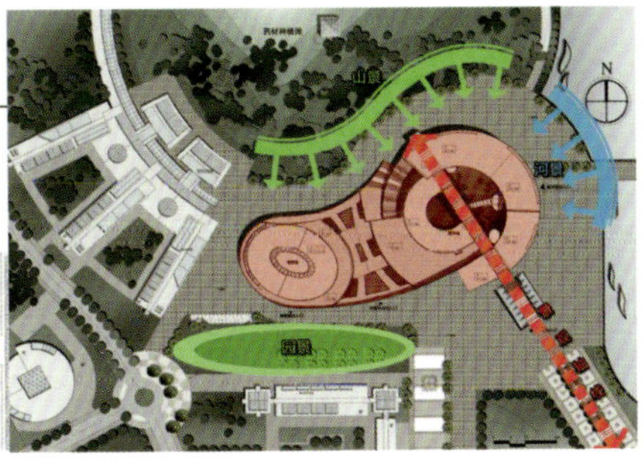

景观分析

立剖面图

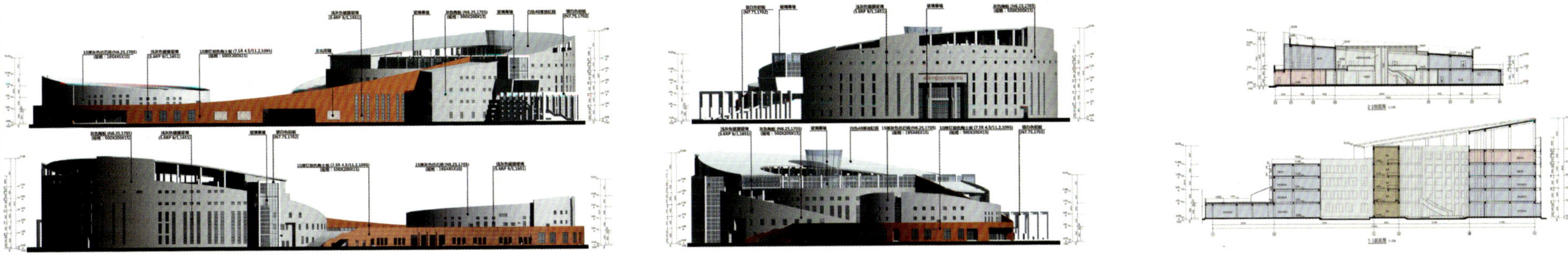

总平面图

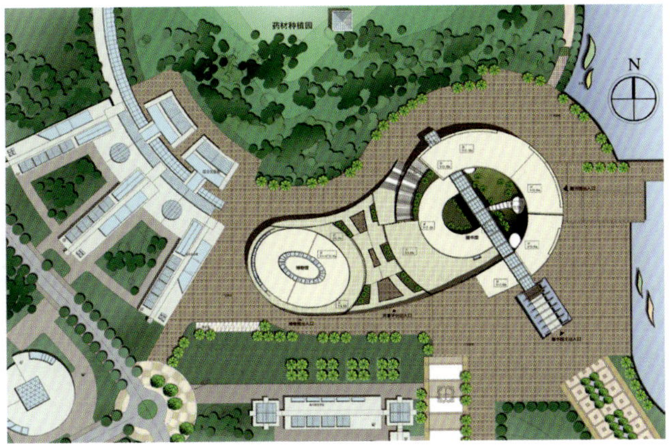

平面图

施工过程

RESETTLEMENT OF GUANGZHOU OCCUPATION TECHNICAL COLLEGE

广州职业技术院校迁建一期安置区

项目业主：广州市教育城建设指挥部办公室
建筑功能：居住建筑
建筑面积：716 000平方米
项目状态：在建
设计团队：刘伟新、黄俊华、李伟红、龙国盛、张翼鹏

建设地点：广东广州
用地面积：343 000平方米
设计时间：2013年
设计单位：广东省建筑设计研究院

教育城总用地30平方千米，分三期建设，广州职业技术院校迁建一期位于教育城一期地块南侧。该项目需要安置原增城区朱村街及秀山村村民4 820人，共4 660户。

广州职业技术学校迁建一期，目的在于安置周边居民，是整个广州教育城总体规划的首个项目，具有无可比拟的政治重要性和建设迫切性。按照省政府指示，“适度超前规划，高规格设计”，让村民住得舒心，既保留传统，也便利生活。力求村民在工作、生活、文化上都具备对传统的延续、是先安置后拆迁的促进社会和谐和民生稳定的关键工程。

区位分析

教育城位置

区位分析

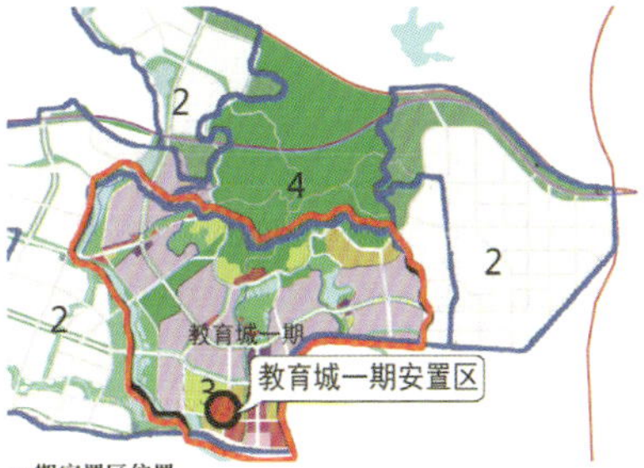

一期安置区位置

岭南风情

本方案打造富有岭南地域特色的住宅建筑，从岭南传统建筑中提取极富特色的构建元素：粉墙黛瓦、满洲镂花窗坡屋顶构架等。

用现代的造型手法，将这些元素简化、提炼、转译，使之既能体现传统文化的韵味，又能反映时代的特点。

历史传承

村内现状宗祠保留完整，日常祭奠活动等村落文化传统没有消失。因此既保留传统文化，也与时俱进，是本方案的设计目标。

祠堂按照传统样式，在水景最佳处重新布置；高层住宅则围绕着宗祠，沿着景观带一路铺开；配套公建也在宗祠广场附近修建。

耳濡目染的宗祠文化，不仅不被现代生活方式冲淡，反而在新时代有了新的演绎与诠释，更具活力与凝聚力。

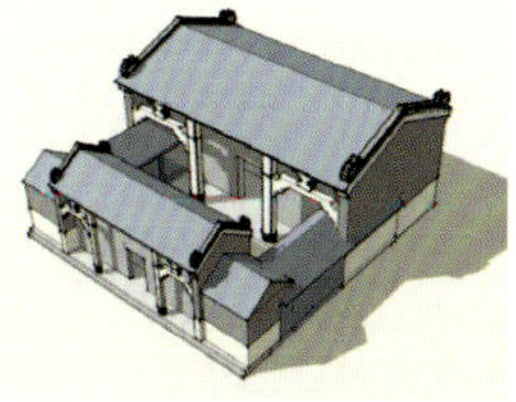

小区入口祠堂前广场可多功能使用，既满足村民祭祀、喜庆活动，也满足日常休闲娱乐。

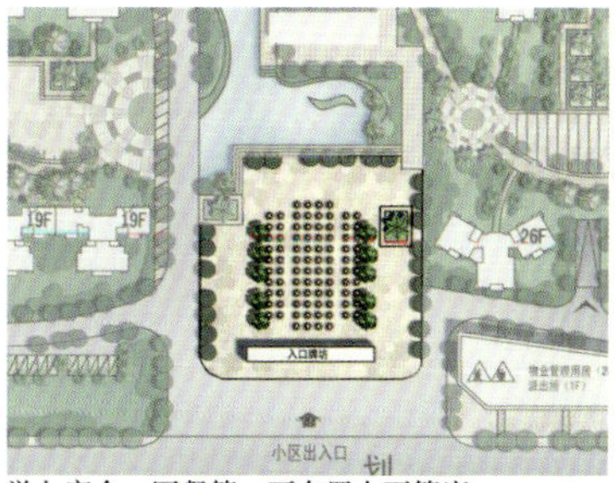
举办宴会、围餐等，可布置上百筵席。

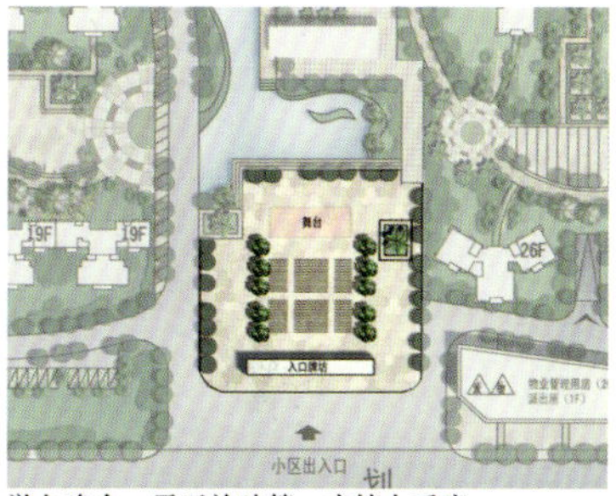
举办晚会、露天放映等，支持上千座。

静怡居所

“爽借清风明借月，动观流水静观山”，中国式栖居之趣，让自然的诗性与人的特质融合交汇，是本方案所追求的目标。

基地内有原始山林，外有西福河，将西福河的活水引入基地内部，以宗祠为生活重心，环绕布置现代化高层住宅，将现代化便利生活与传统村落文化结合。

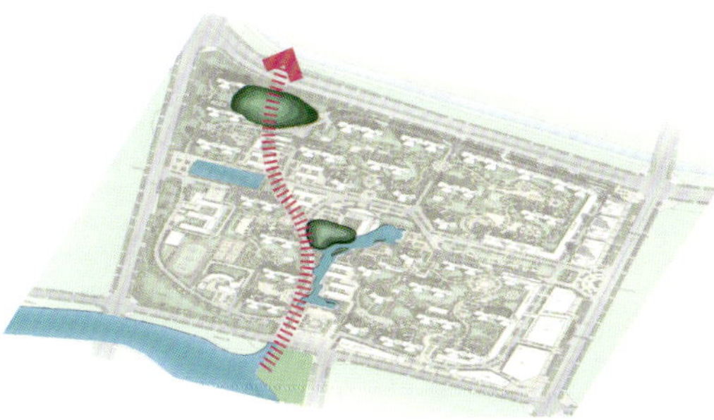
地块内部东北角与中部现状山地及池塘，予以保留、深化，并使之成为新的景观轴线。

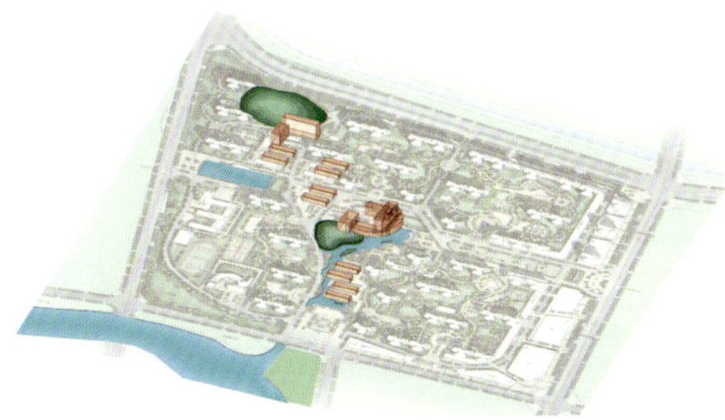
重新设计村民宗祠，与配套公建毗邻，占据最优景观位置。

以宗祠为中心，以山水为依托，环绕布置现代化高层住宅。

ARCHITECTS

启迪设计集团股份有限公司
Tus-Design Group Co., Ltd

李少锋

职　　务： 建筑创作中心主任
事业一部副总经理
职　　称： 高级建筑师
国家一级注册建筑师

教育背景
1998年—2003年　南京工业大学建筑与城市规划学院建筑学学士
2003年—2006年　东南大学建筑学院建筑学硕士

个人荣誉
中国建筑学会会员

主要获奖作品

沧浪新城社区服务中心	荣获：2014年江苏省第十六届优秀工程设计一等奖 2015年全国优秀工程勘察设计行业奖建筑工程三等奖 2015年第五届全国民营工程设计企业优秀工程设计建筑工程设计类华彩银奖
宿迁市宿城区实验小学迁建工程	荣获：2017年苏州市城乡建设系统优秀勘察设计二等奖 2017年江苏省城乡建设系统优秀勘察设计二等奖
国发·平江大厦	荣获：2016年苏州市城乡建设系统优秀勘察设计一等奖 2010年江苏省土木建筑学会建筑师学会第四届“江苏建筑师杯”优秀建筑设计方案大赛一等奖 2016年江苏省第十七届优秀工程设计三等奖
苏州妇女儿童活动中心迁建工程	荣获：2016年江苏省第十七届优秀工程设计二等奖 2016年江苏省工程勘察设计行业奖——绿色建筑专业二等奖
吴中区现代文体中心	荣获：2014年江苏省第十六届优秀工程设计三等奖
苏州东太湖防汛物资仓库工程	荣获：2014年第八届江苏省土木建筑学会建筑创作奖一等奖
苏州唯亭老街建筑方案设计	荣获：2014年第八届江苏省土木建筑学会建筑创作奖一等奖
虎丘老街	荣获：2015年第五届全国民营工程设计企业优秀工程设计建筑方案创作类华彩银奖

启迪设计集团股份有限公司（以下简称启迪设计）前身为创建于1953年的苏州市建筑设计研究院，2012年更名为苏州设计研究院股份有限公司，2016年2月在深圳股票交易所上市（股票代码：300500），2017年更名为启迪设计集团股份有限公司。

启迪设计一直秉持“传承历史、融筑未来”的使命，不断将优秀中国传统文化，尤其是苏州传统文化与现代文明相结合，传承创新、转型升级，立足苏州，走向全国，现旗下已拥有深圳毕路德、北京毕路德、中正检测等多家子公司和相关机构，未来将建成以苏州为中心，辐射华东、华北、华南、西南、华中等多区域的全国性设计服务网络，扩展业务服务半径，更好地满足公司业务发展的要求。公司将发挥技术、人才、文化、品牌等方面的综合优势，集成创新、集群发展，发扬“工匠精神”，唯精唯一，致力于打造精细化、专业化、集团化的建筑科技服务领军企业。

目前，启迪设计已拥有建筑工程、城乡规划编制、人防工程、风景园林、建筑智能化系统工程设计五项甲级资质，以提高人居环境品质为核心、以建设工程领域创新技术集成为特色，成为提供全方位、一体化服务的人居环境技术集成引领者。

地址：江苏省苏州市工业园区星海街9号
邮编：215021
电话：0512-65150100
网址：www.siad-c.com
电子邮箱：service@tusdesign.com

WUZHONG DISTRICT MODERN CULTURAL AND SPORTS CENTER

吴中区现代文体中心

项目业主：苏州市吴中区国裕资产经营有限公司
建筑功能：办公建筑
建筑面积：78 023平方米
项目状态：建成
主创设计：李少峰
获奖情况：2014年江苏省第十六届优秀工程设计三等奖

建设地点：江苏 苏州
用地面积：58 902平方米
设计时间：2009年
设计单位：启迪设计集团股份有限公司

项目的总体布局在苏州吴中区城市规划设计前提下，充分利用有限的土地资源，注重多种功能的空间组合，创造出与城市空间和谐统一的丰富空间。建筑总体布局强调了城市轴线，南北主轴线以基地南侧的吴中区体育馆作为对景，以室外平台来突出这条轴线。

基地西部为文化创意产业大厦，东侧为全民健身中心，建筑功能与基地以北规划中的吴中文化中心和基地以南的吴中区体育馆相符，形成吴中区的文体活动核心；又与基地以西规划中的酒店商业用地功能互相补充。

项目通过舒展全民健身中心和挺拔的文化创意产业大厦，来提升该地段的形象，体现“兼容并蓄，海纳百川”的非凡气度。全民健身中心的造型具有现代感和运动感，造型流畅，立面时尚生动，符合体育建筑活泼向上的精神。文化创意产业大厦立面造型简洁、现代，符合办公建筑的要求。

CANGLANG METRO COMMUNITY SERVICE CENTER

沧浪新城社区服务中心

项目业主：沧浪新城建设发展有限公司
建筑功能：办公建筑
建筑面积：27 097平方米
项目状态：建成
主创设计：李少峰
获奖情况：2014年江苏省第十六届优秀工程设计一等奖
2015年全国优秀工程勘察设计行业奖建筑工程三等奖
2015年第五届全国民营工程设计企业优秀工程设计建筑工程设计类华彩银奖

建设地点：江苏 苏州
用地面积：100 000平方米
设计时间：2009年
设计单位：启迪设计集团股份有限公司

项目位于苏州市沧浪区沧浪新城区域内，北临吴中西路，西临范成大路，南临九曲港、杨素路。整个地块呈“L”形，地势较为平坦，地理位置优越，交通便利。建筑布局顺应地块形状，呈“L”形，均沿街布置，体现社区服务中心的亲民特色。

建筑单体的设计灵感来源于“沧浪”一词中水的元素，在“水”的概念指导下，设计师提炼出了建筑的形体雏形。错落的建筑体块的搭接，再加上跳跃的建筑色彩搭配，使本建筑具有抽象雕塑般的外部形象，很好地满足了整个城市区域对于节点性建筑的造型要求，并以横向构图的建筑姿态很好地融入周围的城市环境中。

中国邮政
CHINA POST

GUOFA · PINGJIANG BUILDING

国发·平江大厦

项目业主：苏州市营财投资集团公司
建设地点：江苏 苏州
建筑功能：办公建筑
用地面积：19 631平方米
建筑面积：115 533平方米
设计时间：2011年
项目状态：建成
设计单位：启迪设计集团股份有限公司
主创设计：李少峰
获奖情况：2016年苏州市城乡建设系统优秀勘察设计一等奖
2010年江苏省土木建筑学会建筑师学会第四届“江苏建筑师杯”优秀建筑设计方案大赛一等奖
2016年江苏省第十七届优秀工程设计三等奖

项目的建设用地处在新城与古城控高变化的过渡位置。用地北面地块的规划限高是100米，南面地块的限高是24米和60米，这个城市形态界面的落差比较大，天际线必须处理好。因此，设计师把两栋塔楼设计成一高一矮，屋顶轮廓形成阶梯式的斜线，屋顶标高由100米降到98米，再由84米降到76米再到66米，制造一个软过渡，让城市主界面的天际线更加整齐顺畅。

在被动式节能方面，设计师在塔楼的西立面采用了独特的三层幕墙系统：依次是：①双层low－E中空玻璃幕墙，含可开启窗；②电动调节遮阳百叶系统；③单层玻璃保护层，可开启部分与玻璃幕墙可开启部分对应。

最外层的单层玻璃是这个构造的重点，它起到三个重要作用：首先，这层玻璃不是真正的建筑外皮，真正的建筑外皮是位于最里层的双层low－E中空玻璃幕墙，这样才能保证夹在中间的电动遮阳系统是真正意义的外遮阳，最外层的单层玻璃是遮阳百叶的外保护层，是外遮阳系统的一个组成部分。其次，它可以开启，满足建筑的正常通风需求，这也是绿色建筑的重要要求。第三，它使建筑外立面更加简洁明快，符合办公建筑的风格，也更方便了建筑外立面将来的清洗维护。它也能有效阻止西晒阳光进入建筑内部，降低能耗。在建筑南立面设计了光伏发电遮阳板，集遮阳和利用可再生能源的功能于一身，体现了绿色建筑的设计理念。

SUQIAN CITY SUCHENG DISTRICT THE EXPERIMENTAL PRIMARY SCHOOL RELOCATION PROJECT

宿迁市宿城区实验小学迁建工程

项目业主：宿迁市宿城区实验小学
建筑功能：教育建筑
建筑面积：38 823平方米
项目状态：建成
主创设计：李少峰

建设地点：江苏 宿迁
用地面积：39 206平方米
设计时间：2015年
设计单位：启迪设计集团股份有限公司
获奖情况：2017年苏州市城乡建设系统优秀勘察设计二等奖
2017年江苏省城乡建设系统优秀勘察设计二等奖

1. 集约用地的总图布局

项目用地非常紧张，方案的总体布局在高度集约的同时，平衡各功能的最佳位置，使每个功能区域各得其所；地块东侧距用地红线东86米是地震带，禁止建造人群密集建筑，所以设计师将室外运动场地都布置在东侧，尽可能多地利用场地；后勤入口设置在通往食堂最便捷的西北角，地块东侧为地面机动车停车场出入口。

2. 地形利用与土方平衡

基地现状高差复杂，高差较小，但高差段过多，不利于建造。设计将原来为33.2米的B地块进行挖方，用于原31.2米的C地块上，进行填方，挖方量与填方量平衡。最终，整个用地内部只有一个高差段，高差共3.6米，正好是一层建筑的层高。地块的平整不仅使建筑内部得到了更好的空间利用，并使室外场地更利于小学生的活动。

3. 材料与风格对历史的尊重与传承

设计继承中国传统书院的文化氛围，用现代新中式造型手法，结合坡屋顶、粉墙黛瓦、格子窗等元素，打造具有现代书院氛围的新校区。

借鉴中国传统书院建筑的轴线性来把控整体布局，以入口广场为核心，建筑与院落在两个方向各自沿多条并列的轴线展开，形成具有整体感和序列感的设计。

依据传统书院布局，各建筑之间产生一系列院落空间，根据其功能、进入校园的序列、开放程度等不同，分为三个等级：开放—半开放—私密，即：入口广场空间—公共院落空间—内庭院空间。

4. 高效的运作与管理手段

清晰的上学流线——学生从入口广场经过多层次的院落组合，可以便捷到达各个功能区。

便捷的行政流线——行政人员和后勤人员可以通过入口楼梯直接到达行政区域，也可以从地库停车后通过楼梯直接到达行政区域，两种不同的人流都达到最便捷的组织模式。

广东博意建筑设计院有限公司

李焕端

职　　务：广东博意建筑设计院院长、碧桂园集团助理总裁、研发设计中心总经理、方案评审部总经理

职　　称：建筑设计高级工程师

教育背景

华南理工大学建筑学学士

北大光华管理学院EMBA

社会荣誉

顺德区勘察设计咨询协会副会长

顺德区土木建筑学会副理事长

“顺德区三十五佳工程师”荣誉称号

佛山市勘察设计协会副会长

广东省勘察设计协会理事

《时代楼盘》杂志设计行业专家顾问

《建筑结构》杂志编辑合作常务理事

入选中国当代青年建筑师

代表著作

2005年4月《居住、商业、休闲空间的开放和整合》——《中外建筑》

2005年《绿化生态建筑的畅想》——2004年综合专刊《南方建筑》

获奖情况

华南碧桂园翠宏台	荣获：2003年—2004年佛山市优秀工程设计二等奖（佛山市勘察设计协会）
凤凰城酒店项目	荣获：2003年—2004年佛山市优秀工程设计一等奖（佛山市勘察设计协会）
荔城碧桂园小区	荣获：广东省第十一次优秀工程设计表扬奖 2002年顺德市优秀工程设计一等奖
佛冈碧桂园清泉城	荣获：2012年全国人居经典优秀规划建筑方案竞赛建筑金奖（中国建筑学会）
碧桂园·兰州新城	荣获：2013年国人居经典优秀规划建筑方案竞赛建筑金奖（中国建筑学会）
贵阳·花溪碧桂园	荣获：2013年全国人居经典优秀规划建筑方案竞赛建筑金奖（中国建筑学会）
碧桂园十里银滩酒店	荣获：2013年广东省优秀工程设计二等奖
张家界碧桂园	荣获：2014年精瑞科学技术奖——最优规划设计奖
碧桂园总部大楼	荣获：2014年精瑞科学技术奖——最佳人居写字楼范例奖 2015年詹天佑故乡杯奖
佛冈碧桂园清泉城	荣获：广东省注册建筑师协会第八次优秀建筑鼓励奖（广东省注册建筑师协会）
碧桂园一号码头	荣获：广东省注册建筑师协会第八次优秀建筑鼓励奖（广东省注册建筑师协会）
碧桂园花都空港国际公寓项目	荣获：2015年时代楼盘《久偌第十届金盘奖》
贵阳花溪碧桂园项目	荣获：2015年时代楼盘《久偌第十届金盘奖》
碧桂园·东海岸	荣获：2016年国际人居生态优秀规划建筑方案竞赛建筑金奖（中国建筑学会）
碧桂园总部·新翼广场	荣获：2016年国际人居生态优秀规划建筑方案竞赛建筑金奖（中国建筑学会）
南京碧桂园·湖光山色	荣获：2016年国际人居生态优秀规划建筑方案竞赛建筑金奖（中国建筑学会）
碧桂园·海湾壹号	荣获：2016年国际人居生态优秀规划建筑方案竞赛建筑金奖（中国建筑学会）

李瑛
产品标准研究部总经理
高级建筑师

黄挺
方案评审部副总经理
一级注册建筑师

熊志浩
方案设计总监
一级注册建筑师

翁健明
方案所所长

冯伟
方案评审部总经理助理

唐文婷
方案所所长
一级注册建筑师

林媛
方案评审部总经理助理

俞维
院长助理
方案设计总监

肖鸿章
方案所所长

关于博意：广东博意建筑设计院有限公司成立于1992年6月，是目前国内最大的民营设计机构之一，也是碧桂园集团最大的合作伙伴之一。

资质及认证：博意具有国家建筑行业（建筑工程）甲级、城市规划编制乙级，勘察专业类（岩土工程）乙级、园林工程设计乙级等设计资质。同时，博意已经通过国家ISO质量、安全、健康认证体系。

人员情况：会聚了2 300位设计精英，其中，约300人拥有各类国家执业注册资格，约800人拥有中高级职称。

业绩及合同情况：2016年，博意完成工程设计面积达到7 000万平方米，签订设计合同金额超过30亿元，位于行业前列。

地址：佛山市顺德区北滘镇碧桂园大道1号
电话：0757-29916919
传真：0757-29917418
网址：www.bgy.com.cn
邮箱：huanduan66@163.com

ZENGCHENG GUALÜ NEW TOWN, MASTER PLAN, GUANGZHOU

广州增城挂绿新城概念规划

建设地点：广东 增城
用地面积：3 910 000平方米
建筑面积：2 920 000平方米
容 积 率：0.75
设计时间：2016年
项目状态：方案设计已完成
设计单位：广东博意建筑设计院有限公司
设计团队：李焕端、李瑛、俞维、黄璜、黄卓华

目标：亲民服务、金融商务、文化体验、娱乐购物；将项目打造成为增城的行政文化中心，树立区域核心标杆形象。因地制宜，打造一条贯穿城市的“绿龙”。

一轴：指新城中轴线，将市政府、山体、地标建筑、万达广场、增城广场连接起来，同时连接老城区的中轴。两核：指以政府为中心的行政核心区和以万达广场及地标建筑为核心的商业核心区。两核分别接驳双地铁，连通广州市区。 三带：指沿增城大道、爱国路、爱民路两旁规划的绿带，连接山顶和江景形成的山水景观视线通廊。

COUNTRY GARDEN, LANJIANG ROAD COMMERCIAL COMPLEX

武汉碧桂园·拦江路商业综合体

建设地点：湖北 武汉
用地面积：3 164平方米
建筑面积：126 440平方米
容 积 率：4.0
设计时间：2016年
设计单位：广东博意建筑设计院有限公司
设计团队：李焕端、李瑛、翁健明、蔡文智、利冠杰、王小忠、李青龙、冯丽玲、徐紫欣
获奖情况：2016年武汉碧桂园·拦江项目竞赛一等奖

本项目位于武汉两江四岸长江滨江带，属于武汉城市重点展示区，距汉口中心仅5千米，500米囊括汉阳江滩公园核心区，1千米可达二环线，1.5千米内拥有两条长江大桥、三个轨道站点，私车及公共交通速达三镇，区位条件优越。

武汉又名“江城”，武汉碧桂园·拦江路项目以“水”为主题，将“水”的符号融入建筑群体与建筑立面中，建筑组团与长江成环抱姿态，强调建筑的仪式感，打造一线顶级江景豪宅，做到户户望江。主体建筑通过屋顶连通，打造超豪华天际会所、无边际泳池、Skybar，让业主可以足不出户便享用顶级服务，致力打造地标性建筑。

户型以260~300平方米为主，双电梯入户、专用服务电梯、功能分离，互不干扰。75平方米、宽10米的横厅、2.1米深大阳台，能够最大限度地享受江景。

住宅建筑立面利用阳台的折线变化，勾勒出丰富的机理，宛如婀娜多姿的仙女在舞动。办公建筑立面玻璃幕墙与横向线条的相互渗透，勾勒出一条优美的曲线，契合“水”元素主题。

COUNTRY GARDEN,CORAL PALACE

海南碧桂园·珊瑚宫殿

建设地点：海南 陵水
建筑面积：1 696 882平方米
设计时间：2014年
设计单位：广东博意建筑设计院有限公司
设计团队：李焕端、李瑛、林媛、唐文婷、莫超艳、陈基伟
获奖情况：2015全国人居经典建筑规划设计方案竞赛建筑、规划双金奖
用地面积：1 026 029平方米
容 积 率：1.64
项目状态：一、二期建成（后期在建）

本项目位于海南陵水风车国际度假村内，东临山湖大道，南侧接驳珊瑚宫殿一期项目，且直面南中国海。北侧与珊瑚公园相连，用地内部植被良好，地势南高北低，坡向珊瑚公园，自然景观资源优越。

商业街采用英伦风格，外立面采用砖红色的高档外墙砖及石材、涂料搭配墙面，浅蓝色吸热玻璃窗，坡屋顶，并配以老虎窗及钟楼，营造浓厚的商业气氛。低层住宅为泰式风格。多层的坡屋顶，高耸的尖塔，外立面运用仿木格栅及石材和通透的百叶，配合热带植物，建筑与自然完美结合，绿意盎然，生活方便，打造出了一个具有海南热带滨海特色与文化内涵的超五星级休闲度假社区。

本项目贯彻以人为本的思想和可持续发展的设计原则，以建设海南热带滨海特色休闲度假环境为规划目标，创造一个布局合理、功能齐备、交通便捷、绿意盎然、生活方便、具有文化内涵的超五星级社区。

Farrow

Tommy Bahama's
FIRST PROPERTY
Farrow
Perrier
Cafe

CHASE
Farrow
Carrefour
碧桂园珊瑚宫殿
VERSACE
PRISMA
BRASSERIE BA

COUNTRY GARDEN, HAITANG BAY

碧桂园·三亚海棠湾齐瓦颂项目

建设地点：海南 三亚
用地面积：105 585平方米
建筑面积：100 024平方米
容 积 率：1.00（北地块）/0.8（南地块）
设计时间：2016年
项目状态：在建
设计单位：广东博意建筑设计院有限公司
设计团队：李焕端、黄挺、李瑛、肖鸿章 、陈伟佳、李海龙、粟立帆、梁晓琳

海南齐瓦颂项目是碧桂园在海南三亚海棠湾的首个度假项目，坐拥得天独厚的地理位置，是畅享休闲放松的人间天堂！项目用地105 585平方米，总建筑面积100 024平方米，集酒店公寓，休闲、养老、娱乐、度假等功能于一体。我们尊重当地环境与传承本土文化，在设计中引入了垂直绿化理念与本土人文的元素，创造让客户尽享完美度假时光的建筑群体。低密度的别墅群，坐拥一线湖景；酒店配套，让客户流连忘返，海南本土文化，重铸建筑神韵。在现实生活世界，自然之美总是不时将我们饱受世俗浸染的灵魂进行洗礼，让它拥有最初的纯真与美好。对于久居都市的人们来说，这里无疑为理想中的美丽田园；漫步其中，沉迷于一缕阳光的浪漫。

COUNTRY GARDEN, ONE OF MOUNT TIANLU

碧桂园·贵州中铁国际生态城天麓1号

建设地点：贵州 龙里
用地面积：100 000平方米
建筑面积：65 000平方米
容 积 率：0.64
设计时间：2015年
项目状态：建成
设计单位：广东博意建筑设计院有限公司
设计团队：李焕端、李瑛、黄挺、熊志浩、麦敏江、周明月、黎学鸿、罗柯宇

本项目位于中铁国际生态城，毗邻高尔夫体育公园。作为中铁与碧桂园战略联盟的标杆力作，项目主推泰式风情生活社区。在既有规划条件下，结合用地西侧已有的大型风情商业街、酒店、办公楼等，把本项目打造成具有异域风情的泰式风格居住与度假小区。社区洋溢着浓郁的热带风情，以低容积率的布局，与大自然更加贴近，加倍获得阳光、清风、美景，让热带浪漫风情铺展到每一个细节，形成难得的空间与自然相倚相生的至优居所。

COUNTRY GARDEN, TIGER BEACH

碧桂园•虎滩

建设地点：辽宁 大连　　用地面积：82 200平方米
建筑面积：32 880平方米　　容 积 率：0.4
设计时间：2016年　　项目状态：建成
设计单位：广东博意建筑设计院有限公司
设计团队：李焕端、黄挺、李瑛、俞维、王小忠

本项目地块位于大连市中山区滨海东路老虎滩板块，西南侧为老虎滩湾，依山望海。

规划策略：充分研讨地块复杂的地形地势，利用地形的高差实现北高南低的带状分布态势，依山势层层错位，实现户户看海。别墅产品根据规划市政路方向呈东西向分布，在做足容积率的同时与地形地势有机结合，灵动布局。充分利用地形做地下室，并做到人车分流。

建筑立面采用北美风格，运用大挑檐、大露台、体块的进退大开窗等元素，以挺拔而精细的线条装饰、精美的浮雕来彰显建筑的品质感。外墙材料采用进口干挂石材和深褐色陶板，理性庄重的色彩基调隐透出典雅厚重的奢侈感。

COUNTRY GARDEN, LIGHT TAILWAY COMMERCIAL COMPLEX

碧桂园·轻轨悦城商业综合体

建设地点：广东 清远
建筑面积：80 396平方米
设计时间：2016年
设计单位：广东博意建筑设计院有限公司
用地面积：34 080平方米
容 积 率：2.5
项目状态：设计中
设计团队：李焕端、李瑛、肖鸿章、林良纳、吕思良

项目位于轻轨悦城项目商业核心位置，交通便利。轻轨悦城（A区三期）商业综合体的建设为片区商业建设提档升级，形成区域之间的商业枢纽，引领城市商业核心发展，提升区域的城市形象与生活活力，释放项目最大价值，激活商业价值，增强轻轨悦城城市综合体的城市形象，创新都市生活。项目力求打造具有品牌号召力、年轻时尚的都市级体验式商业步行街。

ARCHITECTS

华南理工大学建筑设计研究院

李彬彬

职　务：设计总监T&Y STUDIO
职　称：建筑师

教育背景

2001年—2006年　广东工业大学建设学院建筑学学士
2006年—2009年　华南理工大学建筑学院建筑学硕士

工作经历

2009年至今　华南理工大学建筑设计研究院

个人荣誉

荣获：2017年广东省勘察设计行业协会建筑工程二等奖
荣获：2017年第九届中国威海国际建筑设计大赛优秀奖
荣获：2017年广东省勘察设计行业协会建筑工程二等奖
荣获：2015年教育部优秀建筑工程设计三等奖
荣获：2015年广西优秀工程设计一等奖
荣获：2013年中国勘察设计行业奖公建类二等奖
荣获：2013年教育部优秀勘察设计建筑工程二等奖
荣获：2013年广东省勘察设计行业协会建筑工程二等奖
荣获：2009年“蓝星杯”第五届中国威海国际建筑设计大奖赛优秀奖

主要设计作品

常州天合国际学校外国语学校　荣获：2017年第九届中国威海国际建筑设计大赛优秀奖
江西省抚州站　荣获：2015年教育部优秀建筑工程设计三等奖
孟加拉国达卡IDB大厦
广西南宁九洲国际
江苏常州高级中学新北校区　荣获：2017年广东省勘察设计行业协会建筑工程二等奖
2017年江苏常州市优秀勘察设计二等奖

武汉光电创新产业园
江苏常州田家炳高级中学
广西南宁城建档案馆　荣获：2015年广西优秀工程设计一等奖
中国体育彩票广西营展中心
华中科技大学国家光电实验室
广西柳州李宁体育馆　荣获：2013年教育部优秀勘察设计建筑工程二等奖
2013年中国勘察设计行业奖公建类二等奖
2009年“蓝星杯”第五届中国威海国际建筑设计大奖赛优秀奖

攀枝花三中国际学校
孟加拉国达卡IDB大厦
广西凭祥中越联检大楼
江苏常州第三中学新校区

地址：广州市天河区华南理工大学校内
电话：020-22236698
传真：020-22236659
网址：www.scutad.com.cn
电子邮箱：scutadri@qq.com

华南理工大学建筑设计研究院是全国著名的甲级设计研究院，具有建筑行业建筑工程设计、建筑工程（含超限高层）施工图审查、建筑智能化系统工程设计、工程咨询、城市规划、市政公用行业等多项资质，并通过ISO9001质量体系认证。经过30多年的积累和发展，华工院已成为一个技术力量雄厚、人才结构合理、专业配套齐全、设计手段先进的建筑设计院，并在质量保证体系等方面都达到国内同行业先进水平。

NATIONAL OPTOELECTRONIC LABORATORY, HUAZHONG UNIVERSITY OF SCIENCE AND TECHNOLOGY

华中科技大学国家光电实验室

项目业主：华中科技大学　建设地点：湖北 武汉　建筑功能：科研建筑　用地面积：43 876平方米
建筑面积：119 248平方米　设计时间：2014年　项目状态：在建　设计单位：华南理工大学建筑设计研究院
主创设计：李彬彬、汤朝晖、杨晓川
参与设计：林旭文、何敏俊、林楚华、江朔、杨帆、李冠豪、马源、徐娅

1. 项目概况

华中科技大学国家光电实验室采用框架结构，地上建筑面积89 992平方米，地下建筑面积29 998平方米，建筑总面积119 990平方米。大楼为地上8层，地下2层。

2. 理念构架

广义而言，校园建筑是一个比较特殊的建筑类型，无论是从建筑本身的形态特征，还是校园特有的历史和人文环境中，都体现出一种更高层次精神内涵与审美取向。在本方案的设计过程中，设计师通过一种恰当的方式来塑造一种更为广袤的校园人文视野。高科技结合高情感的平衡，使电气大楼的创作构思更加理性化和人性化，一方面，以理性化的观点，使其区别于社会上的建筑过于波普、张扬的形象；另一方面，以人性化的观点，使其区别于以往校园建筑功能单一、条件简陋、环境单调的状况。

3. 空间与造型设计

在建筑体量的组合上，注重与现有的校园风格相互协调并延承，体现理工学科理性、厚重、深邃、内敛的文化特征，但同时，也采用现代设计手法，在尺度、建筑细部肌理、色彩上呈现局部穿插与变幻，建筑部件也采用点、线、面相互交融以达到统一中求变化、秩序中显轻松的形象，体现时代的印迹和国际化的视野。建筑整体采用灰色调，中灰与浅灰色的结合穿插，既与华科大校园的整体风格取得呼应和协调，又体现出校园建筑特有的细腻。同时，在造型设计中也注重结合电气学院的学科特征和特有气质，在校园中展现出一定的独特个性和可识别性，使其成为校园中的一个亮点。

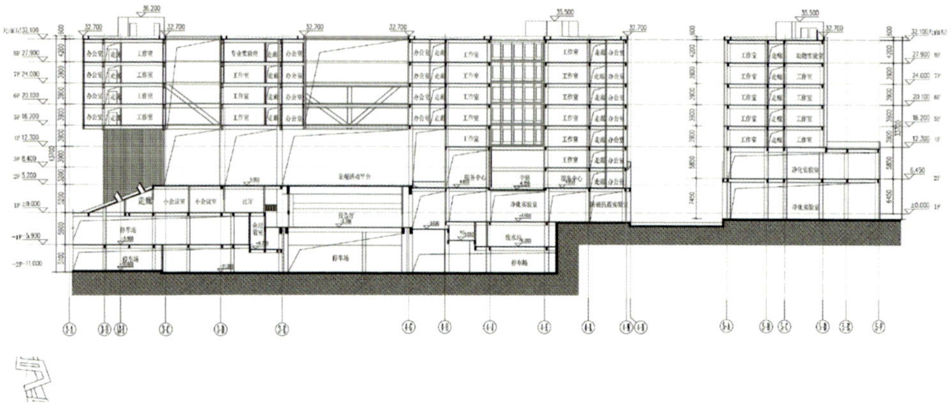

1-1剖面图

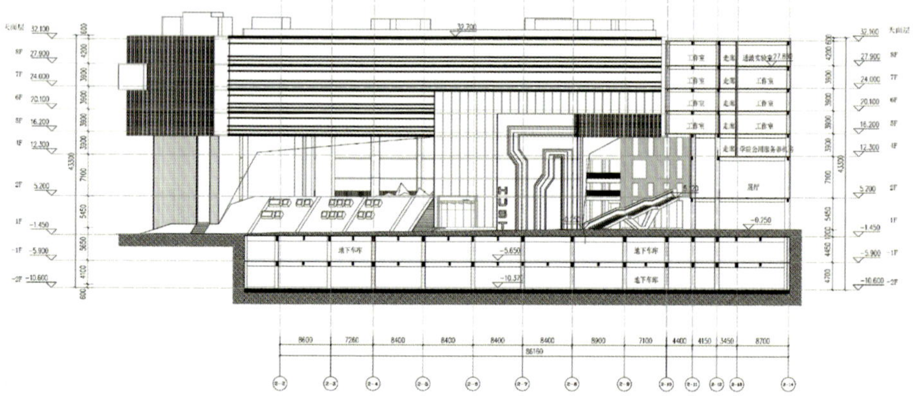

2-2剖面图

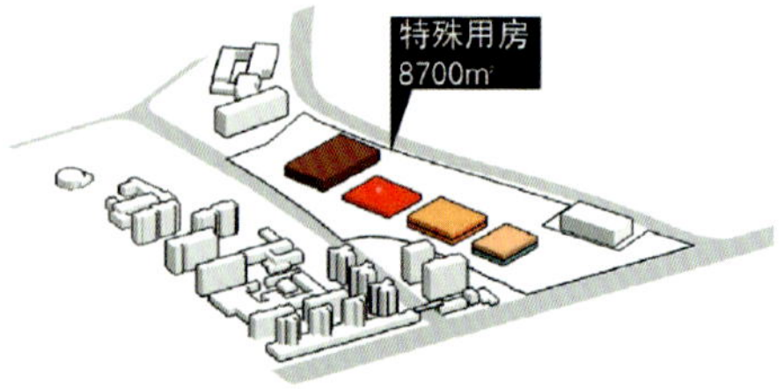

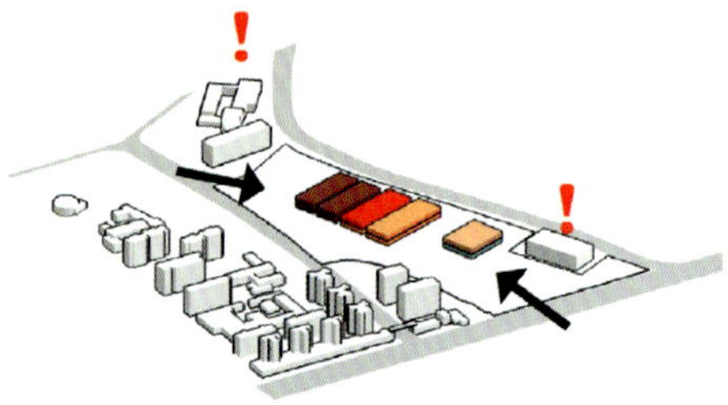

集中于中部

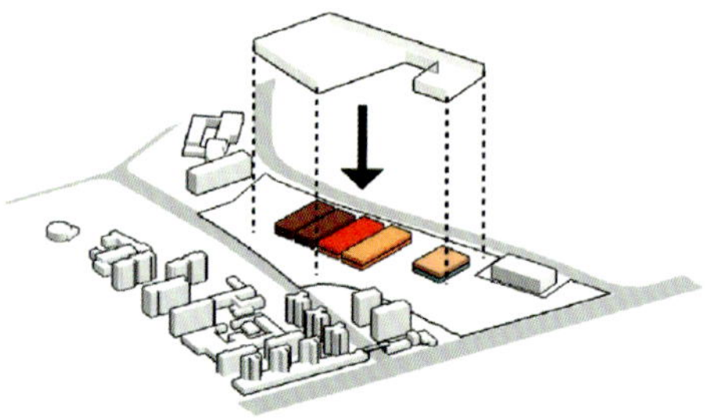

整合体量

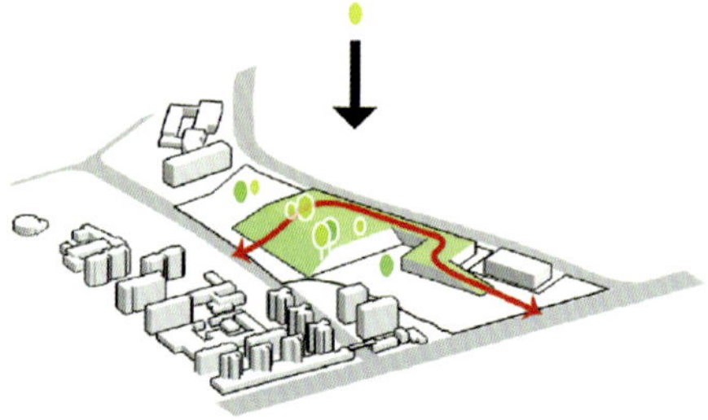

形成地景

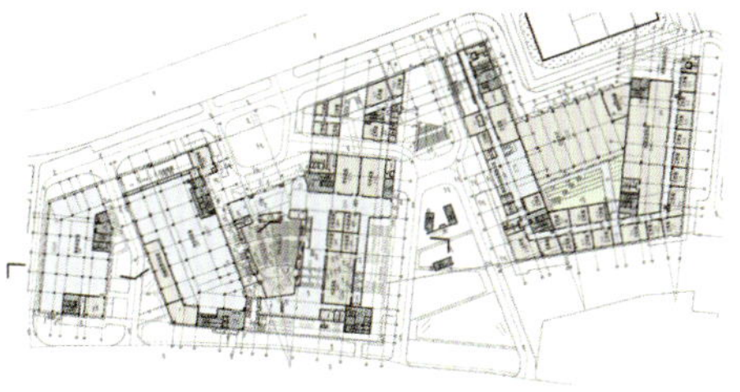

一层平面图

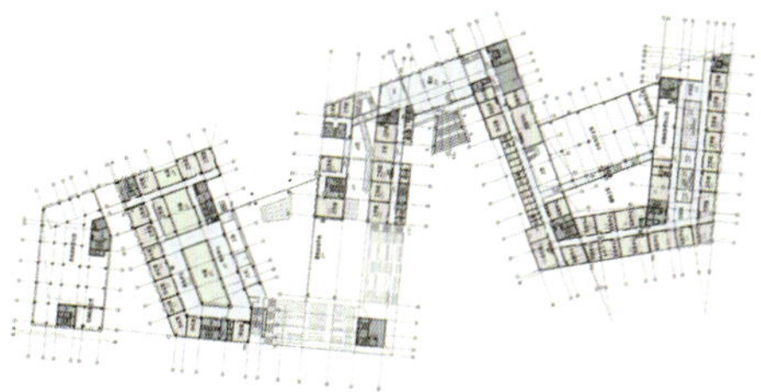

二层平面图

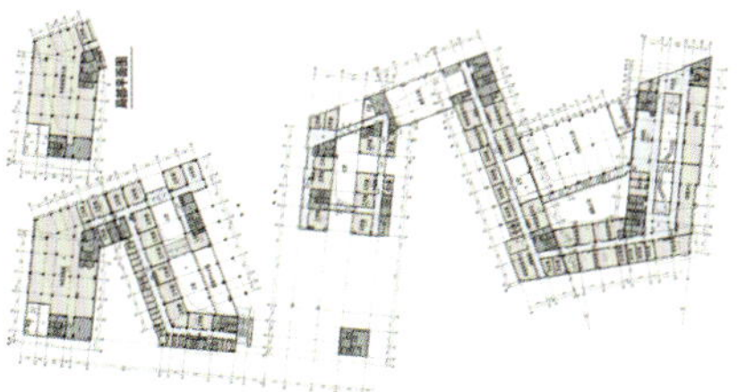

三层平面图

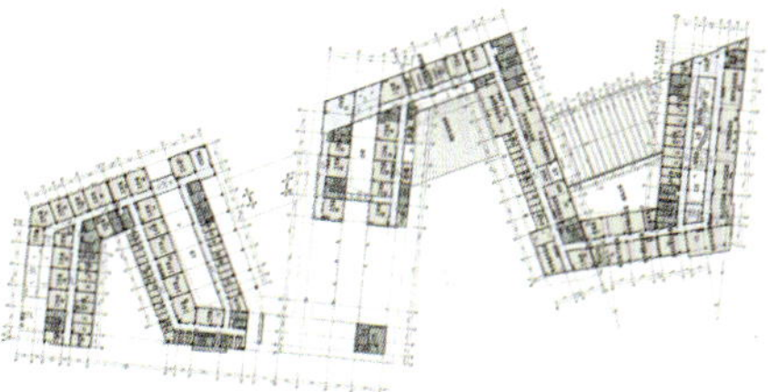

四层平面图

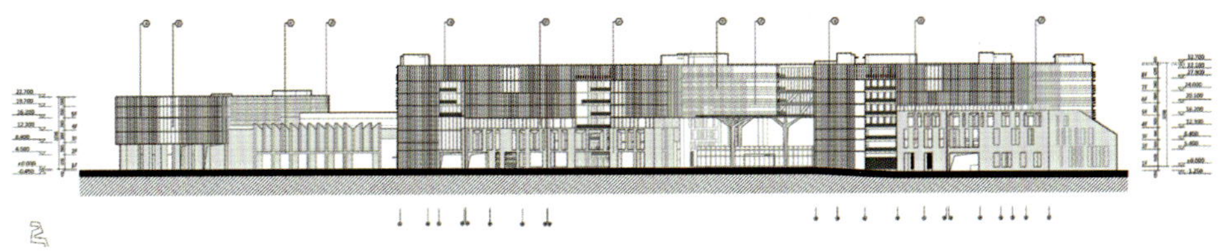

立面图

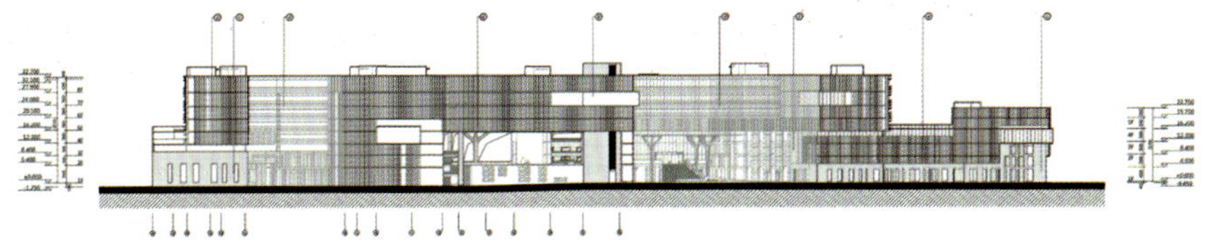

立面图

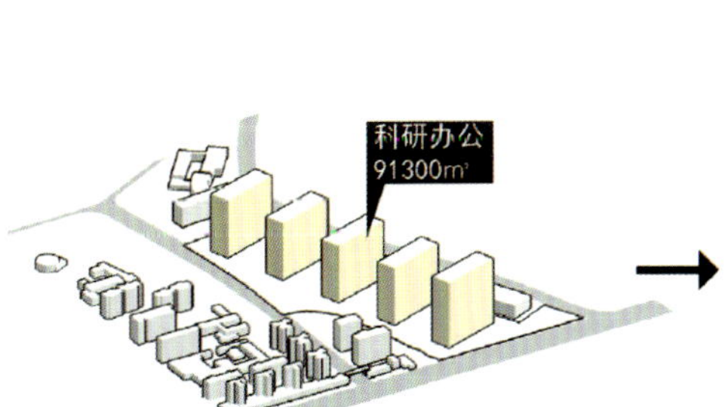

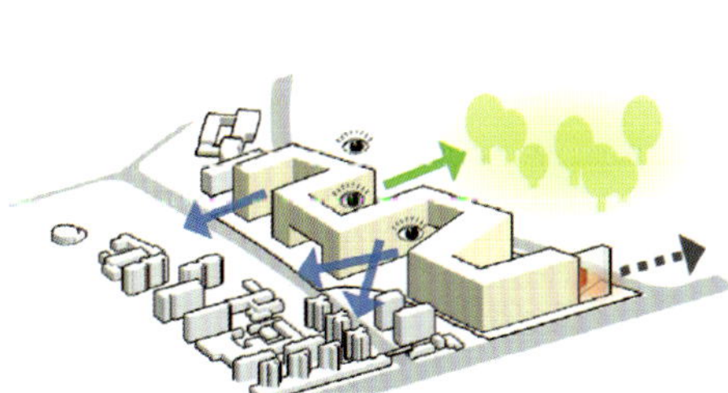

水平叠加、错动

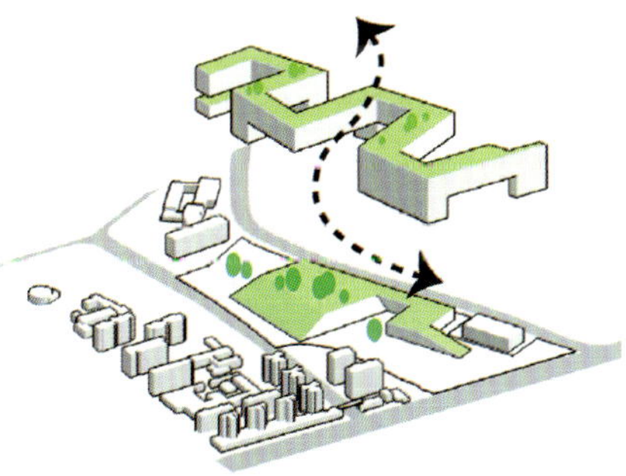

立体绿化

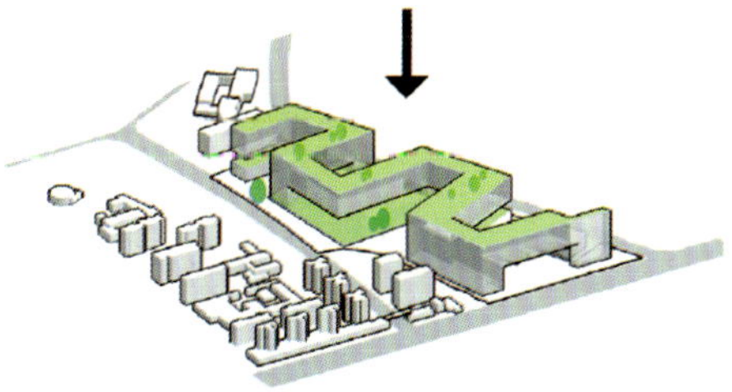

垂直叠合

FUZHOU STATION, JIANGXI

江西省抚州站

项目业主：向莆铁路
建设地点：江西 抚州
建筑功能：交通建筑
用地面积：23 600平方米
建筑面积：11 998平方米
设计时间：2010年
项目状态：建成
设计单位：华南理工大学建筑设计研究院
主创设计：李彬彬、杨晓川、汤朝晖
参与设计：黄钊鸿、周垚君、陈希雯
获奖情况：2015年教育部优秀建筑工程设计三等奖

1. 设计理念

抚州站以古代书简、卷轴为主要素材，结合当地深厚的临川文化底蕴，提炼出“卷轴书开、文迎四方”作为建筑造型的文化意象。建筑简洁大气，四个柱子是从中华民族的一位戏剧巨人汤显祖的代表作《临川四梦》中抽象出来的，张开的书简仿佛向人们诉说着千年历史的临川文化，充分体现了当地的人文特征。

2. 技术难度

抚州站的设计从铁路交通建筑的根本入手，着重解决火车站的多元复合流线组织问题，分析各种人流、车流的交通流线方式，将“以人为本，快捷、安全、有序”作为交通组织原则，合理组织交通流线，实行人车分流、管道化和无缝换乘的立体换乘体系以适应快速客运专线的要求。

3. 技术创新

站房的设计体现了时代的需求，交通的便捷性、流线的清晰性、功能的明确性以及造型的传统意象与当代技术的结合，都是在迅速发展的时代背景下人们对新型火车站建筑形象的追求。站房的大跨度开阔空间形成舒适的候车环境、对各种特殊群体的人文关怀等都是这种时代需求的体现。时代性还表现在具体的建筑上，如采用大跨度的结构形式，灵活多变的空间以及各种现代化的新型材料等。在材料的应用上使用钢材、玻璃、百叶、新型轻质砌块等，并结合各种节能手段，创造富有时代特征的建筑形象。

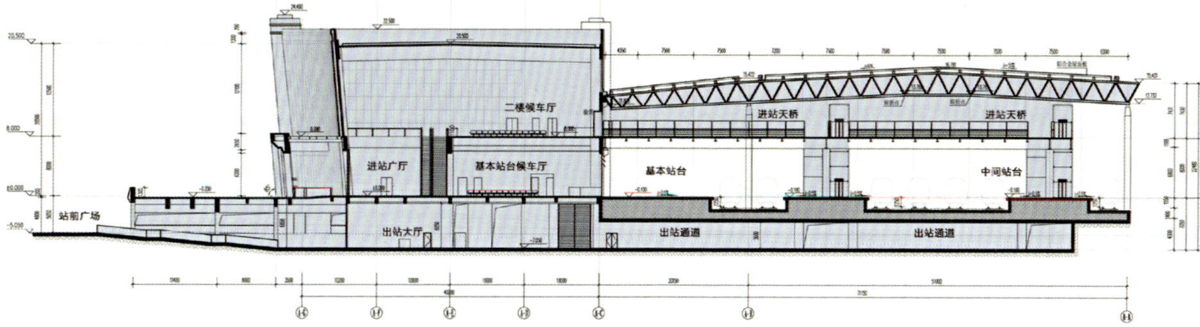

2-2 剖面图

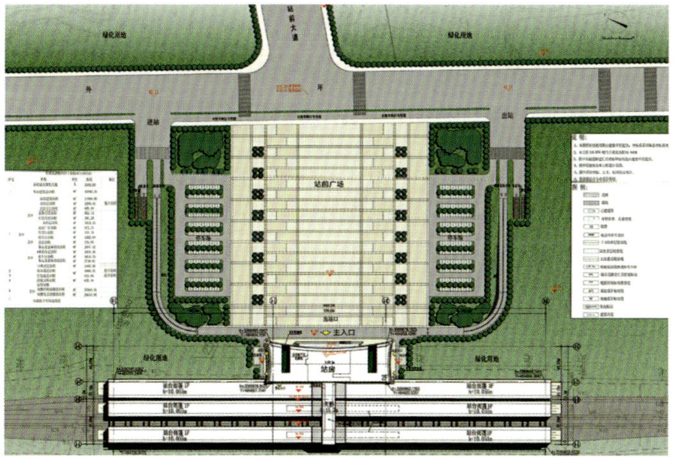

总平面图

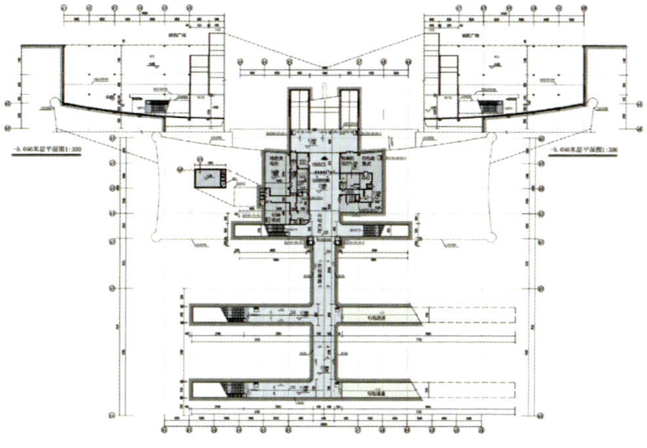

-7.050 米层平面图

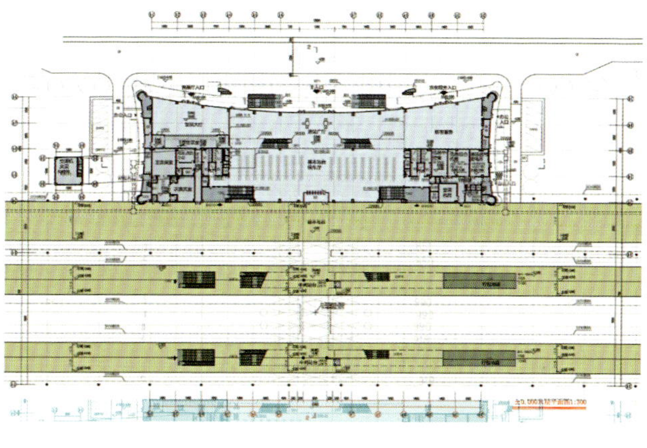

±0.000 米层平面图

GUANGXI LIUZHOU LI NING GYMNASIUM

广西柳州李宁体育馆

项目业主：广西柳州体育局
建设地点：广西 柳州
建筑功能：体育建筑
用地面积：11 051平方米
建筑面积：23 049平方米
设计时间：2008年
项目状态：建成
设计单位：华南理工大学建筑设计研究院
主创设计：杨晓川、汤朝晖、李彬彬
参与设计：李祺燮、唐雅男、张春城
获奖情况：2013年教育部优秀勘察设计建筑工程二等奖
2013年中国勘察设计行业奖公建类二等奖
2009年“蓝星杯”第五届中国威海国际建筑设计大奖赛优秀奖

1. 设计理念

广西柳州素以“中华石都”闻名，所谓“山无石不奇，水无石不清，园无石不秀，室无石不雅”。体育馆的造型理念“以石为形，以石为理，以石为寓”：将主场馆与训练场塑造为两石的形态，通过大小、明暗、材质的对比展现出层次丰富的整体形象；运用现代建筑的材料元素来抽象表达奇石的条形纹理，使体育馆富有现代气息；奇石形象象征了运动健儿坚韧不拔的拼搏奋斗精神，使体育馆成为一种精神文化的物质载体。

2. 技术难点

李宁体育馆奇特的造型给施工设计带来了前所未有的挑战。整个建筑均由大小不一的空间三角面拼接组成，怎样把这些三维的面定位，是施工设计的关键。同时，建筑内部空间复杂、管线综合也成了技术难题之一，最后设计师采用BIM软件进行辅助设计。

3. 技术创新

可“呼吸”外墙：李宁体育馆在设计中将大量体积庞大的空调设备结合建筑空间形态组合成一个整体；再通过采用直立锁边的穿孔铝锰镁外墙材料，控制穿孔率，既满足设备的通风散热需要，又创造了特殊的建筑外立面效果，从而把建筑设备与建筑造型有机统一起来。

西南透视

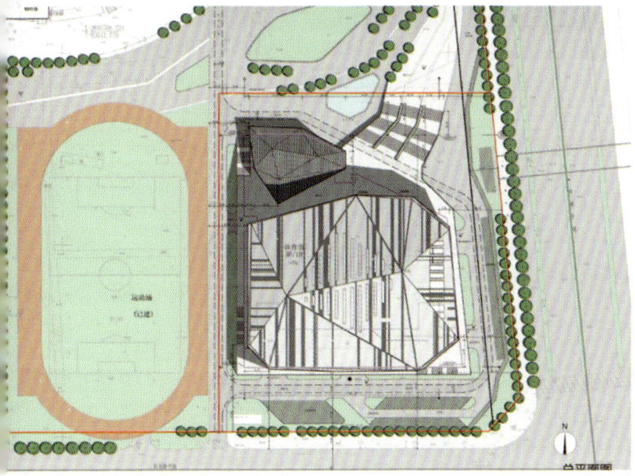

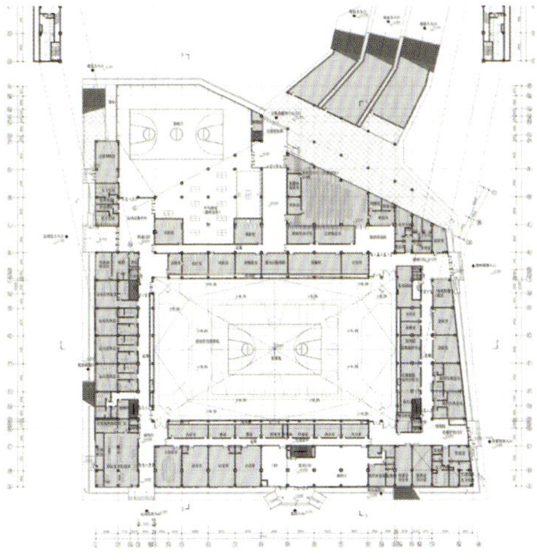

首层平面图

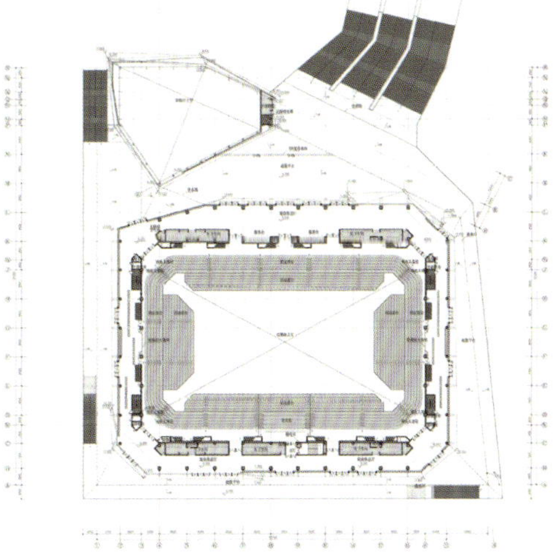

6.200标高平面图

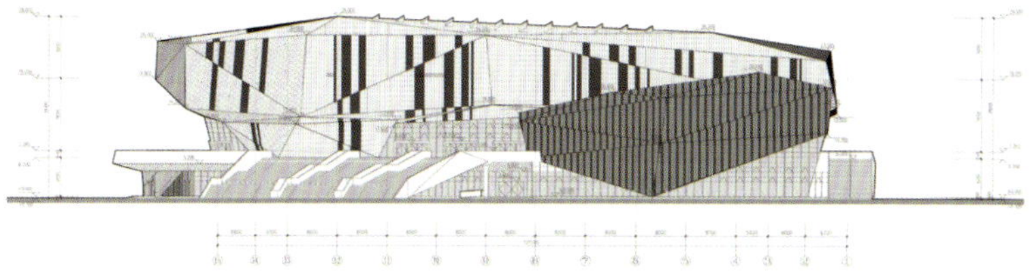

15-1 立面图

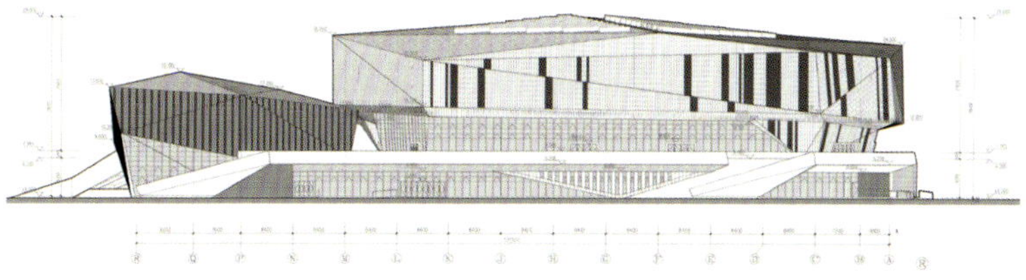

R-A 立面图

ARCHITECTS

中国建筑标准设计研究院
CHINA INSTITUTE OF BUILDING STANDARD DESIGN & RESEARCH

李靖

职　　务：院副总建筑师
职　　称：教授级高级建筑师
　　　　　国家一级注册建筑师

教育背景
1991年—1996年　清华大学建筑系建筑学学士
1996年—1999年　清华大学建筑系建筑学硕士

工作经历
1999年—2009年　中国建筑设计研究院（原建设部设计院）
2009年至今　中国建筑标准设计研究院

个人荣誉

北京兴涛小区接待中心	荣获：	2002年中国建筑艺术奖
天津梅江南起步区	荣获：	2005年第十届北京市优秀工程设计一等奖 2005年建设部城乡优秀勘察设计二等奖
北京华凯花园	荣获：	2007年第十三届北京市优秀工程设计一等奖 2008年全国工程勘察设计行业优秀工程勘察设计二等奖
凤阳博物馆和图书馆	荣获：	“蓝星杯”第五届中国威海国际建筑设计大奖赛优秀奖
凤阳行政中心综合楼	荣获：	“蓝星杯”第五届中国威海国际建筑设计大奖赛优秀奖
博鳌火车站	荣获：	2013年中国建筑设计奖建筑创作银奖
华凯江海庭	荣获：	2015中国土木工程詹天佑奖优秀住宅小区金奖

主要设计作品
福建广播电视中心
世纪科贸大厦
广建宾馆改扩建工程
建工出版社办公楼
建设部大院七号住宅楼
苏州火车站公交换乘楼
泉州南火车站
晋江火车站
高碑店火车站
拉萨饭店改扩建工程
东营儿童乐园“两馆一宫”工程
凤阳政务新区各委办局办公楼
凤阳国际大酒店
凤阳政务新区钟楼广场修建性规划
凤阳大剧院
大红门鑫福海商场
知识产权出版社办公楼
东营银座佳悦精品酒店
陕西人保大厦
东营市河口区湖滨新区综合馆

扫描二维码，关注标准院微信公众号
地址：北京市海淀区首体南路 9 号主语国际 2 号楼
电话：010-68799100
传真：010-68799138
网址：www.cbs.com.cn
电子邮箱：cbs@cbs.com.cn

中国建筑标准设计研究院（简称“标准院”）创建于1956年，前身为建设部直属事业单位——建筑标准设计研究所，2000年转制为中央科技型企业，现隶属于中国建设科技集团。

经过六十余年的发展，标准院已成为中国城乡建设领域业务广泛、实力较强的综合型科研、设计与技术服务企业之一，集建筑标准与标准设计、城乡规划、建筑工程设计、工程总承包、技术咨询和产品制造安装等多元业务于一体，是国家级高新技术企业，在建筑行业享有很高声誉，在全国具有重要影响。

以“推动技术进步、成就建筑梦想”为使命，标准院始终践行技术报国理想，在“城乡建设领域高端技术集成服务商”战略目标引领下，坚持“一切高标准”品牌核心理念，凝心聚力，砥砺前行，实现“卓越百年企业”光辉愿景！

BEIJING HUAKAI GARDEN

北京华凯花园

项目业主：华凯投资集团股份有限公司
建筑功能：居住建筑
建筑面积：246 200平方米
项目状态：建成
主创设计：李靖、魏篙川
参与设计：陈帅飞、章春、詹红
获奖情况：2007年第十三届北京市优秀工程设计一等奖
2008年全国工程勘察设计行业优秀工程勘察设计二等奖

建设地点：北京
用地面积：70 480平方米
设计时间：2002年7月—2005年5月
设计单位：中国建筑设计研究院

华凯花园位于丰台区六里桥，东侧与八一厂西路相邻，北侧与马官营南路相邻，西侧邻近规划区域路，南侧和100米宽的城市绿化带以及京石高速公路相邻。项目开发内容主要包括：住宅、幼儿园、会所、配套商业和地下车库等。小区内部有住宅楼14栋，其中6栋为塔楼，分别布置在小区的东西两侧，另外8栋为板楼，分为4排集中布置在小区中部。

简洁，平实，让风景与阳光充分融入小区的空间，是华凯花园规划设计中的重要特色。住宅建筑色彩典雅、简约，体量关系富于变化，节点推敲精致、细腻。

BOAO RAILWAY STATION

博鳌火车站

驻足广场，遥望博鳌站，仿佛一片椰林映入人们的眼帘，主入口由数十个洁白的伞状支撑棚架组成，它们飘浮在主体站房之上。博鳌火车站由主体站房和东西两个小站房连接而成，整个车站通过白色的单元式伞状结构体系展开，同时又使各个部分有机融合在一起。

入口门廊出檐深远，阳光透过白色格栅洒进集散大厅。随着观赏角度和距离的变化，抽象化的椰林——白色的结构体系，呈现出多变的层次和壮观的气势，体现了现代化客运交通建筑与博鳌地方风情的完美结合，构成和谐的城市景观。

项目业主：铁道部
建筑功能：交通建筑
建筑面积：3 988平方米
项目状态：建成
主创设计：李靖
参与设计：王群、马丽娜
获奖情况：2013年中国建筑设计奖建筑创作银奖

建设地点：海南 博鳌
用地面积：29 680平方米
设计时间：2008年6月—2009年4月
设计单位：中国建筑设计研究院

LHASA HOTEL RENOVATION PROJECT

拉萨饭店改扩建工程

项目业主：拉萨饭店
建筑功能：酒店建筑
建筑面积：3.4万平方米
项目状态：建成
主创设计：李靖
参与设计：狄明、张传新
建设地点：西藏 拉萨
用地面积：7.85万平方米
设计时间：2010年2月—2010年8月
设计单位：中国建筑标准设计研究院

拉萨饭店位于西藏自治区首府拉萨市，始建于1984年。设计师在拉萨饭店改建工程的设计中充分融合了西藏的人文地理、民族风情等因素，既考虑到政府接待任务，又考虑到拉萨饭店今后的发展，体现了整体性和连续性。

原拉萨饭店主体建筑由多重院落空间将建筑有机组合而成。新建和改建部分与原有建筑在尊重和借鉴饭店原有空间秩序、建筑风格等形态特点的原则下，立体整合，新老建筑浑然一体，相得益彰。通过对贵宾楼、会议餐饮中心和其他配套设施的改造，使拉萨饭店各项功能更加完备，整体接待能力和水平大大提升。

FENGYANG MUSEUM AND LIBRARY

凤阳博物馆和图书馆

项目业主：凤阳县政府
建筑功能：文化建筑
建筑面积：14 000平方米
项目状态：建成
主创设计：李靖
参与设计：涂欣、贾子夫、裴琳
获奖情况：“蓝星杯”第五届中国威海国际建筑设计大奖赛优秀奖

建设地点：安徽 凤阳
用地面积：18 000平方米
设计时间：2010年2月—2010年8月
设计单位：中国建筑标准设计研究院

在博物馆和图书馆的设计中，设计师提出了“城墙与民居”理念，采用了一体化的设计原则，将两栋建筑的形态和格局统一安排。两栋建筑不仅延续了设计师在凤阳政务新区所设计的一系列建筑的主体风格——灰色砖墙和黑色屋顶，而且对建筑形式做了进一步抽象和创新。两栋建筑南北两组板楼是“城墙”，其间层层叠叠的坡顶是“民居”。城墙坚实厚重，形成对内的保护；民居错落有致，创造出多个庭院。两者相互穿插和渗透，营造出丰富的内外空间。

DONGYING CHILDREN 'S PLAYGROUND "TWO MUSEUMS AND ONE HOUSE" PROJECT

东营儿童乐园“两馆一宫”工程

项目业主：东营区政府
建筑功能：文化建筑
建筑面积：58 000平方米
项目状态：建成
设计单位：中国建筑标准设计研究院
主创设计：李靖
参与设计：狄明、贾子夫、宋一旺
建设地点：山东 东营
用地面积：118 700平方米
设计时间：2010年12月—2011年6月

东营儿童乐园项目位于东营市南展区，建设内容包括科技馆、青少年宫、图书馆等。

东营位于黄河入海口，在这里每天每时都在营造新的土地，沙洲犹如一个个不断生长的细胞，感知着大自然在漫长岁月中的沉积。

设计师将儿童乐园内的建筑群、平台、绿化和基地等形态元素比喻为黄河入海口逐渐生长扩大的土地——水网纵横、沙洲点点。

儿童乐园建筑群主要采用了“建立共享平台，功能分组设置”的模式，一方面是对建筑外部环境和要求的适应，另一方面也提高了建筑内部各功能空间综合利用的灵活性。

建筑平面和立面形态的塑造延续了“沙洲”这一理念，力图将场馆、平台、庭院、绿地、水池等多种元素融为一体，使之充满张力。

ARCHITECTS

上海成执建築設計有限公司
上海意執建築設計事務所
CHALLENGE DESIGN

李杰

职　　务：上海成执建筑设计有限公司、上海意执建筑设计事务所创始人、总建筑师

职　　称：国家一级注册建筑师
国家注册规划师
高级工程师
国际认证高级绿色工程师
世界华人建筑师协会资深会员
上海专家库成员

教育背景

1995年　南昌大学建筑系

工作经历

2002年—2013年　上海日清建筑设计公司合伙人

2013年至今　上海成执建筑设计有限公司、上海意执建筑设计事务所创始人、总建筑师

个人荣誉

2015年获新媒体奖年度设计师奖

主要设计作品

安徽省寿县标志塔	荣获：1997年安徽省优秀设计三等奖
安徽省林业厅大厦	荣获：1998年安徽省优秀设计二等奖
合肥市人民广场	荣获：2000年安徽省优秀市政设计三等奖
重庆同创国际社区	荣获：2005年联合国国际花园社区奖、煤炭部优秀设计二等奖
成都博瑞优品尚东会馆	荣获：2007中国建筑细部设计大赛第一名
成都华润凤凰城住宅区	荣获：2010年中国时代楼盘金盘奖综合类大奖
成都华润凤凰城艺术馆	荣获：2012年上海青年建筑师金创奖
成都龙湖小院青城度假区	荣获：2012年中国建筑学会最佳居住社区设计建筑、规划双金奖
海南华润石梅湾九里度假区	荣获：2012年中国建筑学会最佳居住社区设计综合类最高奖
重庆龙湖moco中心	荣获：2011年重庆市优秀设计三等奖
	荣获：2012年上海青年建筑师金创奖
	荣获：2012年时代楼盘最佳商业建筑金盘奖
	荣获：2013年上海建筑学会公建建筑佳作奖
重庆龙湖时代天街A、B馆	荣获：2014年中国时代楼盘金盘最佳商业综合体
	2015年重庆市勘察设计协会优秀工程设计三等奖
重庆龙湖时代天街C馆	荣获：2016年第十一届金盘奖西南赛区最佳商业综合体
重庆龙湖时代天街D馆	荣获：2017年第十二届金盘奖西南地区最佳商业综合体
峨眉恒邦青庐	荣获：2014年世界华人协会住区奖金奖
舟山中交南山美庐	荣获：2013年联合国花园社区银奖
	国家专利户型
宜兴中交阳羡美庐	荣获：2013年联合国花园社区金奖
昆山中节能低碳主题公园A1住宅	荣获：2012年昆山规划学会规划设计创新奖
	荣获：2014年中国精瑞奖最佳住区范例奖
	荣获：2015年新媒体奖最宜居建筑奖
郑州华润悦府销售中心	荣获：2015年上海建筑学会佳作奖
昆山中节能E03会所	荣获：第六届上海建筑学会佳作奖
	荣获：2015年世界华人建筑创作奖

曾庆华 总经理

许阳峰 设计总监

徐鹏 设计总监

吴军 设计总监

黄伟 设计总监

刘巍 设计副总监

薛羽 设计副总监

殷春美 设计副总监

徐小康 设计副总监

姜超 设计副总监

张永鹏 设计副总监

唐林衡 项目主管

上海成执建筑设计有限公司、上海意执建筑设计事务所（CHALLENGE DESIGN）2013年4月创立。本公司为一家从事建筑设计、城市规划及相关领域专业服务的设计咨询机构。目前公司有董事总建筑师1人，设计总监4人，设计副总监6人，资深项目主管4人，项目主管7人，主创设计师4人，专业设计人员80余人，其中一级注册建筑师5人、注册规划师1人、高级工程师3人、中级工程师6人。公司具有很强的专业设计能力，业务内容涵盖商业综合体、旅游度假、住宅、教育文化等多种建筑形式。

李杰团队曾成功主持了国内大量建筑设计项目，包括重庆龙湖MOCO中心、重庆龙湖时代天街商业综合体项目、海南华润石梅湾度假项目、郑州华润悦府、苏州龙湖天街二期、苏州国瑞熙墅售楼处、成都华润凤凰城、成都龙湖小院青城、杭州华润新鸿基之江九里、西安寒窑遗址公园、重庆绿地海外滩、沈阳华润凯旋门、大理沃德佳山地阿玛瑞酒店别墅等各类型知名项目，获得了多种奖励，在业内树立了良好的声誉。

2013年—2014年度最佳新锐设计企业
2013年—2014年度中国建筑市场排行榜建筑设计总榜78名
2013年—2014年度中国建筑市场排行榜建筑设计民营榜33名
2013年—2014年度中国建筑市场排行榜建筑设计效率榜14名
2013年—2014年度中国建筑市场排行榜建筑设计大西南综合区营业额第10名
2014年—2015年度最具创新力设计企业
2014年—2015年度中国建筑市场排行榜建筑设计总榜75名
2014年—2015年度中国建筑市场排行榜建筑设计民营榜31名
2014年—2015年度中国建筑市场排行榜建筑设计效率榜31名
2014年—2015年度中国建筑市场排行榜建筑设计大西南综合区营业额第10名
2015年AD杂志(建筑设计杂志)获年度最具潜力建筑事务所称号
2015年获绿色建筑人才达标单位

地址：上海市卢湾区瑞金南路500号1号楼3楼　**电话：021-54101738**　**传真：021-54561571**
网址：www.challenge-design.com　邮箱：business@cz-ad.com

CHONGQING LONGHU TIMES SKY STREET A, B HALL

重庆龙湖时代天街A、B馆

项目业主：重庆龙湖成恒地产开发有限公司
建设地点：重庆
建筑功能：商业综合体
用地面积：52 535平方米
建筑面积：392 576平方米
设计时间：2010年—2012年
项目状态：建成
设计单位：上海成执建筑设计有限公司
主创设计：李杰
参与设计：薛羽、吴军、丁超、李文彬
获奖情况：2014年中国时代楼盘金盘最佳商业综合体
　　　　　2015年重庆市勘察设计协会优秀工程设计三等奖

重庆龙湖时代天街项目位于重庆市渝中区，是龙湖时代天街系列中首个商业项目，成为“天街系列”的标志。纵观全国，本项目都属于体量惊人的商业综合体，总体量高达150万平方米，其中龙湖集团自持商业总体量最终也将达到约60万平方米。 2012年底，A、B馆正式开业。

设计特点

在总体规划上，连续的空间、起伏的造型、变化的细部令视觉惊喜不断。公园式的商业，四周塔楼围绕，形成围合的肌理关系。简洁、典雅、大方、美观的立面，实现了重庆老城的经典蜕变。

CHONGQING LONGHU TIMES SKY STREET C HALL

重庆龙湖时代天街C馆

项目业主：重庆龙湖成恒地产开发有限公司
建设地点：重庆
建筑功能：商业综合体
用地面积：45 576平方米
建筑面积：334 957平方米
设计时间：2011年—2014年
项目状态：建成
设计单位：上海成执建筑设计有限公司
主创设计：李杰
参与设计：黄伟、薛羽、池文俊、威巍、戴震、魏成
获奖情况：2016年第十一届金盘奖西南赛区最佳商业综合体

C馆为本项目的核心区域，是经典沉淀后的兴起，是精华总结后的创新。2014年年初二期（C馆）开业，并于2016年获得金盘奖等各项大奖，也成为成执商业设计的里程碑。

设计特点

二期与一期通过连廊连通，形成完整的商业流线，一气呵成，实现商业的均好性与互动性。巧妙利用中心花园与景观、文化元素的设计，更加凸显特色开放式街区商业，并形成目的性消费区域，将购物、自然与休闲融为一体。

CHONGQING LONGHU TIMES SKY STREET D HALL

重庆龙湖时代天街D馆

项目业主：重庆龙湖成恒地产开发有限公司
建设地点：重庆
建筑功能：商业综合体
用地面积：28 825平方米
建筑面积：55 988平方米
设计时间：2012年12月—2015年12月
项目状态：建成
设计单位：上海成执建筑设计有限公司
主创设计：李杰
参与设计：曾庆华、姜超、宋森、黄俊、邵伟龙、张永鹏、薛羽、戴震
获奖情况：2017年第十二届金盘奖西南赛区最佳商业综合体

重庆龙湖时代天街D馆于2016年7月正式开业，基于已经开业的时代天街一期（A、B馆）、二期（C馆）分别为家庭时尚生活中心、娱乐文化中心，为了填补项目业态空白，巩固时代天街的商业地位，D馆被定位为“潮流青年中心”。

设计特点

D馆拥有众多体验性业态，打造Experience City体验之城。塔楼打破传统高楼的形态，通过玻璃幕墙的处理，塑造四个“冰晶立方”，如水晶般飘浮在裙房之中，以新颖冲击的体块关系突显青年时尚的主题。源于景、表以形、达于意。

SUZHOU LONGHU SHISHAN SKY STREET PHASE II

苏州龙湖狮山天街二期

项目业主：苏州龙湖基业房地产有限公司
建设地点：江苏 苏州
建筑功能：商业、办公、住宅
用地面积：26 161平方米
建筑面积：160 480平方米
设计时间：2013年7月—2016年5月
项目状态：建成
设计单位：上海成执建筑设计有限公司
主创设计：李杰
参与设计：曾庆华、姜超、杨恒江、薛羽、戴震、严芳、黄俊、宋森

项目位于苏州高新区，沿街狮山路是城市主要形象道路，项目的展示性较为重要。本项目由商业、办公、住宅三大部分功能组成，毗邻地块为龙湖狮山天街的综合体项目，两者在空间和业态形式上形成互补。

设计特点

项目通过一条环形的洄游流线，将内部向城市打开，形成完整、开放的公共商业空间。公私垂直分区，人流合理分开，并为居住人群在城市中心提供了一处私享空中花园。公建化塔楼立面运用幕墙设计，极具现代感，又兼顾室内使用功能。

OCT CLUBHOUSE

华侨城会所

项目业主：重庆华侨城实业发展有限公司
建设地点：重庆
建筑功能：展览
用地面积：27 068平方米
建筑面积：4 597平方米
设计时间：2015年2月—2016年2月
项目状态：建成
设计单位：上海成执建筑设计有限公司
主创设计：李杰
参与设计：徐鹏、薛羽、邱淳、陈首都

项目位于重庆市北部新区，主要功能是作为生态公园区的展示及活动场所（其中功能用房面积3 800平方米，展示中心1 800平方米）。用地范围内原始地形为一高差约20米的缓坡，北侧靠近道路处有一天然陡坎，南侧为天然坡地，东西两侧均为住宅用地。

设计特点

本项目顺山为场，应水为策，并将建筑化零为整，错落有致。合厅造崖，不仅使山巅之建筑极具戏剧性，富有矛盾的冲击力，也在寻找建筑与自然的共生。内部空间高低起伏，流线蜿蜒曲折，空间层次与功能达到完整统一，人在建筑之中宛如在自然山野中行走，甚是有趣。

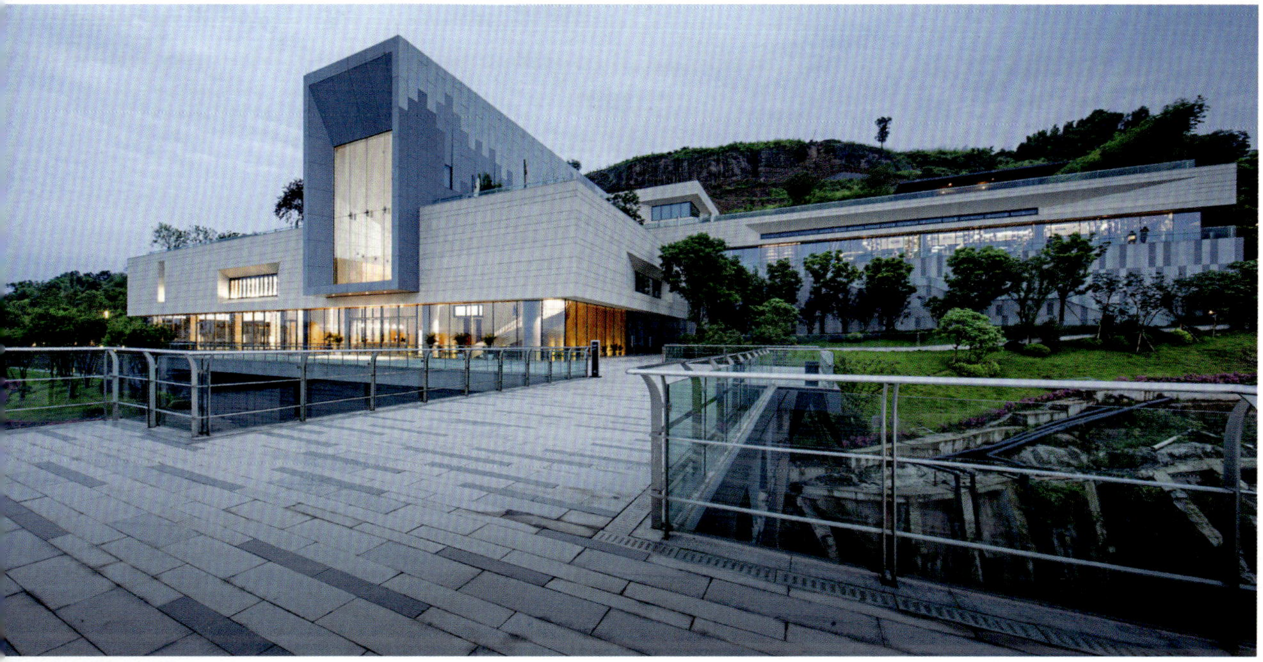

SUZHOU GUORUI XISHU SALES OFFICE

苏州国瑞熙墅售楼处

项目业主：苏州国瑞地产
建设地点：苏州市吴中区
建筑功能：住宅售楼处
用地面积：74 196平方米
建筑面积：1 000平方米
设计时间：2016年
项目状态：建成
主创设计：李杰、严芳、徐小康
参与设计：曹鹏程、苑丽华
获奖情况：2017地产设计大奖

项目位于苏州市吴中区，周边遍布各大苏州名园。售楼处是整个概念的核心展示区，如何体现“皇家文化”与“苏州园林”的融合、统一，是本项目设计的核心概念。

设计特点

设计将苏州园林的自然山水、曲径通幽、移步异景的古、秀、精、雅展现在眼前。而熙墅的布局又将山水微缩至“一家一院一园”，使乾隆时代的皇家风光藏匿于方寸天地。并且借鉴皇家建筑重檐的方式，追求建筑的比例和深远的出挑，化繁为简，很好地演绎了现代皇家建筑的气质和气势，是皇家文化与江南文化的完美结合。

KUNSHAN ZHONGJIENENG EGRETS BAY

昆山中节能白鹭湾

项目业主：昆山中节能环保投资有限公司
建设地点：江苏 昆山
建筑功能：高层和洋房
用地面积：88 764平方米
建筑面积：234 961平方米
设计时间：2011年—2012年
项目状态：建成
设计单位：上海成执建筑设计有限公司
合作设计：上海日清建筑设计有限公司
主创设计：李杰
参与设计：曾庆华、殷春美、张永鹏、曹明如、徐小康

本项目为中节能白鹭湾国际生态城一期住宅项目，秉承“中式情怀、健康低碳”的设计理念，旨在以现代化的表达方式营造一种蕴藏传统东方美学的居住意境。项目定位为国家绿色三星级建筑，力图打造中国现代式健康、舒适的低碳住宅，强调人与自然的和谐对话。

设计特点

项目强调王府般的中轴线对称，通过空间的“起、承、转、合”营造街坊与院落空间，住宅立面设计旨在通过现代的建筑语言来诠释传统中式建筑的意境。同时，在总体布局中结合最新的环境模拟技术，对微环境进行研究，并利用前沿的低碳技术，倡导全球领先的低碳文化。

ZHENGZHOU CHINA RESOURCES YUE HOUSE

郑州华润悦府

项目业主：华润置地（郑州）有限公司
建设地点：河南 郑州
建筑功能：住宅
用地面积：36 454平方米
建筑面积：330 983平方米
设计时间：2011年3月—2015年11月
项目状态：建成
设计单位：上海成执建筑设计有限公司
主创设计：李杰
参与设计：吴军、汪兵、丁超、孙艺方、时帅、陈颖、吴云杰、韩建博、王志文、周宗荣
获奖情况：2016年第十一届金盘奖华中赛区最佳综合楼盘

项目位于郑州中心城区，北面毗邻人民公园，视野开阔，能远眺二七纪念碑。华润中心在充分结合该核心商圈商业密集、人群流动快等优势基础上，规划建设的集住宅、商业、办公、酒店一体化的现代城市综合体，将成为二七商圈中消费潮流的引领者。

设计特点

项目采用现代设计风格，使住宅呈现一种亲切的庄重感，并充分利用自身高度的优势，为住户提供最宽广的视野。建筑立面用不同材料的结合营造稳定、奢华的氛围，凸显小区的高端定位和独特个性，赋予建筑鲜明的特性，塑造城市良好形象。

ANGEL CITY ALPINE TEAHOUSES

安琪儿小镇高山茶舍

项目业主：西安荣禾投资（集团）有限公司
建设地点：陕西省西安市柞水县安沟
建筑功能：高山茶舍
建筑面积：400平方米
设计时间：2017年
项目状态：在建
设计单位：上海成执建筑设计有限公司
主创设计：李杰
参与设计：黄伟、李东霖、严芳、谢白莎

项目位于西安市柞水县，由成执公司成立的木结构研究中心完成设计。木结构是中国古代建筑的精华，其灵活的风格、合理的布局、适宜的居住是公认的绿色建筑，被称为“会呼吸的房子”。北美木结构技术相较于传统结构，能耗低、保温强、施工快、精度高的优越性显而易见。

设计特点

茶社为山，与之遥相呼应的酒店大堂为水，山水相依相存。建筑贴合周围的地貌伫立山间，融于自然。室内墙壁和天花板由重复排列、曲线清晰的条形木结构组成，其经典的“Stube”结构经过重新诠释，创造出新的开放空间。

ARCHITECTS

GDS

广东省建筑设计研究院深圳分院

李志毅

职务：广东省建筑设计研究院深圳分院副院长
GDS工作室主持人
职称：国家一级注册建筑师

教育背景
1998年—2003年　湖南大学建筑系建筑学学士

工作经历
2003年—2007年　广东省建筑设计研究院
2007年—2013年　湖南大学设计研究院有限公司广州分院
2013年至今　广东省建筑设计研究院深圳分院

主要设计作品
湛江港徐闻港区南山作业区客货滚装码头综合交通枢纽大楼
华润前海金融中心
河源市博物馆
中燃芜湖总部
湛江第一中学风雨球场（省运会比赛场馆）

个人荣誉
2005年　广州大学城中医药大学教学楼　荣获：广东省第十二次优秀工程设计二等奖
2006年　广东省新农村住宅设计竞赛　荣获：广东省新农村住宅设计竞赛一等奖
2013年　河源市博物馆　荣获：广东省优秀工程设计二等奖
中国文化建筑范例工程
2015年　参加联合国文化体育基金会与中美交流中心联合主办的“联合国“70+”华人当代艺术·创意设计成就展”
2016年　华润前海金融中心　荣获：第三届深圳市建筑工程施工图编制质量银奖
2017年　院庆65周年系列表彰活动中被评为青年岗位先进工作者

广东省建筑设计研究院（GDAD）成立于1952年，是国内最早成立的大型综合建筑勘察设计单位之一，在技术力量不断增强、业务范围不断拓宽的进程中，跃居成为岭南建筑设计科研高地、中国城乡建设的重要力量。广东省建筑设计研究院（GDAD）综合实力位居行业前列，列入中国工程设计企业60强，在全国省级建筑设计院及华南地区综合建筑设计院中名列第一。

广东省建筑设计研究院深圳分院（GDS）是广东省建筑设计研究院规模最大、绩效最好的全资分支机构。深圳分院（GDS）以“一流技术一流质量和全方位的技术服务”为立院宗旨，以“创中国一流的世界品牌”为愿景，为客户提供全方位、全过程的技术服务；以“设计增创价值”为使命，在客户、员工与社会之间建立和谐及可持续发展关系：为客户设计艺术与技术完美结合的价值最大化的建筑空间场所；关心每一个员工的发展，为员工提供理想的平台、空间，塑造员工优秀品德和品行，尊重、履行社会责任，塑造企业高尚、诚信、感恩的社会形象。以“敬业进取”为精神：对工作认真勤勉，以工匠精神、完成艺术品的态度追求完美设计，提供完美的专业化服务，不断创新，在超越自我的过程中追求卓越。

广东省建筑设计研究院深圳分院（GDS）充分发挥穗、深、港三地的地缘优势，立足深圳、依托珠三角地区，有步骤地向粤东西北翼及省外重点市场拓展，积极与大型房地产公司如万达集团、华润集团中建海外集团、招商局集团、绿地集团、恒大集团、万科地产、保利地产、鸿荣源地产、荣盛地产、远洋地产、佳兆业地产、华发集团、中冶置业、中交集团、中国香港新鸿基地产等建立了长期友好的合作伙伴关系。

广东省建筑设计研究院深圳分院（GDS）积极参与国际技术经济交流与合作，致力于学习各种先进设计理念和科学技术，具有大型中外合作项目总协调及设计总承包经验。历年来与美国SOM、KPF、RTKL、CALLISON、JERDE、WATG、GENSLER、GP、SWA，澳大利亚DEM，加拿大B＋H、日本设计、英国BENOY、RMJM、中国香港许李严建筑师事务有限公司、都市实践(URBANUS)等数十个国家及地区的设计公司开展过合作交流。

广东省建筑设计研究院深圳分院（GDS）强化创新意识、精品意识和服务意识，坚持“技术综合平衡”和“经济综合平衡”的设计理念得到了合作伙伴的认可，并获得丰富的社会荣誉。近20年来已完成数十项超大型、大型建筑工程设计、智能化专项设计及BIM设计。自2000年以来，深圳分院完成的三十余个工程荣获各类优秀设计奖数十项，包括境外及国际级2项、国家级5项、詹天佑奖5项、部级22项、省级27项。

广东省建筑设计研究院深圳分院（GDS）创作中心，专注于城镇化发展、城市更新中的综合配套公建、休闲旅游地产项目，深度介入产业创新链条、贯穿上下游设计及对外部设计资源横向整合，在商业招商运营、都市休闲、主题旅游产业研发等多元化策划、创意设计业务方面作出突破，打造引领深圳分院未来发展的创新创意品牌！

GDS工作室成员

磨艺捷：总监、国家一级注册建筑师
1996年 华南理工大学建筑学学士
幸　力：技术总监
1995年 美国伊利诺理工学院（11T)硕士
黄雪燕：技术副总监、国家一级注册建筑师
2001年 重庆大学建筑学学士
黄美映：技术副总监
2003年 烟台大学建筑学学士

戴智鑫：副主任建筑师
2011年 华南理工大学建筑学学士
张　曦：副主任建筑师
2009年 上海交通大学建筑学学士
曹梦龙：主创建筑师
2010年 安徽建筑工业学院城市规划学士
SERGEI：主创建筑师
俄罗斯沃罗涅日国立大学硕士

陈周跃：建筑师
2015年 华南理工大学建筑学硕士
何梦婷：一级建筑专责
2012年 西安建筑科技大学建筑学学士
朱　墨：建筑师
2017年 深圳大学建筑学硕士
陈晓涛：建筑师
2015年 吉林大学珠海学院建筑学学士

郑冬泓：建筑师
2017年 西南交通大学建筑学学士
谢泽群：建筑师
2017年 华南农业大学建筑学学士
叶志超：建筑师
2015年 广州城市职业学院

地址：广东省深圳市南山区科技南12路九洲电器大厦4楼、8楼　**电话：**0755-23989888　**传真：**0755-23989800　**网址：**www.gdadri.com　**电子邮箱：**szgdihr@163.com

BURNING WUHU HEADQUARTERS

中燃芜湖总部

项目业主：芜湖中燃城市燃气发展有限公司
建设地点：安徽 芜湖
建筑功能：办公建筑
用地面积：6 700平方米
建筑面积：18 500平方米
设计时间：2017年
项目状态：方案
设计单位：广东省建筑设计研究院深圳分院
主创设计：李志毅、葛琳、叶志超

作为中燃集团在芜湖市的新建公共基础设施项目，它将成为一个载体，通过建筑的影响力，将中燃集团“开放型”“国际化”“现代化”的意识、理念、视野及规范等传达出来。

新建业务大楼改变传统的大楼模式，一方面，中心大楼自身形成充满活力的、创新的绿色和共享空间，开放及半开放空间，为员工提供交流及展示企业文化的机会，同时室内外的互动空间，使建筑跳出环境的同时也与环境产生沟通与交流。另一方面，建筑紧邻规划工业遗址公园，底层公共空间反哺城市，补充老城区功能及场所的缺失。

大楼承载着城市复兴改造的使命。绿色能源企业的建筑形象对城市更新发展起到重要作用，也将推动大楼成为城市优化创新的标杆。

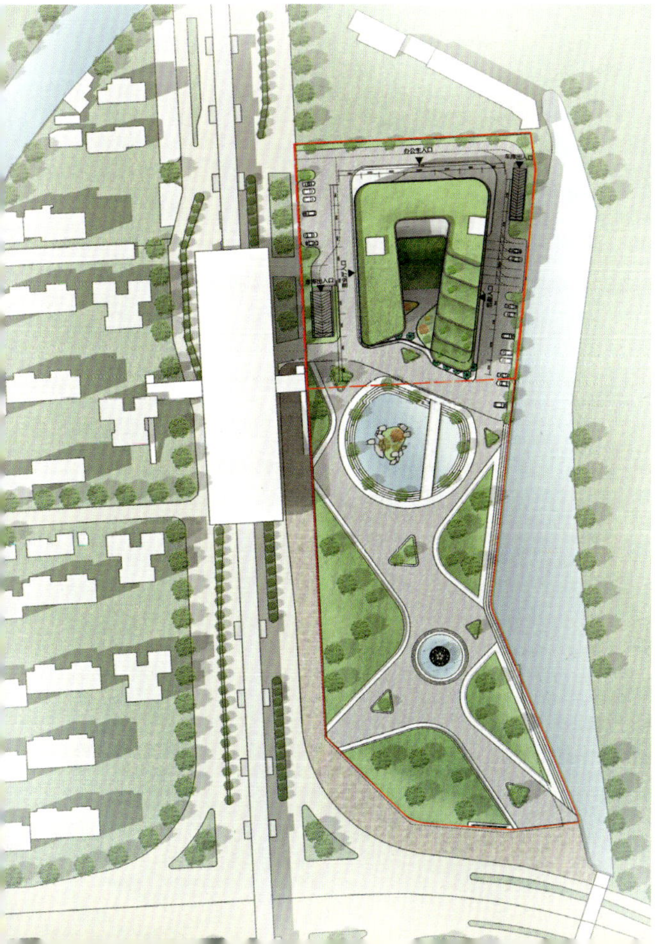

ZHANJIANG PORT XUWEN HARBOR NANSHAN OPERATIONS AREA PASSENGER AND CARGO TERMINAL INTEGRATED RO-RO TRANSPORT HUB

湛江港徐闻港区南山作业区客货滚装码头综合交通枢纽大楼

项目业主：徐闻港集团
建设地点：广东 湛江
建筑功能：办公建筑
用地面积：1 040 000平方米
建筑面积：47 080平方米
设计时间：2017年
项目状态：待建
设计单位：广东省建筑设计研究院深圳分院
设计团队：周文、李志毅、张曦、陈周跃、叶志超、朱墨、郑冬泓、Sergei、黄美映、谢泽群

项目的设计灵感来自徐闻古港悠久的历史，作为古代海上丝绸之路的始发港，徐闻古港为中国与东南亚国家通商贸易、文化交流作出重大的贡献。无论古今，港口始终是国与国、地区与地区之间的经济文化“桥梁”。交通枢纽中心的功能与候船廊结合，以悠扬起伏的屋顶造型塑造了“虹桥”的美好形象。

而“虹桥”的优美造型，与基地面前卧波千里的大海，又生发出更加诗意的形象：一轮明月从海上缓缓升起。至此，枢纽大楼的主题呼之欲出：海上生明月，天涯共此时。

HEYUAN CITY MUSEUM

河源市博物馆

项目业主：河源市政府
建筑功能：文化建筑
地面建筑面积：6 540平方米
设计时间：2005年
设计单位：广东省建筑设计研究院
主创设计：洪卫、李志毅
获奖情况：广东省优秀工程设计二等奖
中国文化建筑范例工程
建设地点：广东 河源
用地面积：8 100平方米
地下建筑面积：1 560平方米
项目状态：建成

博物馆的青石墙体由地面升起，舒展、盘回于山麓，与自然浑然一体，宛如天生博物馆围合而又舒展打开的平面布局。它如同苏醒的种子、新生的胚胎……承载着古老的基因，孕育着新生的文明。

博物馆建筑呼应古塔、湖面，依山就势蜿蜒升起，自然有机的形态加以体量穿插和别致的开窗，创造了谦虚、纯净、和谐的形态和富于变化的流动空间，同时也使建筑与自然更加贴近；创造了一个可以让人醉心欣赏古老文明、自然之谜的文化空间；同时也创造了一个多层次的聚合与交往空间，人们在这里可以自由地交流所感所得。这样的空间是人与人的心灵交往空间，也是人与建筑、人与自然的对话空间。

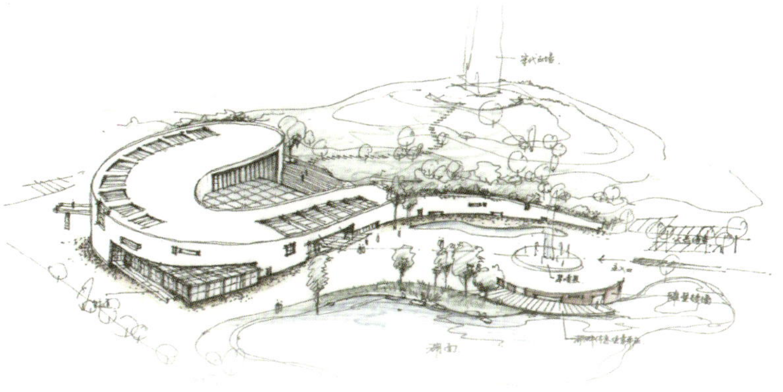

手绘图纸

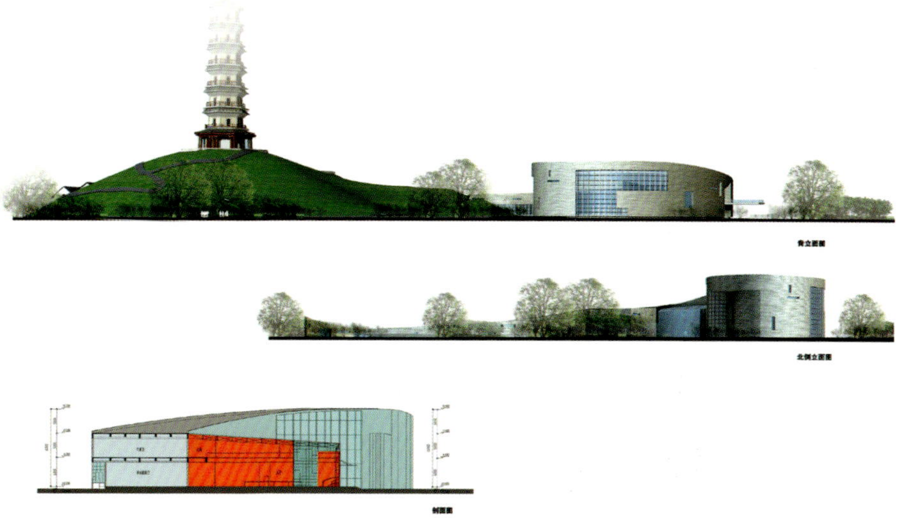

立面、剖面图

内部功能流线分析图

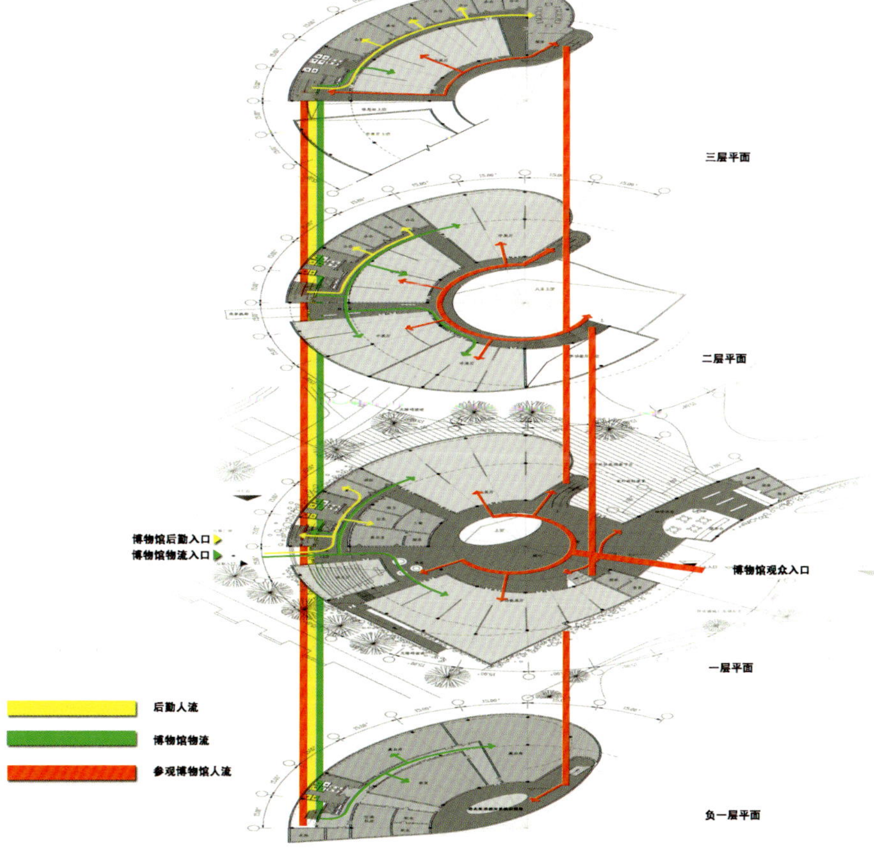

使用功能分析图

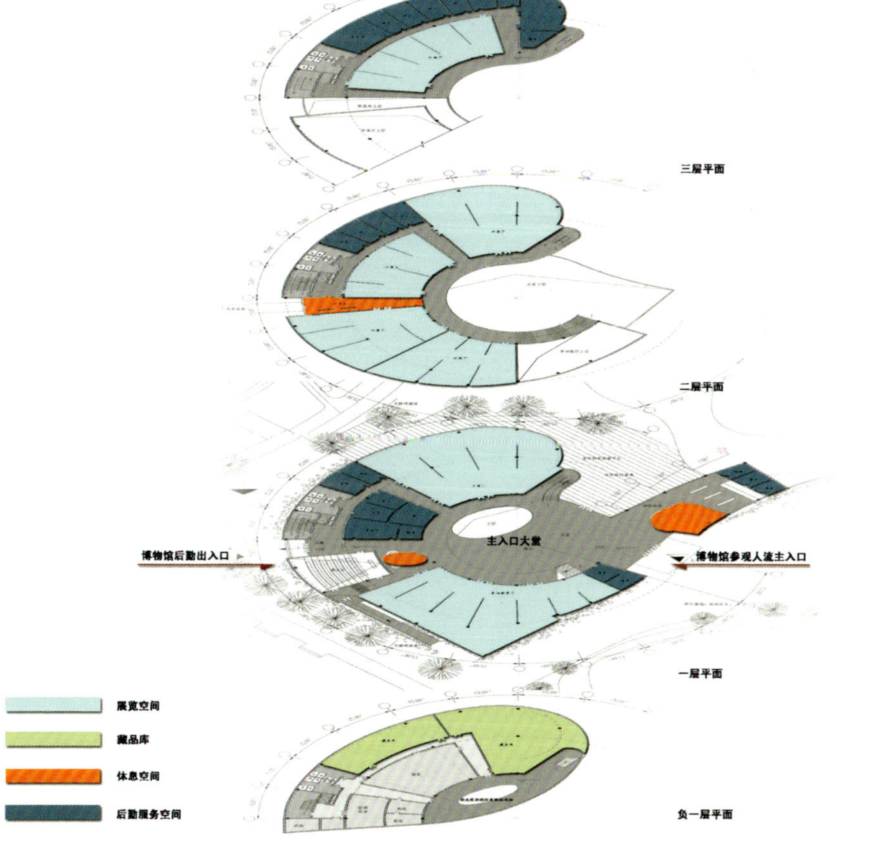

CHINA RESOURCES QIANHAI FINANCIAL CENTER

华润前海金融中心

建设地点：广东 深圳
用地面积：61 800平方米
设计时间：2014年至今
设计单位：广东省建筑设计研究院深圳分院
合作团队：英国BENOY、美国GP
设计团队：李志毅、赖志勇、杨帅、何树周
获奖情况：第三届深圳市建筑工程施工图编制质量银奖

建筑功能：城市商业综合体
建筑面积：747 200平方米
项目状态：在建

项目位于深圳前海中心区的国际创新金融区，如今升级为深圳地标新区，在超高层建筑群中，要将这750 000平方米的建筑做到各具特色，拥有内涵统一的建筑语言，在统一性中充满力量，让1号塔楼另具与众不同的特质使其成为综合体中独特的中心。

五栋塔楼错位布置，避免直接相对，并可获得更好的视野。以金融峡谷为纽带，增加下沉广场大空间既能满足人群集聚娱乐，也能满足分散休息的需求。

强化项目与城市的关系。努力打造一个高效、集约、复合的城市综合体。

ZHANJIANG FIRST MIDDLE SCHOOL STORM COURSE

湛江第一中学风雨球场

项目业主：湛江第一中学
建设地点：广东 湛江
建筑功能：教育建筑
用地面积：5 150平方米
设计时间：2014年
项目状态：建成
设计单位：广东省建筑设计研究院深圳分院
设计团队：李志毅、林景华、何梦婷

校园位于雷州半岛的湛江，这座美丽的海边城市里处处可见的棕榈树叶子的自然形态，是设计师的灵感来源。

由棕榈叶演变而来的结构骨架支撑体系，上敷设可透光的膜材，成为一个基本单元。每个叶片由主脉络弯曲的同时，也向次脉络弯曲，形成一个立体的空间结构。由叶片脉络形式演变的结构形式，经过分析计算，也最为合理。

恪守理智，浪漫自然，建筑如自然般美丽！

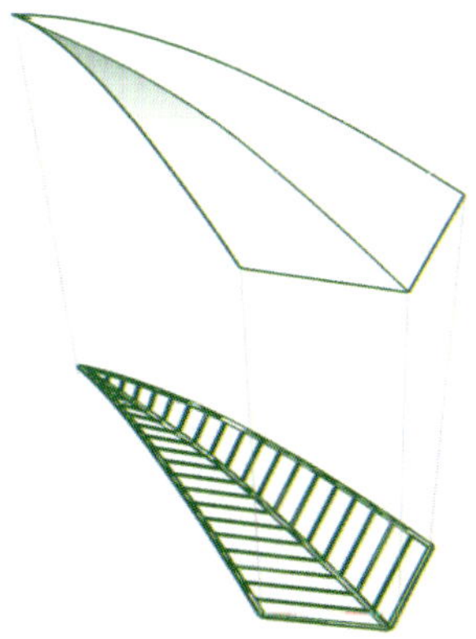

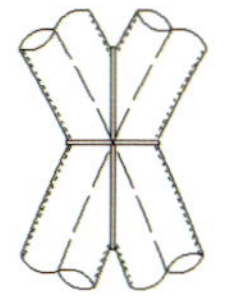

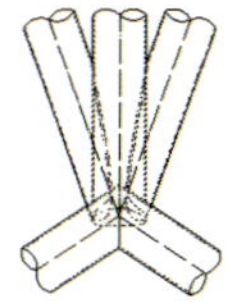

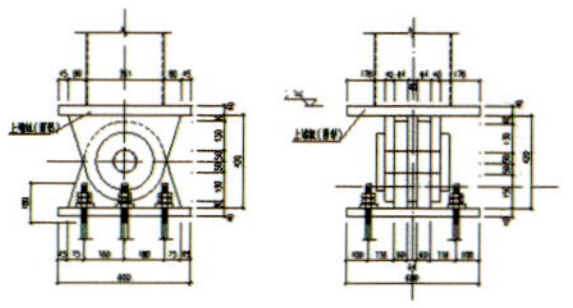

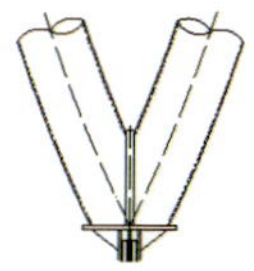

ARCHITECTS

BIAD 6A8 ARCHITECTURE STUDIO

李亦农

职　　务：北京市建筑设计研究院有限公司副总建筑师
　　　　　北京市建筑设计研究院有限公司院属6A8建筑工作室主任、总建筑师
　　　　　北京建筑工程学院建筑学院建筑设计及其理论专业硕士研究生导师
职　　称：教授级高级工程师
　　　　　国家一级注册建筑师

教育背景

1994年　清华大学建筑学院建筑系建筑学学士
1997年　清华大学建筑学院城市规划硕士

工作经历

1997年8月—1999年3月　北京市房屋建筑设计院建筑师
1999年4月—2012年5月　北京市建筑设计研究院六所6A3建筑工作室主任、主任建筑师
2012年6月—2014年2月　北京市建筑设计研究院有限公司院属6A8建筑工作室主任、主任建筑师

个人荣誉

2006年　获第六届中国建筑学会青年建筑师奖

主要设计作品

一、科研实验建筑
　清华大学物理楼
　首都医科大学科研楼
　清华大学综合科研楼一期1号楼
　北京市药品检验所新所项目

二、文化教育建筑
　银帝艺术馆
　中国雕塑园院
　北京房山世界地质公园博物馆
　陕北天然气进京市内工程培训中心一期

三、办公建筑
　天恒置业大厦
　北京佳汇国际中心
　北京市政务服务中心
　北京市民主党派和人民团体办公楼
　北京燃气集团生产指挥调度中心工程
　中共中央外宣办新闻发布大厅及业务用房

四、规划设计
　神华宁煤集团总部基地规划
　金尊国际大厦(大型商业综合体)
　濮阳市油田商贸中心概念性规划设计
　西城区桃园地区非配套公建区规划设计
　清华大学东柳村科研实验建筑群规划设计

五、居住区规划与住宅设计
　天恒乐活家园
　银帝宝湖天下
　万通华府三期
　天竺新新家园项目三期
　房山区长阳站7号地西城区旧城保护定向安置房

建筑思想及实践

李亦农建筑师自从业以来一直致力于原创公共建筑的设计工作，保持着对建筑事业的热爱，在实践中不懈追求，并逐步树立自己的建筑观，认为建筑师及其作品应以服务大众、服务社会为根本宗旨，在设计中始终追求原创性，追求作品的高完成度。专项涵盖政府办公建筑、企业集团总部办公、科研实验建筑、文化建筑、商业建筑、大型居住区规划与设计等，设计项目多次获市级及院级奖项。同时担任北京建筑工程学院“建筑设计及其理论”硕士研究生导师，以实际工程为基础，展开相关科研工作并发表多篇论文。

地址：北京市西城区南礼士路建威大厦716
电话：010-88021538
传真：010-88021538
网址：www.biad.com.cn

6A8建筑工作室是北京市建筑设计研究院有限公司的院级直属工作室。

建筑改变城市，改变我们身处其中的社会，也改变每一个人。在高速城市化背景下，BIAD 6A8的建筑师们追求理性思维引导下的原创设计，注重建筑作品的城市属性及社会属性。通过高完成度的建筑作品创造价值，通过创新的设计满足并发展人们的生活方式，激发人们对新生活的向往。我们的设计实践涵盖民用建筑、科研实验建筑、文化建筑、政府办公、企业集团总部、商业综合体、大型居住区等。“以人为本”是我们的核心建筑观，我们努力通过设计实践，带领人们无限地接近美丽梦想。

BEIJING FANGSHAN GEOPARK MUSEUM

北京房山世界地质公园博物馆

项目业主：北京市房山区政府　建设地点：北京
建筑功能：展览、研究　用地面积：61 000平方米
建筑面积：10 004平方米　设计时间：2007年—2010年
项目状态：建成
设计单位：北京市建筑设计研究院有限公司6A8建筑工作室
北京市建筑设计研究院有限公司第六设计院（结构机电）
获奖情况：获2011年首都第十八届城市规划建筑设计方案汇报展优秀方案奖
（授奖部门：北京市规划委员会）
获2013年北京市第十七届优秀工程奖一等奖
（授奖部门：北京市规划委员会）
获2014年中国建筑学会建筑创作奖公共建筑类银奖
（授奖部门：中国建筑学会）

北京房山世界地质公园以其丰富的地质资源，被联合国教科文组织授予“世界地质公园”桂冠，使北京成为世界上第一个拥有“世界地质公园”的首都城市。作为地质公园揭碑开园的重点工程，房山世界地质公园博物馆不仅要起到科普展示、典型地质构造演示的功能，同时作为地标性建筑也要起到区域名片的作用。

项目位于房山区长沟镇，其中博物馆5 000平方米，包括展厅及4D影院、旅游咨询服务及培训等配套设施，主体三层，总高24米。

项目的难点是在破碎的自然地形上建设功能复合的科普博物馆。

建筑师以“道法自然”为理念，通过对自然的解读，梳理建筑与山脉水体等环境要素的关系，用人工建筑修复自然，形成自然爬升的如岩石山体般硬朗的整体造型，虚实相生的三大体量相融合，并结合动态的场所体验形成连续的展示空间。建构的全过程注重对特有环境的表现，表皮选用当地特有的绿色板岩和毛石等建筑材料，整个建筑宛如从地表隆起的巨石，与一岱远山遥相呼应，凸显了本土建筑文脉的主题，弘扬了建筑与场所的整体精神。

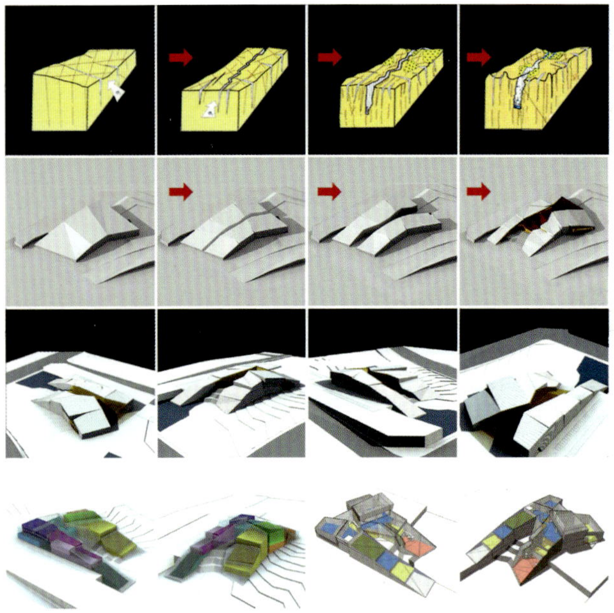

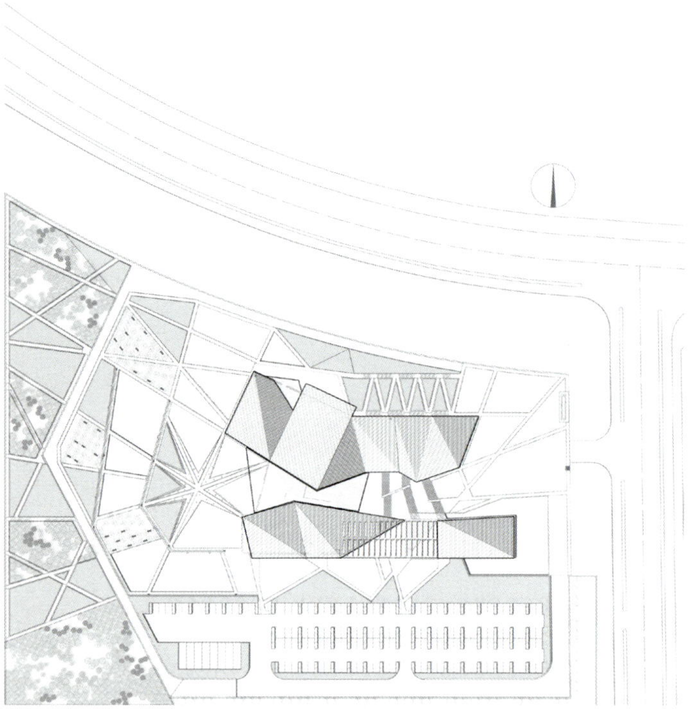

总平面图

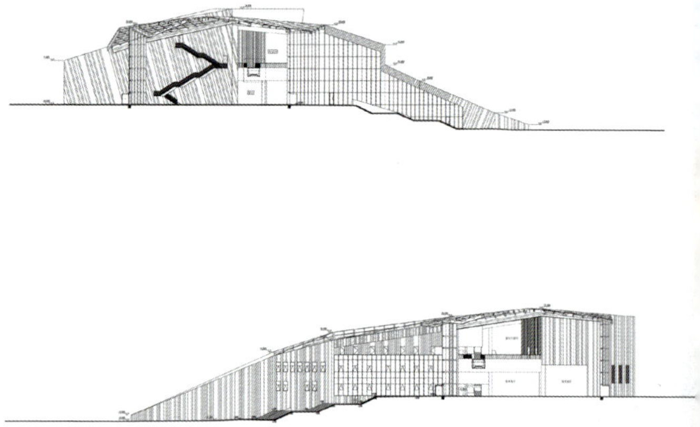

剖面图

CAPITAL MEDICAL UNIVERSITY RESEARCH BUILDING

首都医科大学科研楼

项目业主：首都医科大学　　建设地点：北京
建筑功能：科研、教学　　用地面积：38 539 平方米
建筑面积：42 129平方米　　设计时间：2006年—2010年
项目状态：建成
设计单位：北京市建筑设计研究院有限公司6A8建筑工作室
北京市建筑设计研究院有限公司第六设计院（结构机电）
获奖情况：获北京市建筑设计研究院优秀工程奖一等奖

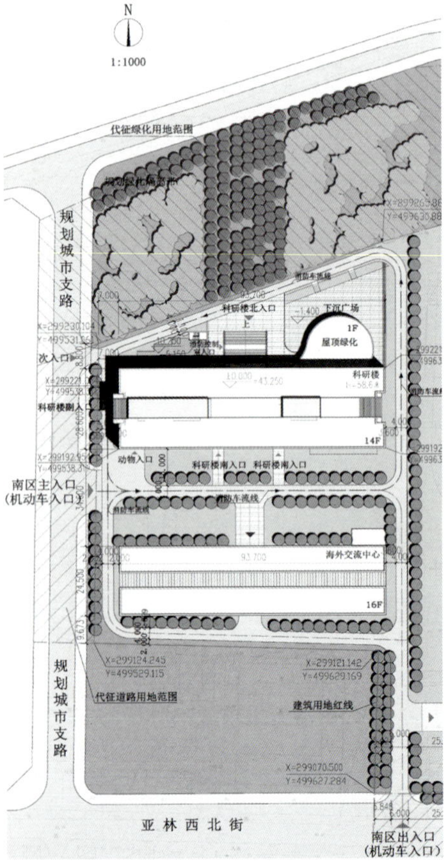

首都医科大学是北京市属重点院校，是北京市医学教育的主要承担者。凉水河把校区分隔为南、北两个校园。项目位于南校园北侧，紧邻城市绿化带。设计理念包含三部分。

1. 完善校园规划。以科研楼为主体整合南校园规划布局，形成新校区高品质的校园环境和以人为本的建筑空间；继承首医大一贯正南北向布局、沿纵深排列的传统规划方式。

2. 研究实验室设计发展的最新趋势，并应用到设计实践中。空间设计考虑到开放性与封闭性的结合与平衡，创造出鼓励相互交流、激发团队精神的建筑空间；实验室的灵活可变性，使其适应不断进步的科学研究工作，建筑具有可持续发展性。

3. 从科研楼的使用功能和医学院校的文化内涵出发的体形与表皮设计。科研楼以被分为三段的长方体为主体，方正的主体显示科学研究的理性与严谨，而流畅圆润的曲面体暗喻医学科学的对象——生命的有机体，两者的结合恰好体现了医学院校的实质。

PHASE I BUILDING OF INTEGRATED RESEARCH BUILDING, TSINGHUA UNIVERSITY

清华大学综合科研楼一期1号楼

项目业主：清华大学　　建设地点：北京　　建筑功能：科研、教学
用地面积：8 717平方米　　建筑面积：45 450平方米　　设计时间：2007年—2010年
项目状态：建成　　设计单位：北京市建筑设计研究院有限公司6A8建筑工作室
北京市建筑设计研究院有限公司第六设计院（结构机电）

项目位于清华大学校园内。随着学校的发展，校内科研用房严重不足。作为通用性较强的综合科研楼，其建设目的就是为缓解这一问题。

设计的核心是创造高效可持续的科研空间，同时通过对校园文脉的研究，构建延续的校园空间，维持校园文化的演进，做到“水木清华人文日新”。

依据功能需求，布局模式确定为主体简洁明了的双板式布局，每栋板楼标准层均为南北向长短跨，南向为小进深，为教师办公研究用房。配合以每跨四窗划分的立面，每跨可分为2间、3间或4间，最大限度地满足了不同学科教师的研究用房需求。

建筑师努力通过技术优化和空间整合，使首层庭院、下沉庭院不再是消极的后院，而是整合建筑各主要出入口的活力空间。师生可在银杏树下或U玻廊内休憩，互相激发灵感。庭院由两层高的公共空间直接围合，形成了尺度适宜的公共交流与活动空间。

体形与表皮一体化设计，在体块塑造上利用红白对比，强化板楼的体块切分，将两栋板楼化分为四片，适度缩小体量，在同一面内运用编织手法，形成红白相间的南立面表皮，室外色彩质感延续至各层公共空间及首、二层大厅，精细的仿砖涂料分格设计，和模仿水刷石、干粘石效果的涂料对比使用，无处不给人以老校区的怀想，现代手法使校园精神得到了传承与发扬。

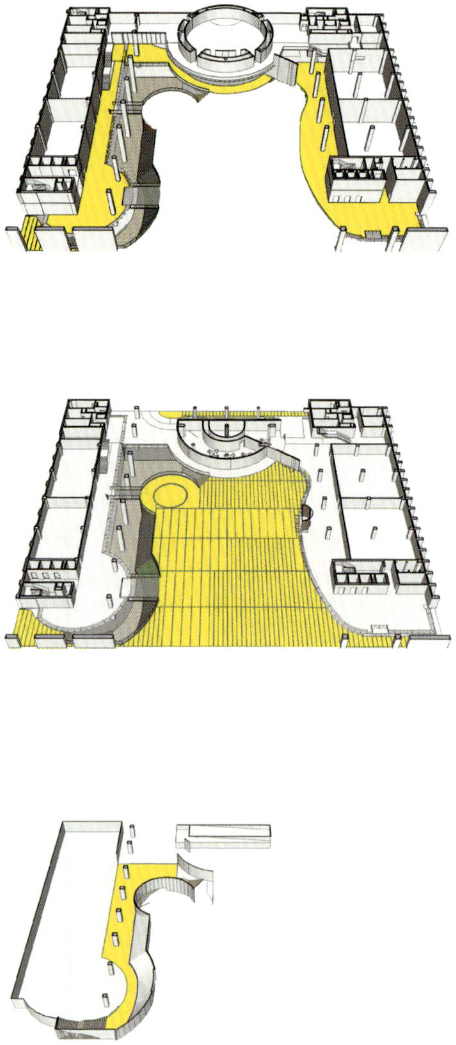

2F

1F

-1F

分层剖切图

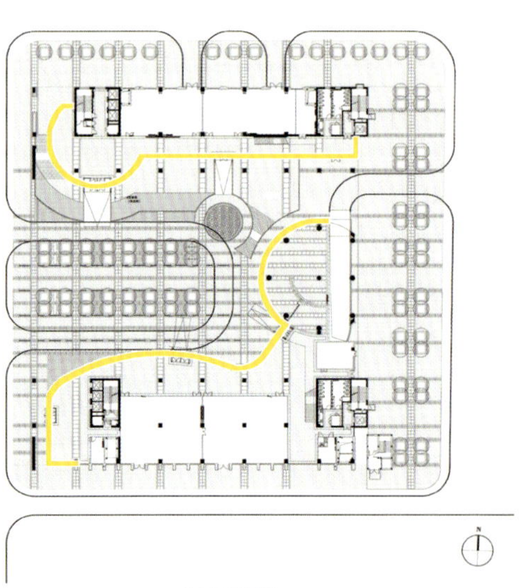

首层平面图

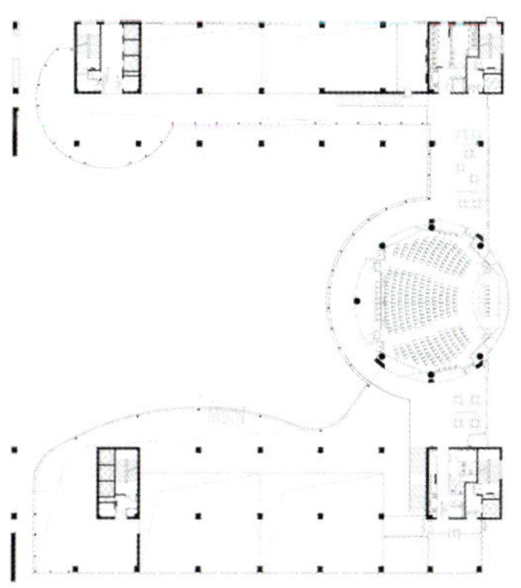

平面图

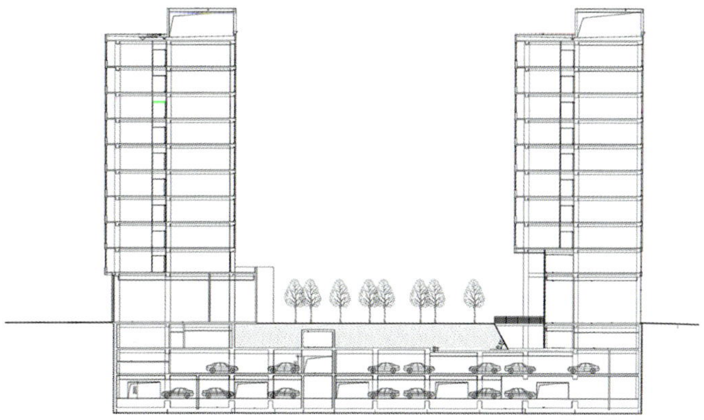

剖面图

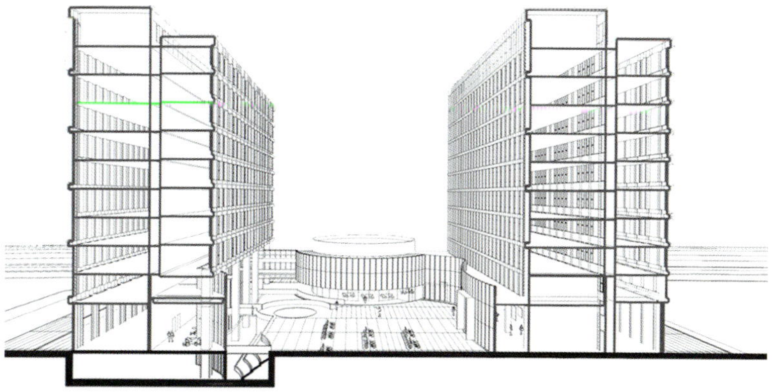

剖切示意图

吕青涛

职　　务：主创建筑师
职　　称：高级工程师

教育背景

1993年—1998年　武汉城市建设学院建筑学学士学位

工作经历

1998年至今　北京中建建筑设计院有限公司

个人荣誉

奖项：中国建筑优秀勘察设计（建筑工程）二等奖
论文：《BIM技术在绿色建筑光环境模拟中的应用研究》

主要设计作品

北京市朝阳区香河园文化中心改造工程
北京市朝阳区垡头文化中心工程
北京市金融街养老照料中心
北京市西城区残疾人职业康复中心改造工程
北京市农林科学院集体公寓
北京市朝阳区常营文化中心改造工程
北京协和医院西院国际部装修改造工程

郭海燕

职　　务：主创建筑师
职　　称：高级工程师

教育背景

1995年—2000年　沈阳建筑大学建筑学学士学位

工作经历

2000年至今　北京中建建筑设计院有限公司

个人荣誉

奖项：中国建筑优秀勘察设计（建筑工程）二等奖
论文：《金融街老龄公寓的适老化设计研究》

主要设计作品

北京市朝阳区香河园文化中心改造工程
北京市朝阳区垡头文化中心工程
北京市金融街养老照料中心
北京市西城区残疾人职业康复中心改造工程
北京市友谊宾馆网球馆及旅游馆改扩建工程

马金霞

职　　务：建筑师
职　　称：助理工程师

教育背景

2009年—2014年　华北水利水电大学工学学士学位

工作经历

2014年至今　北京中建建筑设计院有限公司

主要设计作品

北京市朝阳区香河园文化中心改造工程
北京市朝阳区垡头文化中心工程
北京市友谊宾馆网球馆及旅游馆改扩建工程
山东星工坊·飞尔姆影视文化产业园改造
北京协和医院西院区国际医疗部改造工程
北京市朝阳区常营文化中心改造工程

北京中建建筑设计院有限公司

BEIJING ARCHITECTURAL DESIGN INSTITUTE OF CHINA CONSTRUCTION CORP.,LTD

北京中建建筑设计院有限公司成立于1974年，隶属于中国建筑股份有限公司（世界500强）、中国建筑一局（集团）有限公司。具有建筑行业（建筑工程）甲级设计资质、城乡规划编制乙级设计资质。主要业务范围包括：建筑行业甲级工程总承包；园林景观设计；城市规划；建设工程项目管理；建筑技术开发、咨询；工程咨询；工程造价咨询（不含中介服务）；电脑图文设计、制作；劳务服务；国内外各类工业及民用建筑设计、项目策划、室内装饰设计、工程概预算编制等领域。

公司现有员工600余人，在成都、上海、西安、厦门、郑州、青岛、秦皇岛、深圳、长沙、银川、乌鲁木齐等地设有分公司。近年来完成了一大批具有重要意义和影响的建筑，如西班牙世博会中国馆、哈萨克斯坦阿斯塔纳市“北京大厦”、云南大理全民健身中心、中关村科技大厦、海龙大厦、翠微大厦、甘家口大厦、北戴河科技展览中心等。

近年来，公司始终以“生态持续，科技领先”为设计理念，取得了“ISO9001质量管理体系认证”及“ISO14001环境管理体系认证”。多项建筑设计项目获得住建部、北京市、中建总公司及有关省市颁发的优质工程奖：北京华科综合楼获国家鲁班奖、北京海龙大厦获省部级优秀工程设计一等奖、中国第一历史档案馆迁建工程获省部级优秀方案设计一等奖、秦皇岛泰盛商务大厦获青岛市建设委员会优秀工程勘察设计一等奖、魏公村危改小区获全国“创作风暴”综合设计金奖、北戴河科技展览中心获省部级优秀方案二等奖、大理全民健身中心获省部级优秀工程设计二等奖、北京市朝阳分局行政拘留所综合楼获省部级优秀工程设计二等奖等等。 公司还积极从事建筑结构体系的研究，“整体预应力板墙结构体系的研究及应用”项目获得住建部、北京市及中建总公司科技进步三等奖。

伴随着国家经济发展和国内国际市场的拓展，公司更加关注绿色建筑和智能化建筑，秉承“诚信、创新、超越、共赢”的企业精神，奉行“品质保障、价值创造”的核心价值观，以“最具国际竞争力的建筑地产综合企业集团”为愿景，践行“拓展幸福空间”的企业使命，为社会和广大客户提供更加优质的作品和服务。

地址：北京市丰台区西四环南路
52号B座9917
电话：010-83982498
传真：010-83982267
网址：www.cscecbjadi.com
电子邮箱：cscecbjadi@163.com

BEIJING CITY CHAOYANG DISTRICT XIANGHE PARK CULTURAL CENTER RENOVATION PROJECT

北京市朝阳区香河园地区文化中心改造工程

项目业主：北京市朝阳区文化馆
建筑功能：文化建筑
建筑面积：4 036平方米(改造前)、5 087平方米(改造后)
设计时间：2013年
设计单位：北京中建建筑设计院有限公司

建设地点：北京
用地面积：1 981平方米
建筑层数：地下局部1层、地上4层
项目状态：建成
设计团队：吕青涛 、郭海燕

项目用地内原建筑为北京市香河园电影院，建设于20世纪80年代中期，已不能满足该区域人群日益增加的精神文化需求，朝阳区政府及文化委决定对原老旧电影院由外到内进行全面升级改造，使其成为香河园地区功能全面的一座现代化文化中心建筑。由于建筑改造后钻石切割般的形体特点，被人们称为“红钻剧场”。

BEIJING CITY CHAOYANG DISTRICT FATOU CULTURAL CENTER PROJECT

北京市朝阳区垡头文化中心工程

项目业主：北京市朝阳区文化馆
建设地点：北京
建筑功能：文化建筑
用地面积：1 632平方米
建筑面积：5 516平方米
建筑层数：地上5层，地下3层
设计时间：2009年
项目状态：建成
设计单位：北京中建建筑设计院有限公司
设计团队：吕青涛、郭海燕

项目用地原址为北京市曙光电影院。随着该地区经济的高速发展以及人口的增长，原址已不能满足该区域文化生活需求的增长，朝阳区政府及文化委决定将原老旧影院拆除并在原址新建垡头文化中心。文化中心用地东侧为化工路，南侧为垡头南路，规划中这两条路均拓宽为60米的城市主干道，用地北侧为现状5层住宅，建筑物地上5层，地下3层，建筑高度为23.85米。该建筑巧妙利用了场地的限制条件，利用日照斜线作为形体构成的重要元素，其余部分也以斜向切割手法与其相呼应，通过外墙的虚实对比最终形成极具雕塑感的形体特征。项目建成后被周边居民亲切地称为“黑钻剧场”。

NATIONAL GEOGRAPHIC
華夏地理

BEIJING FINANCIAL STREET PENSION CENTER

北京市金融街养老照料中心

项目业主：北京市西城区金融街
建设地点：北京
建筑功能：小型养老机构（100床）及社区卫生服务站
用地面积：2 098平方米
建筑面积：3 076平方米
设计时间：2008年
项目状态：建成
设计单位：北京中建建筑设计院有限公司
设计团队：吕青涛、郭海燕

建筑风格定位于传统民居，以四合院的形式将所有功能安排在十分紧凑的用地内。由于胡同内日照遮挡的限制条件，设计中利用建筑物南高北低的特点将建筑东西两侧以建筑山墙的形式进行艺术处理，使连续起伏变化的挑檐从南边延伸到北边，檐下空间虚实结合，既有功能性房间，也有半室外空间。

在建筑立面的语汇上，结合了方圆等最基本构图元素，并在内院空间中将传统的圆拱门和花窗进行了再创造，重新组合在一起，形成全新的丰富的建筑语汇。在立面材质的选择上，以青砖饰面为主，用灰白色框架穿插其中，并在局部引入温暖的木格栅和传统的洋红色，使整个建筑形体冷暖色系和谐搭配，结合内院及屋顶的绿植花舟，构成一幅温馨家园的美好图景。

该项目建成后迅速成为国家民政部公办民营养老院及小型医养结合养老项目的样板工程。入住老人对项目整体满意度非常高。

北京市红十字会999急救中心
金融街急救站
急救电话999
金融街街道民康社区卫生服务站